제2판

차이가 만드는 기적

융합연구 방법론

노영희 · 김광환 · 김병만 · 김지연 · 김지은 · 박아르마 · 반영운
송인한 · 유정원 · 이은석 · 이은정 · 이현진 · 전상완

도서출판 청람

서문 왜 융합연구인가?

융합연구를 좀 더 잘해보자. 좋은 융합연구를 하자. 이 책을 쓴 가장 큰 이유이다. 어떤 연구라도 그렇듯이 좋은 연구를 하기 위해서는 먼저 연구하고자 하는 대상을 잘 이해하고, 그것이 갖고 있는 성격이 무엇인지를 밝히는 데서 시작한다.

융합이란 키워드 속에는 공유와 협력이라는 두 개의 키워드가 함께 공존하여 문제시되고 있는 어떤 사회현상을 이해하고 파악하는 데 융합적인 접근방법이 유용하다고 평가된다. 이에 대해 오늘날 많은 연구자들이 공감할 것이다.

융합은 본질적으로 서로 다른 것들이 함께한다. 사람과 기계, 인문학과 공학 등과 같이 특성이나 성격이 아주 다른 것이 함께하고, 이것이 하나로 묶여지기 위해서는 공유와 협력이 필요하다. 예컨대 어떤 목적이나 목표를 달성하고자 하는 비전을 함께 공유하고, 문제해결을 위한 방법과 수단을 협력하듯이 해결해야 할 문제가 공유되고, 방안이 협력되어야 한다. 결국 융합과 공유 및 협력은 떼려고 해도 뗄 수 없는 관계이다. 그렇기 때문에 공유과 협력이 증가하면 융합이 더 용이해지고 활성화된다. 따라서 좋은 융합연구는 연구과정에 공유와 협력이 꼭 존재한다.

특히 최근 들어서 R&D를 비롯한 학술연구의 대상과 내용이 사람과 사회 속에서 발생하는 변화와 발전, 다양한 문제 등에 대해 관심이 커지면서 융합 · 공유 · 협력을 통한 문제해결이 크게 부각되고 있다. 연구대상에 포함되는 일련의 연구문제들에 대한 성격과 내용이 복잡하고 다양할 뿐만 아니라 연구수행결과에 대한 기대가 크고, 문제를 실질적으로 해결해 주기를 바라는 사회적 관심이 커지면서 융합 · 공유 · 협력이 연구문제 해결을 위한 루틴(routine)으로 자리매김하고 있다. 왜냐하면 융합 · 공유 · 협력이 연구문제해결에 대한 연구수행 방향과 노선, 그리고 선택의 문제 등을 결정하는 단초를 제공하기 때문이다.

실제, 연구대상으로 채택되는 연구문제들 중 실질적인 문제해결을 필요로 하는 수많은 문제들은 다양한 원인들이 서로 얽혀져 복합적으로 작용해 일어나는 현상들이 대부분이다. 이는 사회문제의 특성 때문이다. 또 사회문제해결을 위한 정책적 관심과 연구지원의 확대에 따라 문제해결방안이 산출되고 있지만 녹록지 않다.

연구수행결과로 문제해결의 방안이나 처방이 줄을 잇고 있지만 당초에 의도한 실질적 문제해결은커녕 문제를 더 키우는 현상도 나타나고 있다. 사회문제를 발생시키는 본질적인 문제를 진단해 처방하지 못하고 있기 때문이다. 사회문제로 부각되는 문제의 원인들은 눈으로 보는 것보다 단순하지 않고 복잡하다. 단일한 원인에 의해서 발생되기보다는 여러 가지 문제점들이 복합적으로 얽혀있어 본질적인 문제의 원인과 범위를 찾아내고, 그 해답을 찾기가 쉽지 않다.

과학에 기초한 학술연구의 문제들은 연구범위가 비교적 분명하고 짜임새 있게 구성되어 있으나, 사회문제로 부각되고 있는 문제들은 그들 간의 연계가 복잡한 구조로 얽혀져 있기 때문에 그 연계 정도를 면밀하게 파악하지 않고서는 해결의 단서를 찾기가 어렵다.

본서의 집필진들은 융합연구의 가능성을 잘 알고, 믿고 있는 연구자들이다. 지금껏 보다 더 좋은 융합연구를 수행하고자 하는 갈증을 앓고 있다. 그렇기 때문에 도전적인 융합연구와 새로운 가능성을 모색하는 융합연구의 실마리를 찾고 싶은 열망과 고민을 안고 집필진에 참여한 것이다.

대체로 연구자들은 자신이 관심 갖는 분야를 포함해 인접 분야까지도 뛰어넘어 숨어있는 연구주제들을 탐구하고자 한다. 특별히 융합연구자들은 국가와 사회가 겪고 있는 복잡하고 다양한 문제들을 통찰력 있게 진단하고 합리적인 해결방안을 모색해야 한다는 것을 소임으로 생각하고 있다. 결론적으로 종합한다면 국가와 사회에 도움이 될 의미 있는 좋은 연구를 해보자는 생각이 모여서 집필에 이르게 한 것이다.

주지하듯이 좋은 연구란 좋은 질문에서 시작된다. 융합연구가 유독 그렇다. 좋은 융합연구란 국가와 사회가 해결해야 할 문제들을 연구주제로 뽑아내 수행할 수 있는 능력이라고 할 수 있다. 지금까지 연구자 1인이 혼자서 단독으로 해왔던 연구에서 탈피하여 연구문제를 둘러싸고 있는 각각의 요소들에 대해 연구수행 경험이 있고, 문제를 해결하고자 하는 관심과 의지를 갖고 있는 연구자들이 함께 공동연구를 통해 더 나은 연구를 수행하기 위해서이다.

융합연구에 대한 관심과 질문은 다양할 것이다. 예컨대 거두절미하고 어떻게 하면 융합연구를 잘할 수 있는가? 어떠한 연구방법이 있는가? 융합연구는 어떻게 시작하는가? 융합연구에 딱 맞는 주제는 무엇인가? 등 여러 질문들이 있을 것이다.

이 책의 집필진도 융합연구를 하는 이유와 동기가 대체로 비슷하다. 융합연구를 시작할 때는 모두가 도전이었고 모험이었다. 이 책을 집필하겠다고 참여한 것도 마찬가지로 도전이자 모험이다.

좋은 융합연구를 위해 출간한 본서에 대한 평가는 독자가 판단할 몫이지만, 평가에 즈음하여 고백하자면 융합연구는 여전히 어렵다. 좋은 연구를 위한 정형화된 방법이 이것이라고 콕! 꼬집어 말할 수 없기 때문이다.

무슨 일이든 성공하려면 시작이 중요하다고 하듯이 융합연구를 위한 것도, 더 좋은 융합연구를 위한 연구방법도 시작에서 출발한다. 연구를 직접 부딪쳐서 해봐야 그 어려움도 알고 해결해야 할 실마리도 찾는다.

본서에서 다루고 있는 융합연구를 위한 주제들은 이론보다는 연구과정에서 얻은 경험들과 연구현장의 생생한 경험을 모은 것이다. 그런 점에서 이 책은 여타의 학자들이 출간한 책들과는 확연히 차이가 있다.

이 책이 나오기까지는 건국대학교 융합연구총괄센터의 곽우정 박사, 김인영 연구원의 헌신적인 노력이 크게 기여하였다. 또한 각 장의 집필진으로 참여한 우리 연구자들의 노고도 빼놓을 수 없다. 본서는 이러한 집필진의 정신과 혼이 담겨 있다. 다시 한번 수고에 감사드린다.

2023년 3월

융합연구총괄센터장 노영희 및 저자 일동

추천사

협력과 상호 이해는 상생과 혁신의 지름길입니다. 스티브 잡스는 "제품을 탄생시키는 건 기술이지만 사람들이 제품을 사랑하게끔 만드는 것은 인문학이다"라고 한 바 있습니다. 기술과 인문학의 교차점을 비즈니스 성공의 혁신적 접근으로 삼자고 한 제언일 것입니다.

다양한 학문 분야의 지식과 기술이 근간이 되어 협력과 조화로 진행되는 융합연구는 난해한 과제를 푸는 방법을 찾고자 하는 노력의 하나입니다. 따라서 융합연구는 현대사회의 복잡한 문제를 해결하는 데 유용합니다. 향후 이를 이해하고 습득하는 것은 매우 중요한 연구방법이 될 것입니다.

본 〈융합연구방법론〉이라는 저서는 융합연구를 진행하는 데 필요한 지식과 전략적 접근방법, 실제 사례를 다루고 있습니다. 또한 다양한 분야의 전문가들이 학제적 관점에서 융합연구를 다룬 사례도 담고 있습니다.

이 책은 연구자들뿐만 아니라 기업, 정부 기관, 비영리단체 등 다양한 분야에서 일하는 사람들에게도 협력과 상생을 위한 소통의 방법을 익히게 하는 유용한 지식을 제공할 것이라 기대합니다. 또한 융합연구와 융합연구방법론에 대한 이해를 높이고, 복잡한 문제를 해결하는 데 활용할 수 있는 다양한 전략을 습득할 수 있게 할 것입니다. 그리하여 이 책을 다학제적인 지식을 통한 복잡한 문제해결을 희망하거나 상생을 위한 협력의 방법을 찾고 있는 많은 분들에게 추천해 드리고자 합니다.

한국연구재단 인문사회연구본부장 전우현 교수 배

Contents **차례**

PART 1

융합 및 융합연구자의 개념

01 Chapter 융합연구와 학제간 융합연구의 이해

김병만

1 융합연구란 무엇인가?

1.1 융합연구의 이해

오늘날 다양한 학문의 학제적 특성은 서양 철학자인 플라톤과 아리스토텔레스 등의 고대 학문 분류에 근간을 두고 있다. 그러나 이 시기에는 각 학문들 간 높은 경계를 두기보다는 개별 학문의 고유한 특성을 강조하면서도 통섭이 원만하게 이루어졌던 시기로 평가받고 있다. 특히 아리스토텔레스는 수학, 물리학, 천문학, 생물학, 생리학, 해부학, 식물학, 박물학, 심리학, 정치학, 논리학, 시학, 수사학, 미학, 신학, 형이상학 등 다양한 학문을 넘나드는 초학제적(transdisciplinary) 연구를 수행하였다는 점에서 하나의 전공에서 깊이 있는 연구를 추구하고 있는 현재의 분절된 학문적 접근과는 차이가 있다. 이는 오늘날 서양 학문 분류의 기초를 제공하고 있다는 점에서 융합연구에 장애가 되는 것처럼 여겨지기도 하지만 오히려 개별 학문에 포함된 보편적인 이해 가능성을 인정하고 있다는 점은 융합연구의 시발점이 되었다는 평가를 받기도 한다(최현철, 2015).

이처럼 학문 분야에서 융합연구는 옳고 그름의 문제이기보다는 시대와 맥락에 따라서 다양하게 요구되는 하나의 트렌드라고 볼 수 있다. 18세기 중반 증기기관의 발명으로 시작된 1차 산업혁명에서부터 19세기 말 전기의 상용화로 대변되는 2차 산업혁명, 그리고 20세기 후반 정보통신기술(ICT)의 발달로 발현된 3차 산업혁명에 이르기까지 특정 영역을 고도화하기 위해 깊이 파고드는 학제적 접근과 다양한 영역을 아우르면서 새로운 동력산업을 발굴해 내는 초학제적 접근이 유행처럼 순환되고 있음을 확인할 수 있다.

최근 들어 국내・외에서는 한정된 자원과 에너지로부터 벗어나 지속 가능한 발전을 위해 새로운 성장 동력이 요구되고 있고 이러한 사회적 요구에 대응하기 위하여 융합에 대한 거대 담론이 형성되고 있다. 특히 인공지능(AI)과 빅데이터(big-data), 컴퓨터 과학(computer science)과 사물인터넷(IoT), 그리고 복잡계(complex systems) 등으로 대변되는 4차 산업혁명의 시대적 패러다임을 맞아 초학제적 융합연구는 더욱 주목받고 있다.

1998년 콜웰(Colwell)은 정책포럼을 통해 지난 시간 동안 누적된 과학기술의 발달과정에서 무분별한 자연환경 파괴가 이어져 왔고, 이를 통해 환경변화가 가속화되어 왔음을 문제제기하였다. 하지만 그는 전통적인 학문 분야 접근방법으로 환경변화의 문제를 해결하지 못하고 있음을 지적하였고, 자연재난의 증가와 함께 Covid-19로 대표되는 새로운 전염성 질병이 출현하는 등 복잡하고 다양하게 변화하는 사회경제적 문제의 해결을 위해 인간과 환경 간 지속 가능한 발전에 관한 새로운 연구 방향의 필요성을 제기하였다(경정운・김영우・한승환, 2011). 이에 콜웰은 융합연구의 종합적 비전과 실행전략의 수립에 기반하여 전통적 학문 분야의 경계를 넘어 다양한 학문 분야 간의 대규모 과학 공동체를 형성해야 한다고 주장하였다.

이와 같은 흐름 속에서 레비(Leavy, 2011/2015)는 융합연구의 흐름과 형태를 단학제적 접근, 다학제적 접근, 간학제적 접근, 초학제적 접근으로 구분하여 융합연구의 주요 특징을 제시하였다. 단학제성, 다학제성, 간학제성, 초학제성의 비교내용은 [표 1-1]과 같다.

단학제(monodisciplinarity)는 뚜렷한 경계선을 갖고 있는 구체적인 지식 영역으로서 학제별로 추구하는 대표적인 세계관이나 패러다임을 널리 공유하는 데 유용하였다. 전통적인 관점에서도 지식은 대부분 단학제 안에서 생산되어 온 것으로 여겨 왔다. 그러나 학문의 양이 늘어남에 따라 학제 내에서 지식 간 경계는 더욱 세분화되어야 한다는 압력이 가중되었으며, 그 결과 전공이 세분화됨에 따라 연구자가 연구할 수 있는 범위는 더욱 협소해지게 되었다. 또한 많은 학자들은 오늘날의 사회문제들이 학제적 구조에 맞추어 발전하지 않는다고 비판하였다.

▌표 1-1▌단학제성, 다학제성, 간학제성, 초학제성의 비교

학제	학제간 협력의 수준
단학제성 (monodisciplinarity)	학제간 통합과 협력이 나타나지 않는다.
다학제성 (multidisciplinary)	학제간 통합 없이 두 개 이상의 학제들이 협력한다.
간학제성 (interdisciplinarity)	두 개 이상의 학제들이 협력하는데 개념, 이론, 방법, 결과의 통합성 정도가 매우 다양하다.
초학제성 (transdisciplinary)	두 개 이상의 학제들이 협력하는데 통합의 수준이 높아서 새로운 개념적, 이론적, 방법론적 프레임워크가 개발된다.

출처: Leavy, P. (2015). 융합연구방법론. (송인한 역). 서울: 박영스토리.

이에 여러 초기 융합연구들은 연구자의 학문적 배경이나 역량에 따라 연구문제를 배당함으로써 각 연구자들의 학문 분야별 경계를 넘지 않는 선에서의 다학제적(multidisciplinary) 융합연구를 진행하였다. 다학제적 접근법은 전통적인 연구질문들에 대해 좀 더 넓은 관점에서 다양한 견해를 제공한다. 다시 말해, 다학제적 접근법은 하나의 연구 프로젝트에 대해 둘 이상의 학제가 협력하되, 각 학제가 가지는 자신만의 가정과 가치 및 방법 등을 그대로 유지한다는 특징을 가진다. 이처럼 다학제적 융합연구 프로젝트에서는 각 학제의 방법들이 그대로 유지되기 때문에, 각 학제에 속한 주제만을 연구할 뿐 완전히 새로운 질문을 제기하는 데에는 한계가 있다.

최근 융합연구에서는 이러한 문제를 보완하고자 간학제적(interdisciplinarity) 접근이 활발하게 이루어지고 있다. 간학제적 접근 역시 두 개 이상의 학제가 협력하는 것이지만, 일반적으로 학제 간의 상호작용 수준이 보다 높은 것으로 이해 가능하다. 그러나 간학제성의 작동방식과 실질적인 상호작용 및 통합의 수준에 대해서는 문헌들 간에도 다양한 견해가 존재하는데, 주로 간학제적 프로젝트에 참여하는 학제들이 각자의 경계를 유지하는가 혹은 그러지 않는가의 문제로 설명하기도 한다. 오스틴 등(Austin et al., 2008)은 다양한 관점을 합성함으로써 얻어지는 새로운 개념이나 문제 또는 해결책의 출현을 간학제적 연구의 핵심이라고 보았던 반면, 이후 설명하게 될 초학제성을 지지하는 학자들은 간학제적 협력도 학제를 전제로 하고 있기 때문에 학제적 지식 구조에 대해 문제를 제기하지 않는다고 주장하였다. 더 나아가 일부에서는 간학제성이 사실상 학제성을 강화하고 재생산하는 역할을 한다고 보았다. 데리다(Derrida, 1997) 역시 궁극적으로 간학제성이 학제성을 강화한다는 데 의견을 같이하였으며, 초학제성이 이러한 역설을 극복하고 학제성을 초월하는 융합적 방법론이라고 주장하였다.

이러한 맥락에서 라투카(Lattuca, 2001)는 학제적 융합연구가 현대사회의 복잡하고 다양한 특성을 가지는 문제들을 해결하는 데 제한적이라고 보았으며, 전통적인 학문 분야의 좁은 세계관을 초월하여 다양한 현상에 대한 새로운 패러다임을 형성해 내기 위해서는 변혁적 차원에서의 초학제적(transdisciplinary) 융합연구가 요구된다고 보았다. 물론 다학제성과 간학제성은 학제들 간의 연관성에 대해 생각해 보고 중요한 사안들에 대해 서로 협력하도록 함으로써 학계의 발전에 크게 기여하였다는 점은 간과할 수 없다. 그러나 동시에 암묵적으로 학제성의 한계를 드러냈다는 점을 인정할 필요가 있다. 일부 연구자들은 다학제적 접근법과 간학제적 접근법이 학문적 발전에 기여를 하였다고 평가하고 있지만, 학제적 지식을 통합하고 합성하지는 못하였다고 평가한다. 이에 초학제성은 학제적 지식 생산을 넘어서 보다 효과적으로 현실세계의 이슈나 문제들에 대응하기 위해 출현했다고 보는 것이 바람직하다. 이와 관련하여 다수의 학자들은 연구자들이 참여적 접근법을 통해 학제의 초월과 같은 깊은 수준의 협력이 이루어졌을 때 초학제성이 나타난다고 보고 있다. 즉 인류와 사회의 다양한 문제들은 협소한 학제적 관점과 목적에 맞추어 인위적으로 쪼개지 않고 총체적으로 조망할 수 있을 때만이 제대로 이해될 수 있으며, 궁극적으로 해결될 수 있다고 가정한다. 1978년 노벨경제학상 수상자인 사이먼(Simon, 1992)은 다음과 같이 이를 설명하였다.

> 예산을 이해하려면 의사결정과정 전반을 이해해야 한다. … 인간 사고의 과정을 … 연구할 필요가 있다. 사고를 연구하기 위해서 나는 내 전공 분야인 정치학과 경제학을 포기하고, 내게는 완전히 낯선 영역인 심리학과 나중에는 컴퓨터학과 인공지능을 이해해야 했다.

다수의 연구자들은 초학제성이 연구방법이나 연구의 결과가 아니라 연구절차에 대한 접근법 또는 새로운 사고방식이라고 설명한다. 연구에 대한 고정관념을 해체하고 새로운 시선과 인식으로 접근해야 함을 의미한다.

이러한 관점에서 융합연구는 서로 다른 학제간 협력의 방식으로 볼 수 있다. 비록 상호 차이 있는 존재론적 체계와 지향점 등으로 인해 융합연구에 어려움도 있겠지만, 사회적 필요에 의해 수행되는 자연스러운 현상으로 볼 수 있을 것이다. 융합연구는 새로운 지식과 과학적 발견을 주요한 목적으로 하며, 학제간 통합은 단순한 합보다 더 높은 수준의 시너지 효과를 창발하기에 최근 다양한 연구 분야에서 급격하게 증가하고 있다(Thompson, 2007; 신동주・김영우・한승환・경정운, 2011).

융합연구의 방법론을 거시적인 관점에서 접근해 보면, 선형적 융합방법론과 비선형적 융합방법론으로 나눌 수 있다(한국사회과학협의회, 2013). 선형적 융합방법론에의 융합은 존재론적 세계의 변화로써가 아니라 존재론을 그대로 인정하므로, 결합의 성과를 예측하고 지향한다. 선형적 융합방법론에서는 선형적 중첩과 환원적 방법론을 사용하는데, 자신의 학제적 특성과 영역을 고수하면서 다른 학제와 상호 성과를 활용하는 협력적 방법을 활용한다. 비선형적 융합방법론은 선형적 융합방법론으로는 이해가 힘든 현실세계를 이해하기 위해 채용하는 것으로 침투형 융합과 생성형 융합이 대표적이다.

침투형 융합은 서로 다른 학제가 상호 협력하고자 할 때 발생한다. 상호 존재론적 완결성을 지향하기 위한 새로운 존재자를 발견하고, 그 발견된 존재자를 서로 각자의 존재론에서 흡수하면서 공유하는 경우로 볼 수 있는데, 대표적인 예로 생물학과 화학의 융합을 통해 창발된 분자생물학을 들 수 있다. 분자생물학은 생물학이 화학 방향으로 확장되고, 화학이 생물학 방향으로 확장되면서 나타난 결과이다.

다음으로 생성형 융합은 융합의 결과를 통해 학제적 특성이 전혀 다른 존재론적 세계가 형성되어 독자적 학제를 생성하는 방식의 융합이다. 생성형 융합은 존재론과 방법론이 자리잡고 성숙에 이르기까지 매우 많은 노력과 시간이 요구된다. 대표적인 예로 철학과 과학의 융합으로 파생된 과학철학, 인지과학, 뇌과학 등이 연구를 거듭하면서 인간의 행복을 연구하는 학문으로 거듭난다면, 이는 행복학이라는 새로운 학제로 생성될 것이다(이남인, 2010).

융합연구의 발전은 오늘날 쌓아진 지식의 방대함이 보다 집중적이고 전문적인 학문으로 거듭나야 할 필요성이 제기되었기에 가능하였다. 19~20세기에 걸쳐 학제 단위의 체계에서 양성된 전문가를 통한 연구는 한계에 직면하였으며, 이에 대한 대안이 요구되고 있는 실정이다. 따라서 필자는 본 장에서 제기한 바와 같이 학제간의 단절성에 대한 해결과 보다 복잡해지는 사회문제들을 해결하기 위한 방안으로 전통적인 세계관에서 벗어나 변혁적 수준에서의 융합연구를 추구하는 초학제적 연구가 시대적으로 지향해야 할 융합연구의 형태임을 밝혀둔다.

1.2 융합연구의 개념과 원칙

1.2.1 융합연구의 개념

융합이라는 단어의 본디 사전적 의미는 다른 종류의 것을 녹여서 서로 구별이 없게 하나로 합하거나 또는 그런 일 따위를 의미한다(국립국어원, 2018). 이러한 융합이라는 단어는 오늘날 다양한 분야에서 쉽게 찾아볼 수 있을 정도로 많이 활용되고 있다. 예컨대 다양한 학문 분야의 최신 연구동향을 살펴볼 수 있는 학술대회 행사장이나 신문, 텔레비전 그리고 잡지 등과 같은 매스미디어에서는 끊임없이 융합이라는 단어가 노출되고 있다. 우리가 흔히 접할 수 있는 단어만 해도 산업융합, 기술융합, 융합과학기술, 융합콘텐츠 등이 있으며(이태종, 2014), 최근 교육학 분야에서도 창의성 교육의 일환으로 융합형 인재, 융합과학교육, STEM, STEAM 등의 용어들이 눈에 띄게 등장하고 있음을 확인할 수 있다.

그러나 앞서 살펴본 바와 같이 서양학문의 기초가 된 고대 철학에서부터 학문은 본래 상호 독립적이지 않았다는 점에서 융합이라는 개념이 오래전부터 생경한 개념은 아니었을 것이다. 17세기 과학혁명과 18세기 근대 산업혁명 이후 인류는 끊임없이 지식을 축적하고 소유하는 것을 최고의 가치로 여겨왔다(최현철, 2015). 이로 인해 산업의 기초가 되는 학문 역시 당시의 지식소비계층의 요구도에 맞게 분화와 통합이 순환적으로 반복되었으며, 이러한 학문들은 경험과 논리를 강조하는 실증주의자들에 의해 보편성, 불변성, 통일성, 절대성에 근거하여 확실한 지식을 추구하는 데 활용되었다(서영식, 2012).

이후 20세기에도 경험과 논리를 강조한 실증주의자들에 의해 통일과학운동(the unity of science)이 전개되었으며, 특히 카르나프(Carnap, 1967)와 노이라트(Neurath, 1882~1945) 등은 다양한 분야의 많은 학문에서 동일한 언어나 동일한 법칙 또는 동일한 방법론들 중 최소 하나 이상은 이미 공유되고 있다고 주장하였다. 여기서의 통일(unity)은 초기 물리학을 중심으로 발현되었으나, 현재에는 제반의 학문에서 재구성된 언어적 환원에 해당되는 개념으로서 활용되고 있다(최현철, 2015). 이러한 융합은 20세기 후반 3차 산업혁명으로 대변되는 지식정보사회의 등장으로 인해 시대적 흐름에 걸맞은 유용한 정보의 생성과 불필요한 정보의 소멸을 통한 지식의 대통합을 강조하는 추세로 이어졌다(성영식, 2012). 이에 따라 세계적으로 학문 분야들 간의 융합에 대한 관심이 높아졌으며, 국내에서도 융합에 대한 개념적 정의에 대한 논의가 활발하게 이루어지게 되었다. 이 시기 국내에서 바라본 융합연구에 대한 인식은 하나의 연구주제에 2인 이상이 공동으로 참여하는 연구(송충한, 1999), 또는 복수의 연구주체들이 공동으로 과학기술적 지식을 획득할 목적으로 연구원을 서로 추렴함으로써 공동의 전략적 연구개발 활동을 수행하는 것(채경석, 1998) 정도로 인식되었다. 이는 서로 다른 조직들 간에서 협업으로 이루어지는 활동이라는 점에서 하나의 조직에서 이루어지는 일반적인 연구와는 다르다고 본 브록호프(Brockhoff, 1992)의 정의와도 맥을 같이한다.

하지만 이후 시대적·사회적·문화적 환경이 다양하게 변화함에 따라 융합에 대한 개념 역시 연구 분야와 연구자들에 따라 조금씩 상이하게 정의되고 있다. 일반적으로 학제간 융합연구는 하나의 주제에 2개 이상의 다른 영역에 있는 학문이 결합된 연구로 정의하고 있지만(김대환, 2015), 단일 차원의 학문을 중심으로 하는 연구에서 벗어나 두 가지 이상의 학문적 개념이나 이론, 연구도구와 연구방법 등으로 수행된 연구(Aboelela et al., 2006; Klein, 1990) 또는 다양한 학문이 공통으로 추구하는 현상에 대한 이해나 단위 학문의 수준을 넘어선 문제를 해결하기 위한 연구(National Academy of Science, 2005; Repko, 2008) 등으로 정의되기도 한다. 윌슨(Wilson, 1975/1992)은 초기 융합의 의미로서 통섭(consilience)을 활용한 진화론과 생물학 그리고 생태학과 생태지리학 등을 융합한 이론을 발표한 바 있으며, 이후에도 환원주의적 관점에서 다른 분야의 학문을 생물학으로 전환시킴으로써 사회생물학이라는 융합적 학문을 일반화하고자 하였다.

(1) 통섭과 융합의 차이

융합과학 전문가들(고인석, 2010; 이남인, 2009; 이상욱, 2007)은 윌슨(Wilson, 1998/2005)이 제시한 통섭의 개념이 마치 인문학과 자연과학이 수평적인 관계에서 통합된 것처럼 비추어질 오해의 소지가 있다는 점에서 비판적인 시선으로 바라보았다. 특히 강신익(2012)은 과학과 이데올로기는 애초에 엄격히 분리해 내기 어려우며, 다른 학문 분야들 간의 상호작용을 통해 경쟁과 선택의 틀을 추구하는 사회생물학은 생물학 내부에서 일어나는 새로운 발견을 대체로 설명해 내지 못한다고 보았다. 뿐만 아니라 박승억(2008)은 통섭이 학문적 탐색을 통한 논리적 결과물에 대한 평가이기보다는 통합을 시도하는 하나의 지적 태도라고 보는 환원주의가 가진 문제점을 비판하였으며, 이상욱(2007) 역시 학문의 의미나 목적, 그리고 연구동기 등을 무시한 채 단순히 자연적 인과관계로 환원하려는 통섭의 시도는 과학적 전체주의적이라고 비판하였다.

이에 이정모(2010)는 진정한 의미에서 학제간 융합을 위해서는 기존의 개념을 다른 분야로 환원시키기거나 변질시키는 통섭(consilience)이 아니라 개별 학문의 정체성과 독립성을 유치한 채 새롭게 혼합된 개념(conceptual blending)적 차원에서의 통합을 의미하는 수렴적 융합이 요구된다고 보았으며, 이러한 융합(convergence)은 특정한 문제를 해결하기 위해 수행되는 일련의 협업과정으로 이해되어야 한다고 보았다. 이처럼 현대사회에서 발생하는 다양한 문제들이 점점 더 복잡해지고 단순하지 않다는 점에서 융합이라는 개념은 다양한 학계에서도 거대 담론으로 자리잡아가고 있음을 짐작할 수 있다.

하지만 융합연구에 대한 조작적 정의는 연구 분야와 학자에 따라 조금씩 상이하게 나타나고 있다. 연구자의 연구목적과 상황에 따라 융합(convergence)으로 부르기도 하며, 때론 통섭(consilience)으로 칭하기도 한다. 이처럼 융합과 통섭이라는 용어는 특정 학문에 국한되기보다는 범학문적 차원에서 활용되고 있다. 이러한 융합은 크게 논리실증주의나 환원주의적 관점에서 바라보는 통섭적 융합(consilience)과 서로 다른 두 학문의 기본개념은 유지한 채 학제 간의 공통적 개념을 바탕으로 복잡한 문제를 해결하고자 하는 수렴적 융합(convergence)으로 구분될 수 있다.

먼저 통섭은 과학철학자인 휘얼(Whewall, 1840)이 그의 저서에서 '귀납의 통섭'이라는 용어를 처음 사용한 이래로 여러 분야에서도 널리 활용되었다. 그러나 귀납적 논리에 의한 통섭을 제안한 휘얼과는 달리 사회생물학자인 윌슨(1998/2005)은 생물학적 환원주의 입장에서 통섭을 설명하고 있다. 그는 통섭이 과학주의적 철학을 바탕으로 물리학, 화학, 생물학, 사회과학 그리고 인문학 등을 아우르는 것으로 보았으며, 이러한 통섭의 과정에서 관찰이나 계산과 같은 논리실증주의적 방법론을 여전히 답습하고 있다고 보았다. 이러한 통섭은 유전공학과 진화가설을 더한 사회생물학과 같이 '부분의 합은 전체'라는 논리로 통합을 설명하고 있으며, 환원주의를 복잡성을 이해하는 유일한 방법으로 보고 있다.

반면 수렴적 융합을 강조하는 학자들은 기술 분야에서의 융합(fusion)과 학문 분야에서 활용되는 융합(convergence)은 서로 차원이 다르다고 주장하였다(이정모, 2010). 기술 분야에서의 융합(fusion)이 통합을 시도하는 과정 중심적 개념이라면, 학문 분야에서의 융합(convergence)은 결과에 대한 정성적 평가에 주목하는 개념으로 그 차이가 미묘하나 분명하게 변별되는 개념이다(최현철, 2015). 즉 수렴적 융합(convergence)은 각 학문의 본류를 유지하면서도 복합적인 문제를 해결하기 위해 둘 이상의 학문이 연합하여 새롭고 유익한 형태로 공통된 개념을 형성하는 것으로 보고 있다(김대환, 2015).

이처럼 융합에 대한 개념은 융합을 바라보는 이론적 배경과 접근방식에 따라 서로 다른 정의를 하고 있음을 확인할 수 있었다. 이에 근거하여 지금까지의 융합연구를 살펴보면, 환원주의적 관점에서의 통섭적 융합(consilience)보다는 서로 다른 두 학문 간의 공통적인 개념이나 이론들을 통해 복잡한 문제를 해결해 내는 수렴적 융합(convergence)연구를 통한 성공 사례가 다양하게 보고되고 있는데, 이러한 수렴적 융합연구의 발전과정에 있어서도 융합연구를 칭하는 용어들은 다양하게 혼용되어 왔다(Apostel et al., 1972).

그러나 앞서 융합과학연구자들이 언급한 바와 같이 환원주의자들의 주장에는 다양한 문제점들이 있다. 윌슨(1998/2005)은 마음에 관한 근본적인 설명이 철학이나 종교적 탐구라기보다는 경험적인 탐구이기 때문에 우리는 철학과 종교를 버려야 한다고 주장하였다. 그러나 이러한 통섭적 융합에 의한 과학주의적 전략은 학제간 융합을 위한 동의를 얻는 데 어려움이 있으며, 마음이나 정신의 작동이 뇌의 메커니즘으로 완벽하게 환원될 수 있을 것인가에 대한 비판으로부터 자유롭지 못하였다. 이는 우리가 일상의 사회·경제현상에서 느끼는 복잡함이 자연현상에서 연구해 온 복잡성과 본질적으로 매우 비슷하다는 복잡계이론(complex system theory)과도 맥을 같이 하는 것이니 독자들은 참고하기 바란다.

(2) 컨버전스(convergence)와 융합

IT나 기술 분야에서 학제간의 통합을 의미할 때 주로 사용되는 융합이라는 단어로 컨버전스(convergence)가 있는데, 컨버전스의 사전적 의미는 분산을 의미하는 다이버전스(divergence)의 반대말로 한 점으로 수렴한다는 의미를 갖는다. 특히 이러한 수렴은 서로 다른 두 직선이 서로 평행하기보다는 무한대로 수렴함으로써 기하학적 이미지를 만들어 내는 것과 같이 단순히 외형적인 변화를 만들어 내는 차원을 넘어서 새로운 유형의 학문을 만들어 내는 것을 의미한다. 이에 최현철(2015)은 통섭적 융합의 대안으로써 수렴적 융합을 제안하였다. 통섭적 융합을 강조하는 학자들과는 달리 수렴적 융합을 주장하는 학자들은 개념적 혼성(conceptual blending)이야말로 진정한 융합이라고 보았다.

학문 분야에서 활용되는 융합(convergence)은 새롭게 수렴되는 공간을 창조해 내는 창발적인 반면, 기술과학 분야에서 활용되고 있는 융합(fusion)은 주로 통섭적 융합에 가깝다. 'convergence'는 융합을 통해 발현된 결과에 초점을 맞추어 정성적인 평가가 곁들여진 개념이라면, 'fusion'은 단순히 서로 다른 두 학문 분야의 연합하는 과정에 초점을 둔 개념이다. 이처럼 융합을 의미하는 두 용어인 'convergence'와 'fusion'은 분명히 구분되는 개념이지만 한글로 번역되는 과정에서 'consilience'나 'fusion'뿐 아니라 'convergence' 모두 융합으로 번역되고 있다는 점이 독자에게 많은 혼란을 야기하고 있다.

고인석(2010) 역시 이러한 개념을 분명하게 구분할 필요가 있다고 보았다. 단순히 하나의 기술 속에서 사용자의 요구도에 의해 다른 요소들이 녹아드는 현상은 통섭적 융합인 반면, 서로 다른 목적으로 개발된 기술들이 기존의 기능은 유지한 채 서로 중첩되는 부분이 늘어난다면 수렴적 융합이라고 본 견해와 맥을 같이한다. 이처럼 수렴적 융합과 통섭적 융합의 가장 큰 차이점은 각 학문들의 정체성과 독립성은 그대로 유지한 채 상호 공통적인 개념 간의 혼성을 형성한다는 점이다.

학문이 존재한 이래로부터 20세기 이전까지는 철학이라는 범주 안에서 다양한 학문들이 분화되어 존재하였지만 제2차 세계대전 이후부터는 복잡한 사회적 문제를 해결하는 데 단일학문만으로는 한계가 있음을 인식함에 따라 학문 분야별로 개혁이 요구되었으며, 이에 따라 새로움을 추구하는 과정에서 기존 학문들 간의 혼합이 요구되는 상황이 자주 발생하게 되었다. 일상생활 속에서도 우리는 융합이라는 용어를 쉽게 접할 수 있게 되었지만 여전히 '통섭적 융합'과 '수렴적 융합' 사이에서 개념적 혼란을 느끼는 것은 부정할 수 없다.

이에 OECD에서는 서로 다른 학문적 배경을 가지는 연구자들이 복잡한 연구문제를 해결하기 위해 공동의 동기를 가지고 각 분야의 이론과 개념뿐 아니라 연구도구 및 데이터 수집과 같은 방법론적 차원에서 통합적 관점을 유지함으로써 새로운 융합적 지식을 창출해 내는 것으로 정의하고(Bruun et al., 2005; Klein, 1990; Schummer, 2004), 융합연구에 개념적 혼란을 피하고자 1970년 개최한 국제콘퍼런스에서 수렴적 융합연구의 유형을 다학문적(multidisciplinary) 융합연구, 학제적(interdisciplinary) 융합연구, 초학문적(transdisciplinary) 융합연구로 구분하여 활용할 것을 제안하였다(Apostel et al., 1972). 앞에서 말했듯이 최근의 융합연구는 초학제적 연구를 추구하고 있고, 다양성 있게 이루어지고 있다.

1.2.2 융합연구의 원칙

(1) 초학제적 연구의 원칙

융합연구의 최신 트렌드인 초학제적 연구에는 크게 네 가지 원칙이 있다(Pohl & Hadorn, 2008). 첫째, 문제의 복잡성에 대한 체계적인 이해이다. 사회적 문제는 사회 · 자연 · 법 · 규범과 같은 다양한 요인들과 상호 연결되어 있기 때문에 이를 해결하기 위한 방안 역시 다양하다는 점을 인식해야 하며 여러 요인들 간의 관계를 통합적으로 이해하기 위한 사고의 패러다임이 요구된다. 이를 위해서는 각 연구자들이 가지는 학문 분야별 지식의 프레임들 간의 차이를 인식하고 이를 고려하여 복잡한 문제에 접근하는 것이 중요하다. 둘째, 문제와 목적 그리고 해결책의 다양성에 대한 고려와 상호 학습이다. 사회문제와 그에 대한 해결방안은 다양한 학문적 배경을 가진 연구자들이 모두 이해 가능하고 상호 학습을 통해 생성해 내는 것이 초학제적 연구의 핵심과제이기도 하다. 셋째, 현장의 지식과 이론 간의 연계이다. 새로운 과학적 지식이나 이론이 먼저 나타난 다음 이를 바탕으로 기술이 개발되고 현장에 적용될 수 있다고 본 선형모델의 한계를 인정함으로써 문제를 해결하기 위한 진정한 방안은 실험실에서 만들어진 지식뿐 아니라 실제 현장에서 나타난 지식 간의 끊임없는 피드백과정 속에서 생산될 수 있음을 지각하는 것이다. 넷째, 공공의 이익을 확대하기 위한 연구활동이다. 초학제적 융합연구는 사회문제를 해결하거나 완화 또는 예방하기 위해 수행되는 것이므로 규범적인 성격을 가진다고 볼 수 있기에 연구의 전 과정이 투명하게 공개될 필요가 있다고 보는 것이다. 즉 사회문제의 해결을 통해 얻을 수 있는 공공의 이익(공동선)이 무엇인지에 대해 참여자들마다 각기 다른 다양한 의견이 있을 수 있으므로 공개적인 토론이 필요할 수도 있다.

(2) 초학제적 융합연구의 개념모델

초학제적 융합연구는 초학제적 연구의 개념모델로 설명할 수 있는데(Lang et al., 2012), 이는 사회문제의 해결책을 찾아서 적용하는 '사회활동'과 문제해결을 위해 새로운 과학기술지식을 생산하는 '과학기술 혁신활동,' 그리고 이들이 함께 상호작용하면서 새로운 지식을 생산하는 매개활동인 '초학제적 연구활동'으로 구성되어 있다.

그림 1-1 ▌ 초학제적 연구의 개념모델

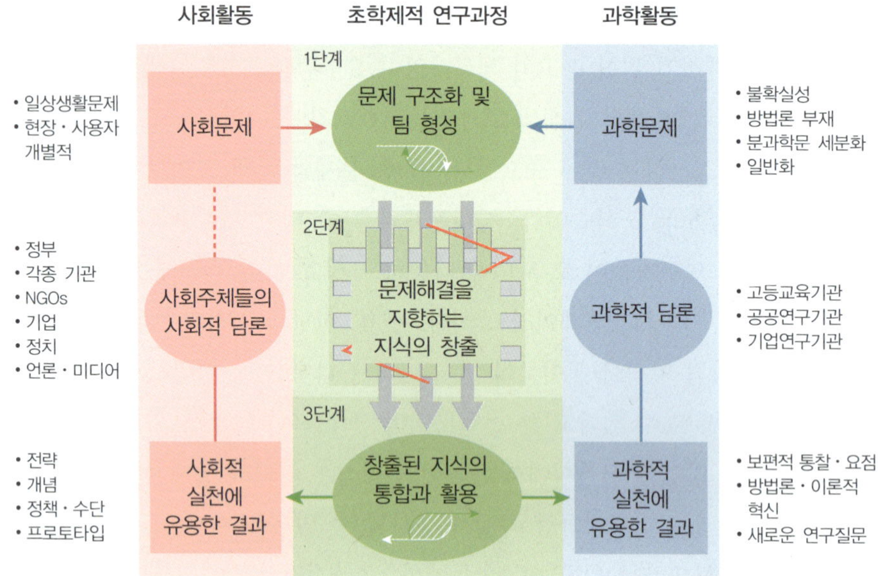

출처: 임홍탁 · 송위진, 2017에서 재인용(Lang et al., 2011)을 수정

(3) 초학제적 융합연구의 절차

초학제적 융합연구를 위한 절차는 '연구의 공동 디자인,' '적용 가능 해결책 공동 생산,' '해결책의 현장 적용 및 (재)통합' 등으로 크게 3단계로 이루어져 있으며 각 단계에서는 지속적 피드백이 이루어진다(임홍탁 · 송위진, 2017). 초학제적 연구의 개념모델단계는 [표 1-2]와 같다.

레비(Leavy, 2011)는 초학제성의 원칙으로 문제 중심적, 총체적 또는 시너지적 접근, 초월, 출현, 혁신 그리고 유연성의 주요 개념을 제시하였다. 초학제성은 학제가 아니라 이슈나 문제에서 시작한다. 전통적으로 연구의 주제 선정과 문제 도출은 연구자의 학제에 근거하지만, 초학제성은 연구자가 속한 학제에 상관없이 연구문제나 주제 또는 질문을 연구과정의 중심에 놓는다. 현실세계의 문제에 최대한 전면적으로 대응하기 위해서 초학제적 접근법은 총체적이다. 총체적인 프레임워크와 통합적 지식이라는 측면에서 많은 초학제적 연구자들은 초학제적 접근법이 시너지적이라고 설명한다. 초학제성에 관한 문헌에서는 초월(transcendence/transgression)이라

▌표 1-2 ▌초학제적 연구의 개념모델 3단계

단계	내용
〈1단계〉 연구 공동 디자인단계 (Co-Design)	• 첫 번째 단계로서 전체 연구과정의 구성과 내용을 공동 디자인 • 행위주체 및 맥락분석을 통해 이해관계자들을 선정 • 프로젝트를 통해 다루고자 하는 사회문제와 해결 목표를 공동으로 결정 • 연구목적 달성 및 과학적 신규성 확보를 위한 연구질문 도출 • 과학기술지식 창출에 기여하고 실제 생활현장에서의 해결책으로서도 활용하기에 적절한 연구성과물의 형태 결정
〈2단계〉 공동연구단계 (Co-production)	• 실제 연구를 수행하는 단계로서 여러 종류의 정보와 지식을 분류하고 통합하는 방법론을 사용하여 연구자들과 현장 시민들이 동의하는 해결책을 만들어내는 공동연구작업 • 사전에 이해관계자들의 연구 참여 내용이나 수준에 대한 가이드라인 제시 필요 • 참가자들의 상호 학습방식을 촉진하고 지원하는 디자인 개발 • 참가자들(생활인 및 연구자)의 이해관계, 필요, 희망 그리고 두려움을 고려한 역할 분담 및 지원
〈3단계〉 연구성과의 활용단계 (Application and Integration)	• 연구결과를 적용하고 집행하는 단계 • 성과물의 현장문제 해결책에의 통합과 적용 • 초학제적 연구는 참여하는 구성원들의 상호 학습과정이므로 유형적 성과에 더불어 연구자, 이해관계자 혹은 현장 시민들의 의사결정능력 향상이라는 무형의 성과도 창출 • 미시적인 단기성과평가보다는 후속 과제나 플랫폼 등의 조직화를 통해 '지속적이고 장기적인 학습 기제'로서 그 의미를 고려할 필요가 있음

는 용어가 지속적으로 등장하는데, 초학제적 접근법은 연구자들로 하여금 학제 중심적으로 지식을 구축하고, 조직하고, 전달하는 데 따른 한계를 넘어서도록 돕는다. 초월과 관련하여 또는 초월에 의해 가능해지는 출현(emergence)이라는 개념 역시 초학제성에서 중요한 원칙이다. 출현은 다면적인 의미로 해석되는데, 여러 학제들의 관점과 도구를 한데 모으기 때문에 새로운 연구접근법의 출현이라는 의미와 새로운 통찰의 출현이 그것이다. 또한 초학제성은 혁신을 필요로 하며, 혁신은 유연성과 연결된다. 초학제적 원칙과 실천은 [표 1-3]과 같다.

향후 사회과학 분야에서 활발하게 이루어질 것으로 기대되는 융합연구에서는 단순히 다양한 학문들을 엮어놓은 다학문적 융합연구나 다른 학문들로부터 지식과 이론만을 차용해 오는 학제적 융합연구로 진행하기보다는 기존 학문 분야의 세계관을 초월하여 보다 복잡하고 다양한 문제들을 해결하는 데 도움을 제공하는 초학제적 차원에서 융합연구의 방향으로 수행될 필요가 있다.

표 1-3 초학제적 원칙

원칙	실천
문제 중심적	연구의 중심에 놓인 문제가 학제적 자원의 이용과 방법론을 결정한다.
총체적 또는 시너지적 접근	통합된 지식을 생산하는 반복적인 연구 프로세스를 통해 총체적으로 문제를 고려한다.
초월	학제적 관점을 초월한 개념적 프레임워크를 구축하여 연구문제를 효과적으로 다룬다.
출현	(학제성을 초월하여) 연구의 중심에 문제를 놓음으로써 새로운 개념적·방법론적 프레임워크가 출현한다.
혁신	필요 시 새로운 개념적·방법론적·이론적·프레임워크를 구축한다.
유연성	반복적인 연구 프로세스는 새로운 아이디어에 대한 열린 태도와 새로운 사고에 적응하고자 하는 의지를 필요로 한다.

출처: Leavy, P. (2015). 융합연구방법론. (송인한 역). 서울: 박영스토리.

2 학제간 융합연구의 필요성과 가능성

2.1 학제간 융합연구의 필요성

19~20세기 초에 걸쳐 축적된 자연현상과 생명현상의 탐구로 데카르트로부터 이어진 기계론적 사고방식에 어떤 변화가 필요하다는 인식이 꿈틀대기 시작했다. 구성요소들 각각의 기능 못지않게 이들 사이의 연결 역시 중요해졌기에 미세한 부분에 집착하기보다는 전체를 조망하는 안목이 요구되었다. 이에 복잡한 현상을 가로지르는 연구의 필요성이 끊임없이 제기되었고 최근 들어 융합연구마저도 고도화되기에 이르렀다. 이제 대다수의 학문에서 학제간 융합은 시대적 흐름이 되었다. 단위 학제는 더욱 세분화·전문화되었고, 복잡해진 사회문제에 적합하게 대응하기에는 한계가 있었기에 학제간 융합을 통해 새로운 시선과 접근을 시도하게 되었다.

하지만 융합연구의 목적과 기대효과에 비해, 실제 연구진행 상황에서 발생하는 어려움이 많을 뿐만 아니라 진정한 학문의 융합이 무엇인가에 대해 끊임없이 의문이 제기되고 있는 상황이다. 일각에서는 융합연구 발전의 토대가 되는 학문 분야

간의 상호 연계가 단편적으로 시도되고 있다는 지적이 있으며, 융합연구자들의 끊임없는 시행착오로 인해 융합연구들이 안갯속을 걷고 있다거나 뜬구름을 잡고 있다는 평을 듣기도 한다. 아울러 융합연구를 진행하고 있는 다수의 연구자들은 융합연구의 독특한 특성들로 인해 많은 어려움을 호소하고 있다.

실제로 융합연구의 역사가 상대적으로 깊은 서구 국가들조차 융합연구의 성공적인 운영이 생각보다 어렵다는 것을 지난 수십 년 동안의 연구를 통해 지속적으로 증명해 왔으며, 융합연구팀 특유의 여러 가지 현실적인 난제들을 해결하지 않고서는 목표했던 융합연구의 성과를 이루어 내기 힘들다고 지적하였다. 하지만 융합연구자들이 겪는 문제들이 쉽게 개선되기 어려운 것은 물론이거니와 융합연구자들 간 소통의 부재로 인해 과거에 융합연구를 수행한 연구자들이 겪은 시행착오를 신규 융합연구자들도 고스란히 반복하고 있는 실정이다. 이에 김형진, 김은정 그리고 이승은(2018)은 이러한 소모적인 시행착오를 줄이기 위한 방안으로서 선행적으로 수행한 융합연구자들의 경험을 공유할 필요가 있음을 주장하였다.

2.1.1 동종기술 영역의 한계 극복

주요 선진국에서는 2000년대 이후 항공·우주기술, 생명과학, 로봇기술 등 과학기술 분야의 한계를 극복하기 위해 자국의 특성에 맞는 독자적 융합기술의 개념을 정립하고, 이를 새로운 성장 동력의 역할을 할 국가전략사업으로 채택함으로써 미래 트렌드를 고려한 중장기 발전전략을 수립 및 추진하고 있다. 그 일환으로 미국의 국립과학재단(National Science Foundation)은 학제간 융합연구 지원과 융합기술인력 양성을 위한 목적으로 Cross-cutting 프로그램을 시행하고 있고, 유럽연합도 리스본전략의 실패로 인한 미국과의 격차 해소를 위해 '성장과 고용'을 목표로 한 신리스본전략을 채택하여 학제간 융합연구에 대한 지원을 확대하는 추세에 있다.

우리나라의 경우에도 동종기술 영역의 한계를 극복하고 이종기술의 장점과 효율성을 살리기 위함뿐만 아니라 국가의 미래를 설계하고 당면과제에 대해 효과적으로 대처하기 위하여 다양한 분야의 산·학·연 전문가들이 참여하는 개방형 융합연구 및 학제간 융합연구가 절실히 요구되고 있는 실정이다. 한국연구재단의 지원을 통해 학제간 융합연구가 일부 수행되고 있지만, 여전히 사회적 인식의 부재와 예산 지원의 어려움 등의 중첩적인 문제와 장벽들로 인해 학제간 융합연구의 환경 조성은 녹록지 않은 실정이다.

2.1.2 열린 세계에서 존재론적 확장이 가능

현대사회를 살아가는 구성원들은 시대적인 반성과 사유의 능력, 그리고 잠재력을 가지고 있다. 자연과학의 영역이 반드시 물리적·인과적 관계 속에서만 이루어지는 것이 아니며, 거기에는 의미연관, 목적연관, 동기연관들도 필요한 것과 같이, 사회과학도 과학적이고 철학적으로 반성된 물리적 개념들과 과거에 비해 현대의 확장된 생활세계에서 이루어지는 암묵적 사고방식, 세계를 보는 암묵적 모델, 가정을 드러낼 수 있는 능력에 대한 고민이 필요하다. 자연과학에 여전히 존재하는 우연성은 그 학문의 토대가 되는 존재론이 열려있음을 의미한다. 이것은 세계에 대한 경험이 확장되면서 새로운 존재자들의 발견과 새로운 존재자의 세계를 형성하게 한다. 물론 학문의 범주도 이러한 과정에서 생성될 수 있다. 그리고 각 학문범주는 존재론의 완결성을 주장하기 때문에 열려있다. 왜냐하면 열린 세계에서 존재론적 확장이 이루어질 수 있기 때문이다. 이러한 존재론적 확장을 촉진하는 매개자그룹들도 학문계에서는 체계적으로 육성해야 한다. 이러한 가능성의 토대는 인문학, 사회과학 그리고 자연과학의 방법론적 공생이기에, 이는 결코 이질적일 수 없다. 최근 새로운 학문적 관심을 받고 있는 신유물론과 가장 영향력 있는 학자인 캐런 버라드(Karen Barad)[1]는 열린 세계에서 존재론적 확장과 연관하여 행위적 실재론을 주장하였는데, 이는 과학기술학 분야에서 뜨거운 반향을 야기하고 있을 뿐 아니라 인문학과 사회과학 분야에서도 방대하게 활용되고 있다. 특히 과학-사회과학-인문학으로 횡단되는 학제간 융합연구에 의미 있는 기여를 하고 있다(몸문화연구소, 2022).

---

1) 캐런 바라드(Karen Barad, 1956~)는 미국의 대표적인 페미니스트 이론가로 특히 적극적 현실주의 이론으로 유명하다. 현재 산타크루즈 캘리포니아 대학교에서 페미니스트 연구, 철학, 의식의 역사학 교수로 재직 중이다. 이론물리학으로 스토니브룩 대학교에서 박사학위를 받았다.

2.1.3 다각적인 안목과 설명력 제시

학제간 융합연구의 결과로 나타날 수 있는 새로운 학문의 창조는 여러 학문 간의 융합연구를 통하여 하나의 학문만으로는 포섭하기 어려운 다각적인 안목과 설명력을 확보할 수 있는 장점이 있다(Couturier & Dumas-Laverdiere, 2006). 그러나 어떤 연구 영역이 고유한 하나의 학문으로 인정받기 위해서는 연구대상, 현상, 이론체계, 방법론의 집합, 세계관 등과 관련하여 특징을 갖추어야 하는 어려움을 수반한다(Szostak, 2003). 이에 양미경(2009)은 학제간 융합연구가 새로운 학문으로 발전하는 경우는 융합연구 학문들의 개념체계들을 단순히 병렬적으로 합치는 것이 아니라, 한 차원 높은 수준에서 분화된 대상의 본질과 구조를 조망함으로써 새롭게 융합된 개념체계를 창출하는 지속적이고 의도적인 노력이 요구되어야 함을 주장하였다.

이처럼 다양한 장소에서, 다양한 수준으로, 다양한 유형과 형태로 발전해 온 학제간 융합연구는 여러 학문을 넘나드는 연구를 통하여 하나의 학문만으로는 견지하기 어려운 다각적인 안목과 설명력 확보를 통해 시대의 변화에 따라 등장하는 복합적인 난제들을 해결할 수 있는 대안으로써 급부상하고 있다.

2.1.4 학제간 융합연구의 장점

학제간 융합연구가 필요한 이유는 다음의 장점을 갖고 있기 때문이다. 첫째, 학제간 융합연구가 활성화되면 연구자들이 보유하고 있는 개별 지식이 공유 및 이전되고 새로운 아이디어가 창출되는 효과를 기대할 수 있다. 또한 연구자들의 네트워크가 보다 강한 연결성을 가지게 되고, 지속적인 연구수행을 위한 토대가 구축될 수 있다(김석현, 2012). 둘째, 학제간 융합연구는 기존 학문이 자신의 틀 속에 갇혀 충분히 보지 못했던 새로운 연구주제를 발굴하고 미증유의 새로운 분야를 개척하게 함으로써 새로운 지식을 폭발적으로 만들 수 있다(홍성욱, 2007). 셋째, 현대에서 학제간 융합연구는 서로 다른 분야나 학문 경계를 넘어 둘 이상의 분야 혹은 학문 영역을 결합함으로써 이루어지는데, 특정 현상과 문제에 대한 학제적 접근은 문제나 현상을 중심으로 기존의 학문을 통합하여 새로운 학문의 탄생으로 이어질 수 있는 장점이 있다(오헌석 외, 2012). 넷째, 지식의 공유와 이전, 새로운 아이디어의 창출, 지적인 동반자 확보, 융합연구자의 지적 네트워크 활용, 공식 및 비공식 네트워크의 확대로 인한 결과의 활용성 강화 등의 장점이 있다(김대환, 2015).

2.1.5 융합연구의 시너지 창출효과

무엇보다도 사회과학을 기반으로 한 학제간 융합연구가 중요한 이유는 융합연구 등을 통한 시너지효과의 창출 때문이다. 이에 유창조(2010)는 한 지역 내에 있는 주민들의 지역·문화적 특성을 파악할 필요가 있는 연구주제가 제기된다고 가정할 때, 인간 생활양식의 총체를 다양한 관점에서 파악해야 하므로 정치학, 사회학, 경제학, 문화인류학 등과 같은 학문 분야들의 학제간 융합연구를 통해서 접근하는 것이 보다 타당함을 주장하였다. 그럼에도 불구하고 지금까지 학제간 융합연구라고 하면 보통 자연과학, 공학과 같은 전통적인 이공계 중심의 과학 분야를 중심으로 사회과학과 인문학적 요소를 일부 적용하여 수행한 연구를 의미해 왔다.

하지만 대개의 융합연구들은 동일한 프로젝트를 수행하더라도 각각의 학문 분야의 전통에 따라 학습한 연구자들은 서로 상반된 입장을 내는 것이 대부분이었다. 따라서 사회과학 분야 내에서의 학제간 융합연구에 대해서는 회의적인 시각이 보편적이었고, 실제로 동일한 사회과학 분야 내에서도 연구협력이 활발하게 이루어지고 있지 못한 실정이었다. 융합교육이라는 동일한 연구주제에 대한 논문들을 살펴보았을 때에도 각 학문 분야의 관점에 따라 연구의 초점과 대상, 그리고 방법론이 달라 각기 다른 주장과 견해가 제시되고 있었다. 또한 사회과학 내 비교적 유사하다고 인식되는 학문 분야라 할지라도 관점과 대상, 방법론 등에 대한 접근이 다양하게 발현되어 왔을 뿐만 아니라 유사한 학문 분야별로 구축된 연구공동체 내에서도 자기 학문 분야의 목소리만을 더욱 견고하게 구축하고 있는 실정이다.

최근 이러한 융합연구의 한계를 극복하고자 대안으로써 초학제적 융합연구가 각광받고 있는지도 모른다. 실제로 사회과학 분야에서 학제간 융합연구가 활성화되면 그동안 세분화되었던 분석의 초점과 대상을 통합할 수 있고, 방법론이 다르다 하더라도 통합된 결론을 도출하여 해결방안도 적절하게 제시될 수 있을 것으로 기대된다. 결국 초학제적 융합연구는 연구수행과정에서 시너지효과를 발휘하여 질적으로 우수한 연구성과물을 산출할 수 있을 것이다.

2.1.6 학제간 융합연구만이 갖는 특성

일각에서는 단순히 사회가 복잡해지고 문제의 양상이 다양해진다고 하여 융합연구가 반드시 필요한가에 대해서는 회의적인 시선을 보내는가 하면, 실상 지금까지 이루어진 대부분의 연구들이 융합연구라는 이름을 달고 있지 않았을 뿐이지 대개의 연구들이 참신성을 갖추기 위해 서로 다른 학문 분야에서 아이디어를 차용하고 있었다고 주장하기도 한다. 그럼에도 불구하고 융합연구를 수행한 다수의 연구자들은 학제간 융합연구만의 독특한 특성이 있다고 보고, 이러한 융합연구가 필요한 이유를 다음과 같이 설명하고 있다(김대환, 2015).

먼저 특정 학문 분야에 국한되어 활용되었던 지식과 정보를 공유함으로써 새로운 연구 아이디어를 생성해 낼 수 있다는 장점이 있다(김석현, 2012). 또한 복잡한 현대사회의 다양한 문제들을 해결하기 위해 학문 분야를 통합하는 과정에서 새로운 학문의 탄생을 기대할 수 있다(오현석 외, 2012).

뿐만 아니라 연구자로 하여금 융합연구를 위한 지식의 동반자를 확보하게 하며, 이러한 공식·비공식 인적 네트워크의 확대로 인해 융합연구 결과의 활용 가능성을 높이는 데 기여할 수 있다(설성수·이종현, 1999). 무엇보다도 학문 분야에서 융합연구가 중요한 이유는 학문 간 강점을 통해 문제해결의 시너지효과를 기대할 수 있다는 점에 있다. 그러나 학문 분야에서 이루어진 융합연구들은 대부분 자연과학이나 공학과 같은 이공계열에서 주로 다루어진 반면, 인문·사회과학 분야에서는 자주 다루어지지 못한 것이 사실이다. 만약 인문·사회과학 분야에서도 융합연구가 활성화된다면 그동안 세분화되었던 지식과 이론을 통합할 수 있을 뿐만 아니라 둘 이상의 다양한 방법을 활용함으로써 해결방안을 도출할 수 있을 것이다(김대환, 2015).

이처럼 오늘날 요구되는 융합연구의 유형이 단순히 서로 다른 학제간 데이터 수집이나 방법론 등에 대한 통합적 관점을 요구하는 것에서 벗어나 연구자 스스로 새로운 비전을 가지고 연구의 범위를 확장하는 등 시대적·사회적·문화적 환경의 변화 속에서 초학제적 융합연구는 보다 당위성을 가지게 되었다. 이는 연구자들의 관점의 전환과 방법의 혁신을 통해 가능한 것으로 보고되고 있다(고재성・박정기, 2017). 이에 필자는 향후 초학제적 융합연구가 효과적으로 이루어지고 발전이 거듭된다면 또 하나의 체계적인 응용학문으로서 그 위상을 재정립할 수 있을 것이라 생각한다.

2.2 초학제적 융합연구로서 학제간 융합연구의 가능성

2.2.1 단일학문의 한계 극복에 대한 요구 증가

최근 학제간 융합연구는 초학제적 융합연구로서 교육, 연구, 산업, 정책, 미래 예측 등 다양한 분야에서 이슈화되고 있다. 이는 융합연구가 에너지 고갈, 환경오염, 지구온난화 등 미래사회에 심각하게 대두될 주요 현상에 타당하고 효과적으로 대응할 수 있는 핵심연구로 받아들여지고 있기 때문이다. 이러한 추세에 비추어 볼 때, 향후 모든 부문에서 학제간 융합연구가 주류를 형성하게 될 것으로 조심스레 예측해 볼 수 있다. 산업사회에서는 개별 학문별로 분절된 단학제적 접근이 효과적이었지만 창의성이 강조되는 지식기반사회에서는 단일학문 분야의 지식이 포화되는 현상을 보이며 한계를 드러내고 있다. 이에 대한 대안으로 학제간 융합연구가 각광을 받고 있는데, 연구의 높은 타당성과 예측성 그리고 신뢰성 등이 그것을 설명해 주고 있다. 따라서 앞으로 학제간 융합연구는 그 가능성이 점차 높아질 것이다.

2.2.2 정부 및 연구기관의 관심 증가

사회과학 분야 학제간 융합연구의 특성으로 커뮤니티기반의 협력적 방안이 중요하며 연구자 개인의 개방적인 태도와 외부의 긍정적인 동기도 중요하다. 물론 정부 및 연구기관의 재정적・제도적 지원 및 의지 또한 중요한 요인으로 표출된다. 이러한 사례를 기반으로 주요 선진국에서는 사회과학 분야 네트워크 활성화전략을 기획하고 미래사회에 영향을 미칠 수 있는 다양한 국제적 위험 및 기회요소 등을 분석하고 있으며, 특히 미래 예측 관련 분석을 통해 사회과학 분야에 특화된 전략적 연구지원정책도 추진하고 있다. 주요 국가별 사회과학 분야 학제간 융합연구 활성화를 위한 정부의 정책을 살펴보면 다음과 같다.

첫째, 미국의 국립과학재단(National Science Foundation)의 경우 조직 내 사회과학 분야 지원기구를 별도 설립하여 사회과학기반의 융합적 연구 지원을 통해 지식의 확장과 사회적 요구에 부응하는 프로그램을 구축하는 데 핵심을 두며, 연구 및 교육활동 지원을 통해 연구주체 간의 상호 협력 매개체 역할을 하고자 하였다. 특히 사이버 인프라국과 통합활동국 등의 세부 조직 간의 연계를 통해 사회과학기반의 사회조사 및 통계 지원, 학제간 연구를 장려하기 위한 기초시설 및 프로그램을 지원하고 있는 것이 특징이다.

둘째, 영국의 ICOSS(Interdisciplinary Centre of the Social Sciences)의 경우 정부적 차원의 지원이 아닌 사회과학연구를 위한 셰필드대학교 인근 13개 대학 간 공동체적이고 자체적인 전용 연구소로, 사회과학을 기반으로 한 학제간 연구가 활발히 진행되고 있다. 이 연구소는 재정적 지원 및 융합적 프로그램을 초월하여 연구자 간, 학제간 융합연구를 목적으로 한 별도의 아레나가 제공된다는 점과 사회과학 분야 학제간 융합연구를 위한 다채로운 워크숍과 집담회, 포럼 등을 제공한다는 면에서 좀 더 실천적인 성향을 보이고 있다. 이는 앞서 언급한 커뮤니티기반의 협력연구와 연구자 간 개방적 태도의 실천적 면모를 보여준다는 점에서 의의가 크다. 아울러 연구자 간 다양한 연구방법 및 사례연구에 초점을 맞추며 상호 이질적인 연구 분야의 네트워크에 중점을 두는 관계로 대학 및 학회를 초월한 학술적 정보 공유의 새로운 비전을 제시하는 것이 특징이다.

셋째, 유럽연합(EU) 프레임워크 프로그램(Framework Program)과 NET 4 SOCIETY 프로젝트의 경우 인문사회과학에 대한 유럽 국가 내 상호 간의 이해관계와 유럽이 직면하고 있는 경제성장, 고용창출, 경쟁력 강화, 사회통합과 지속성 등 사회경제적 해결을 목적으로 이를 해결하기 위한 연구자 간 인적교류 지원 및 지식의 공유를 위한 네트워킹 업무 지원을 전담하고 있다. 특히 국가연락지점(NCPs, National Contact Points)을 통해 각 국가 차원의 관련 정보 제공 및 자문역할기능, 연구자

간 DB 구축을 통한 우수연구 사례 등 연구자 간 연구협력 가이드라인을 제공하고 있다. 이를 통해 연구자 간 연구 분야 및 프로젝트에 대한 정보를 얻고 전 지구적인 사회문제에 공동으로 대처하기 위한 국가적 연구협력에 초점을 맞추고 있다. 사회과학 분야 학제간 융합연구의 선행연구와 주요 선진국의 연구지원정책을 통해서 융합적 연구결과 도출을 위한 사회과학적 데이터 구축의 필요성과 협력을 통한 연구 생산성 증진을 위한 지식의 공유와 확산, 전 지구적인 사회과학적 담론을 생산하기 위한 노력 등의 시사점을 확인하였다.

우리나라에서도 사회과학분야 학제간 융합연구 활성화를 위해 정부에서 다각도의 노력과 지원정책을 펼치고 있다. 이는 최근 사회 전반의 가장 큰 트렌드인 '융합'의 관점에서 다양한 분야의 학문을 융합하여 복잡한 사회문제를 창조적이고 합리적인 해결방법으로 접근하려는 시도이다. 한국연구재단에서는 학제간 융합연구 지원사업을 통해 인문학과 사회과학의 상상력과 통찰력, 예술적 창조성과 과학적 합리성 등을 융합하여 복잡한 사회문제에 대한 창조적이고 합리적인 해결방안을 마련하는 데 노력을 꾀하고 있다. 이공 분야(자연과학, 생명과학, 의약학, 공학, ICT·융합)와 인문사회 분야(예술·체육학 포함)의 융·복합연구 분야를 지원대상으로 3년간(3억 이내/연) 연구를 지원하고 있으며 융합연구총괄센터에서 전체사업을 관장하고 있다.

사회과학 분야 학제간 융합연구의 지속적 발전을 위하여 정부의 정책적 지원이 필요한데 정부의 정책적 지원은 재정적인 관점과 행정적인 관점으로 나누어 살펴볼 수 있다. 재정적인 관점에서는 사회과학 분야 융합연구 활성화를 위한 특화된 연구과제 예산 지원 등이 있으며, 행정적인 관점에서는 사회과학 분야 융합연구로 도출된 연구결과물을 등재할 수 있는 학술지 발굴 및 모험적이고 도전적 연구를 자유롭게 진행할 수 있는 제도적 마련 등이 있을 수 있다. 이처럼 사회과학 분야 학제간 융합연구를 통해 합리적 사회문제 진단과 창의적 해결방안을 모색하기 위해서는 초기 안정적인 정부의 연구비 지원이 필수적이다. 또한 정부는 학제간 융합연구가 수월하게 이루어질 수 있도록 대화와 협력의 시간과 예산을 별도로 지원할 필요가 있다. 한승환과 경정운(2011)은 학제간 융합연구성과를 게재할 KCI급 학술지의 보급이 필요함을 주장하였고, 한국연구재단 산하 융합연구총괄센터에서는 2018년부터 인문사회 및 이공계를 아우르는 〈융합연구학회지(The Journal of Transdisciplinary Studies)〉를 발간하여 학제간 융합연구의 활성화를 도모하고 있다. 융합연구학회지는 연 3회 발행되는 학술지로 2020년 등재후보학술지로 선정되었고, 2022년 등재지로 선정되었다.

생각하고 나눠 보기

본 장에서는 융합연구와 학제간 융합연구를 이해하기 위하여 융합연구의 개념과 원칙을 확인하였고, 학제간 융합연구의 필요성과 가능성을 살펴보았습니다. 다음 토의문제에 대해 고민해 보고 함께 이야기해 봅시다.

01 융합연구의 범위를 설정해 보고, 이를 달성하기 위한 학제간 융합연구의 가능성을 토의해 봅시다.

02 융합연구의 맥락이 학제적 지식 구축에서 초학제적 지식 구축으로 확장되어 가고 있는 이유가 무엇인지 이야기해 보고, 초학제적 지식구축을 위한 방안을 토의해 봅시다.

03 학제간 융합연구의 필요성과 가능성에 기초하여 한계를 고민해 보고, 이를 해결할 수 있는 방안을 공유해 봅시다.

02 Chapter

융합연구의 노하우 및 고려사항

이현진

오늘날 융합연구는 점점 더 보편적인 연구방식으로 인식되고 있다. 대부분의 사람들이 실제 우리 삶 속에서 해결하고 성찰해 가야 할 문제들이 더 이상 하나의 혹은 한두 개의 학문 분야만으로 접근할 수 없을 정도로 너무나 복잡하게 얽혀있다는 것을 안다. 따라서 이제 융합연구는 그 얽히고설킨 문제에 대한 궁금증으로 인해 자연스럽게 형성되거나 혹은 그 문제를 구체적으로 풀어 나가기 위해 어쩔 수 없이 택해야 하는 연구방식이 되어 가고 있다.

이하에서는 융합연구란 무엇인가, 융합연구가 왜 필요한가라는 질문에서 한 단계 더 들어가 융합연구를 어떻게 할 것인가, 그 방법론에 대해 이야기를 해보려 한다. 그러나 방법론에 대해 말한다고 해서, 여기서 필자가 하나의 전형적인 프로세스 모델을 만들려는 것은 아니다. 사실 그럴 능력도 없을 뿐 아니라, 그게 가능하지 않다고 믿는다. 그런 방법론적 모델을 만들 수 있다면 그리고 누구나 그에 따라 융합연구를 해나갈 수 있다면 더할 나위 없이 좋을 것이다. 물론 연구문제에 따라서는 하나의 모델이 만들어질 수 있고 그것을 적용시킬 가능성이 없지 않겠다. 그러나 단순히 하나의 모델을 적용하기 어려운 문제들이 수없이 많다.

이는 융합연구가 수많은 산재된 문제를 하나하나 해결해 가야 할 연구방식이기에 더욱 그러하다. 따라서 방금 전에 융합연구방법론에 대하여 말한다고 했지만, 솔직히 융합연구방법론이라는 것이 딱히 정해진 것이 있을까 싶은 것이다. 앞서 필자는 그러한 융합연구방법론의 전형적 모델을 논할 능력이 없다 하였다. 이는 어떤 방법론을 적용한 연구방식과 연구 스타일에 다소 거리가 있는 사람이기 때문이다. 굳이 말하면 사회과학적 연구방법론 혹은 디자인 프로세스와 같이 어떤 정해진 과정과 방식을 따른다든지 그에 따른 실험들을 설계 진행하고 그 결과를 제시하는 연구에 필자는 익숙하지 않다. 그보다 필자는 직관적인 사유로 연구대상을 발견하고 접근하는 데 오히려 더 익숙하다.

연구방식도 그 내용에 따라 실험을 필요로 하거나 실험을 통해 축적된 데이터를 분석하며 객관적이고 양적 연구를 진행할 필요가 있는 경우와 다양한 이해관계자들을 인터뷰하거나 관찰하여 소정의 결론을 도출하는 질적 연구방법론이 필요한 연구도 있다. 또한 여러 문헌을 비판적으로 고찰할 필요도 있고, 감각과 직관적인 통찰이 필요한 경우도 있다. 이는 조금 다르게 비유하자면 글로 상상하는 사람, 그림이나 이미지로 상상하는 사람, 숫자로 이해하고 상상하며, 도표로 정리하는 사람이 각각 모두 다르고, 서로 반응하고 생각하는 부분도 다르듯이, 서로 간의 다름과 차이일 것이다. 또 달리 비유하자면, 형이상학적 사고로서 생각하는 사람 혹은 객관적 데이터를 놓고 생각하는 사람 등 수많은 연구자들이 각기 몸담고 출발한 학문 분야에서 체득해 온 연구방식과 학문 분야적 관습과 연구태도가 가지는 차이에서 비롯되기도 한다.

그러나 이러한 이유로 여기서 어떤 방법론도 도출하기 쉽지 않다는 성급한 결론을 짓고자 하는 것 역시 아니다. 이렇게 저마다의 사고체계와 바라보기 방식이 다른 것을 인정하고 포용하는 것 혹은 더 나아가 그 차이를 필요로 하는 것이 오히려 융합연구에서 중요한 소양일 것이다. 따라서 융합연구방법론이라고 하여 어떤 정형화된 방법론을 도출하는 것보다는 본 장에서는 필자의 이러한 경험을 바탕으로 하여, 융합연구에서 흔히 겪는 과정과 이 과정에서 적용하면 좋을 방법론, 필자가 익힌 나름의 노하우들에 대하여 이야기해 보고자 한다. 이것은 여전히 다른 이들에게도 참고가 될 수 있을 것이다. 또한 본 장 마지막에는 실제 경험을 통해 깨닫게 된 어려움들을 바탕으로 융합연구에 대한 일반적인 인식에서 개선될 지점들에 대해서도 말해보고자 한다. 특히 운영 지원에서 제안되고 반영되면 좋을 지점들은 어떤 것이 있을지도 논해보고자 한다. 먼저 본격적인 논의에 앞서 잠시 소개할 것은 필자가 어떤 사람인지와 융합연구를 하게 된 이유이다.

1 필자가 융합연구를 하게 된 배경

필자는 학부에서 미술을 전공했다. 그 후 점차 미디어 테크놀로지 등을 결합한 분야로 전공 영역이 확장되었고, 현재는 미디어아트 작업을 하며, 관련 분야를 연구하고 가르치고 있다. 과거 학부시절 실기 작업을 하지만, 자연스레 미술사를 공부하고 미학과 철학 등 인문학적 논의에도 관심을 가지게 되었다.

하지만 관심이 넓어지는 것과는 달리 대학원 과정을 거치며 테크놀로지 분야로 전공 영역이 확장된 이유는 보다 실제적인 이유에서였다. 작업을 하다 보니 점차 작업 도구에 관심을 갖게 된 것이다. 페인팅은 판화로, 설치로, 그리고 영상으로 점차 확장되었다. 그리고 영상설치 작업을 하던 중 인터랙티브 미디어 기술에도 호기심이 생기고 이를 좀 더 전문적으로 공부하고 싶었다. 그렇게 옮겨 다닌 것이 어느새 공대 랩에 앉아있게 된 것이었다. 지도교수는 컴퓨터 공학을 전공하였으나 그 세부 분야는 탠저블 컴퓨팅(tangible computing) 분야였기에, 필자는 자연스레 그 밑에서 엔지니어링 분야와 인접한 HCI(Human-Computer Interface) 분야도 함께 접하게 되었다.

한편 필자가 다니던 박사과정은 이런 공학과 인문학이 매우 근접하게 운영되는 곳이었다. 지도교수가 있는 공학실 랩과 필자가 원 소속된 예술과 인문학 등이 함께하는 스쿨에서의 박사연구실을 한동안 매일같이 왔다갔다했다. 그 시절에는 박사연구실에서는 디지털 미디어를 중심으로 한 다양한 인문사회 분야 책과 논문을 읽기도 하고, 공대 랩에서는 여러 탠저블 컴퓨팅 작업을 하며 그 결과를 여러 테크놀로지와 엔지니어링 학회에 논문으로 정리하여 제출하며 시간을 보냈다.

필자의 배경을 이처럼 다소 장황하게 소개한 이유는 그 과정이 얼마나 외롭고 힘들었던 과정이었는지를 말하려 하기 때문이다. 이는 분명 필자가 선택한 과정이었으나, 그렇다고 전공 영역들의 울타리를 넘는 과정이 결코 녹록했던 것은 아니었다. 미대 스튜디오에서 캔버스를 앞에 두고 혼자 그림을 그리고, 때때로 도서관에서 책 읽고 공부하던 이가 공대 랩에 들어가 접한 경험들은 온통 새로웠다. 매주 정규적으로 진행된 랩 미팅에 참여하면서 처음 일이년은 거의 귀머거리, 벙어리 시절을 보냈다. 교수님과 주변 동료들의 대화를 이해하고 쫓느라 한동안 애를 먹은 것이다. 그러나 동료들과 함께 점심과 저녁을 먹고 농담을 주고받고, 수업을 함께 듣고 전시와 워크숍 페이퍼를 함께 준비하며 지낸 시간이 쌓이다 보니, 점차 그들과 내가 크게 다르지 않음을 깨달아 갔던 것 같다. 또 지도교수과 함께 필자의 작업을 응용·발전시켜 연구비를 지원받기도 하고, 이를 위해 석사생들과 함께 프로젝트를 디자인·개발하며, 함께 논문을 쓰고 협력하는 방법을 배웠다.

물론 그 이전까지의 그들과 나의 삶, 해온 공부는 서로 달랐지만, 함께하는 시간이 쌓이는 과정은 서로를 조금씩 이해해 가는 과정이 되었다. 그리고 동료들이 관심을 가지고 있는 문제가 뭔지, 그들의 관점에서 새롭고 흥미로운 연구 분야가 무엇인지를 바라볼 수 있는 시선도 조금씩 갖추어 가게 되었다. 이는 점차 서로의 관심 분야가 한데 모아지는 경험이기도 했다. 이때의 경험들은 그 이후 융합연구를 해나가기 위한 소중한 경험들이 되었다.

특히 박사과정 마지막 시기에 프로젝트를 함께할 동료를 구하기 위해 오랜 시간을 찾아다녔던 것도 나름 큰 공부가 되었다. 당시 필자의 랩이 있던 건물에는 수많은 다른 랩들이 있었는데, 한동안 주위에 수소문하여 필자가 구상하는 프로젝트를 구현하기 위한 방법론을 알 것 같거나, 관련 분야나 문제에 관심을 가질 만한 사람을 찾아다녔다. 어쩌다 한두 명 소개받으면, 큰맘 먹고 이메일을 보내거나 조심스레 다가가곤 했는데, 때때로 너무도 차갑고 무관심한 반응으로 거절당하기도 일쑤였다. 아마 모두 석박사과정의 학생들이라 바쁜 일정들 때문에 쉽게 반응하기 어려운 사정들이 있었을 것이라 위안을 삼았다.

그러나 마침내 서로의 호기심과 관심이 통하는 동료를 만나 논문작업에 필요한 본격적인 연구를 시작할 때의 고마움과 기쁨은 한동안 간절한 기다림을 보람으로 바꿔 준 순간이었다. 그러나 그 기쁨도 잠시, 그 후로는 프로그래밍을 잘하는 동료와 나란히 앉아 그가 짜놓은 코드를 보며, 몇 날 며칠을 해결되지 않는 방법론을 찾기 위해 머리를 맞대었던 기억으로 가득하다. 작업결과물 그 자체는 멋진 예술적 전시를 진행할 정도의 높은 퀄리티는 아니었다. 그러나 개념을 드러내고 데모를 보여줄 정도로는 무사히 완성되었다.

지금 필자는 그 결과물보다도 이때 경험한 과정 자체를 너무나도 소중히 기억한다. 이는 현재 교육현장에서 학생들을 가르치며 때때로 떠올리고 활용하는 경험이다. 그리고 그 후 대학에서 다양한 융합연구를 진행하고, 한국연구재단에서 지원하는 인문사회 기반의 학제간 융합연구를 이끌 수 있게 된 소중한 자양분이 되었다.

위에서 말했듯이 본 장은 융합연구의 노하우와 고려사항을 소개하는 장이다. 필자는 한 명의 연구자일 뿐이며, 그 경험과 지식의 한계를 부인할 수 없다. 그럼에도 과감하게 융합연구에 대하여 몇 자 적는 이유는 필자의 뼈아픈 경험, 나름 소중하고 값진 경험을 후배 연구자들에게 전달하여 조금이라도 도움이 될 수 있을까 생각하기 때문이다.

2 융합연구의 노하우

2.1 적합한 연구원 구성의 중요성

모든 연구에 해당되는 말일 수도 있겠지만, 융합연구는 무엇보다 연구팀 구성이 매우 중요하다. 앞서 연구를 함께하기 위한 협력자를 구하는 것이 얼마나 쉽지 않은 경험인지 필자의 경험을 통해 전달했다. 융합연구는 서로 다른 분야들의 연구자를 필요로 하기에 함께할 타 학문 분야의 사정과 접근 혹은 구조를 보다 전문적이고 깊이 있게 조사하고 파악하는 것이 필수적이다.

그러나 종종 융합연구를 위한 연구진을 구성할 때 타 분야에 대한 이해와 지식의 부족으로 인해 전공과 전문 분야의 세부 구성을 주먹구구식으로 접근하고 마는 모습들을 보곤 한다. 이런 경우들은 대부분 공동연구 학문 분야에 대한 세부 전공 영역에 대한 이해가 깊지 않기 때문이다. 또한 학문 분야와 전공 영역적 적합도보다는 지인과 선후배 등의 사적 인맥을 폭넓게 동원하여 대강의 분야에서 구색을 갖추는 식으로 구성원을 구하는 경우 때문이다. 이러한 모습을 볼 때 매우 안타깝다. 사실 이러한 이해가 깊지 않기에 공동연구 혹은 융합연구를 하려는 것인데, 그러한 깊지 않은 이해로 인해 애초부터 연구진을 잘못 구성하게 되면 그 이후가 더욱 난감해진다.

따라서 세부 전공 영역에 대한 이해가 깊지 않을 경우, 결국 관심 있는 연구 분야에 대한 조사에 좀 더 많은 시간을 쓸 수밖에 없다. 그런데 이는 매우 중요할 것이 만약 한 명의 연구자가 본인의 전공 분야 내에서 공동연구를 위한 연구원을 찾거나 누군가 요청을 하여 적합한 연구원을 추천한다고 생각해 보라. 연구내용에 필요하고 합당한 전공능력을 갖추었지는 물론이고, 전공 내의 세부 연구 분야 혹은 그 세부 연구 분야에서의 연구자의 기존 연구내용과 현재도 지속적인 관심 분야가 무엇인지 과연 합당한지까지도 폭넓게 고려할 것이다. 전공 영역이란 어떤 영역이든 간에 세부 전공 분야가 있으며, 그 안에서도 현재 한 개인의 관심 분야가 또 미세하게 다름을 쉽게 인지할 수 있지 않은가.

예를 들어 공학 분야라고 하여도 컴퓨터공학, 전자공학, 기계공학이 크게 다르며, 또한 컴퓨터공학에서도 데이터, 네트워크 등 전문 분야가 다르다. 프로그래머도 백엔드 프로그래머와 프론트엔드 프로그래머가 아는 지식과 내용이 서로 다르며, 디자인 분야에서도 그래픽 디자인, 제품 디자인, UX/UI 디자인, 서비스 디자인이 다르다. 이는 융합연구도 마찬가지로 적용된다. 연구내용과 합당한 공동 연구자를 각 연구자의 세부 연구 분야(세부 전공 분야)까지 면밀하게 확인하고 영입하는 것이 필수적이다.

이러한 연구자를 찾는 것은 물론 인맥에 기반할 수 있겠으나, 대부분 연구내용이 세밀하게 계획될 경우, 인맥 안에서 찾기 힘든 경우가 더 많다. 이럴 경우 관련 분야 서적과 논문들을 읽으며 연구자들을 파악하고 확인될 경우, 그 풀의 연구자들 중에서 한 명 한 명 직접 연락하여 접촉해 보는 과감한 시도를 해볼 것을 제안한다. 서로 전혀 모르는 연구자라고 하더라도 말이다. 그렇게 연락하고 만남을 부탁하는 과정은 필자와 같은 내향적인 성격의 사람에게는 결코 쉽지 않은 일이다.

앞서 필자의 박사과정 학생시절처럼 때때로 이메일 답변조차 못 받고 거절당하는 경우도 있지만, 그래도 생각보다 많은 연구자들이 너그러이 이메일 답장을 주고, 연구실 문을 기꺼이 열어주고 만남을 위한 시간을 허락해 준다. 이야기에 귀기울여 주는 친절한 연구자들을 만난 경우, 그들이 자신은 아니어도 그들의 인맥 안에 있는 보다 적합한 사람을 추천해 주는 경우도 있다. 두드리는 자에게 기회가 있을 것이다.

2.2 학문 분야 간의 균형 맞추기

한편 연구팀을 구성할 때 학문 분야 간의 균형을 잘 잡는 것이 중요하다(Campbell, 2004).[1] 만약 연구팀에 자연과학자들이 너무 많고 사회과학자들이 너무 적다면, 작은 목소리가 더욱 큰 목소리를 내는 무리에 방법론적 입장에서 밀릴 수 있다. 물론 그 반대도 마찬가지이다. 이는 반드시 그렇다는 것이 아니라 의도치 못한 사이 부지불식간에 다수의 목소리에 의한 힘의 논리가 작용할 수 있다는 우려에서 나온다. 그러나 연구 문제를 해결해 나가는 데 합일된 관점이 아니라 힘의 논리에 의해 연구 방향이 결정된다는 것은 불행한 일이다. 이는 큰 방향이건 작은 의사결정이건 마찬가지이다.

이런 이유 때문인지 한국연구재단의 학제간 융합연구지원 프로그램은 동일한 인문사회 분야(예술체육학) 혹은 이공 분야(자연과학, 공학, 의약학, 농수해양 등 포함) 내에서만 연구팀을 구성하는 것은 막아 두었다. 이는 2020년 이후 학제간 융합연구사업이 일반공동연구 안에 융합연구군으로 포함되어 운영되기 시작한 이후에도 마찬가지로 진행되고 있다. 연구원 구성 비율을 연구지원 신청단계에서 아예 외연적으로 한쪽으로 편중하여 구성하지 않도록 유도하고 있다. 다시 말해 인문사회계와 이공계 중 어느 한 분야 전공자 비율이 2/3(66.6%)를 초과하여 연구팀을 구성할 수 없다고 규정하고 있다. 이는 총 5명의 공동연구의 경우 2명 : 3명 혹은 3명 : 2명, 6명 공동연구의 경우 2 : 4 혹은 3 : 3, 7명의 경우 3 : 4, 4 : 3만이 가능하며, 7명 구성원에 5명이 한 분야에서 나올 수 없다는 뜻이다. 이처럼 인문사회 분야 연구자 또는 이공 분야 연구자로만 특정 비율 이상 구성 시 연구팀 구성요건은 아예 충족되지 않도록 되어 있다.

이러한 외연적 구성은 사실 소속과 분야를 초월해야 하는 것이 학제간 융합의 취지에서 비롯된다. 분명 융합연구가 그 구성원의 학문 영역이 골고루 구성되어야

---

1) Campbell은 융합연구에서 연구팀 내의 Power balances도 중요하다고 하였다. "One factor affecting power balances is the number of social and natural science researchers on a research team." (Campbell, p. 575)
Lisa M. Campbell. 2005. "Overcoming Obstacles to Interdisciplinary Research", *Conservation Biology*, 19(2), pp. 574–577.

한다는 사실은 옳다. 그러나 또한 약간의 개선되었으면 하는 지점도 보인다. 아직 학문 구성 영역이 연구재단에서의 분류체계상 자유로이 넘나들지 못하게 구조화되어 있거나, 오늘날 대학에서도 단과대 혹은 개별 전공 단위의 구성에서 쉽게 벗어나 넘나들지 못하고 있는 부분에서 그러하다. 즉 전공 영역의 구성과 선택, 적용에서 좀 더 유연한 사고와 이를 반영할 수 있는 시스템도 함께 발맞추어 준비되어야 할 필요성도 느껴지기 때문이다.[2)]

다행히 이러한 구조적인 문제는 요즘 각 단과대와 전공 영역을 초월한 연구자와 교육자를 교수로 선발하는 방식으로 극복하고자 하는 모양새다. 예를 들어 과거 도서관학 등 사회계열 분야로 인식되는 단과대에 생물학 전공의 교육연구자가 임용되거나, 의학 분야에 인지심리학 연구자가 임용되어 있는 것을 간간히 볼 수 있다. 아직 외국 대학에서의 이러한 변화와 대응에 비해 우리나라 대학의 경우, 이러한 현상들은 수적으로 많이 미미한 상황이긴 하지만, 점차 융합연구의 흐름과 필요성에 따른 다양화가 시작되고 있다는 점에서는 일단 긍정적이다.

그러나 단과대나 전공의 틀 안에서 입학한 대학원생이 전공을 초월하여 타 전공 교수를 논문 지도교수로 선택한다거나, 서로 다른 대학과 단과대의 교수들이 서로 교차, 융합하는 수업을 운영하고자 할 때, 학과를 초월하는 강의를 자유로이 개설할 수 있는 시스템, 그리고 교수 티칭 시수를 단지 물리적으로 나눌 수밖에 없는, 경직된 시스템의 문제도 점차 유연히 풀어갈 수 있는 방법을 모색하여야 하는 문제들은 여전히 남아있다.

한 예로 두세 명의 교수가 한 학기 수업을 온전히 함께 준비하고 강의하고 지도한다고 하여도 여전히 대학에서는 이들을 단지 산술적 시수로 접근할 뿐이다. 이처럼 교수들끼리 공동운영을 하려 하여도 제도적인 시스템이 뒷받침되지 못하고 있다. 물론 이러한 시스템과 제도가 유연해지면 이를 악용하는 사례들이 생기고 이를 미연에 방지하기 위한 것임을 잘 알지만, 때때로 자칫 학문 분야에서의 불신이 더욱 큰 것을 놓치는 구조를 만들어 가는 것은 아닌지 성찰할 필요가 있다고 본다. 소결하면, 융합연구에 있어 연구팀 구성은 매우 중요하다. 연구팀을 구성할

---

2) 학문 분야는 한국연구재단 '학술연구분야분류표'의 대분류를 기준으로 인문사회(인문, 사회과학, 자연과학 중 생활과학 일부, 예술, 체육, 복합학 등), 이공(자연과학, 공학, 의약학, 농수해양 등)으로 분류한다.

때 각 연구자의 세부 영역에 대한 면밀한 접근은 물론 학문 영역 간의 균형을 잘 맞추는 것이 필수적이다. 또한 이러한 연구와 교육을 하고 지원하기 위하여 대학 및 연구지원기관에서는 적절한 제도적 시스템을 지속적으로 업데이트해 나가는 것도 함께 필요하다.

2.3 서로 인간적인 관계를 형성하는 것이 먼저다!

연구원이 구성되고 나면, 연구팀으로 모인 사람들끼리 함께하는 시간을 충분히 갖도록 하자. 만일 연구를 위해 새로이 만난 사이라면 더욱 그러하다. 서로에 대하여 이해하고 인간적이고 친밀한 관계를 형성하는 것은 절실하다. 이에 대하여는 필자가 교편을 잡고 있는 연세대학교 경영학과에 HCI 쪽 연구자인 김진우 교수가 한 말이 떠오른다. 이 분의 연구 분야는 경영학이지만, HCI 분야에서 세부 영역을 개척해 오셨다. 해당 분야가 융합연구 분야이기에 직접 교내의 다양한 교수들과 여러 융합연구팀을 조직하고 이끌어 오기도 했다.

필자도 몇 년 전 그중 하나의 연구팀에 소속되어 다른 분야의 교수들과 함께하는 시간을 몇 년간 가진 적이 있는데, 그때 그분의 말씀 중 아직까지도 인상 깊이 남는 이야기가 있다. 융합연구를 하려면 상대 연구자의 집에 밥숟가락이 몇 개인지는 알아야 한다는 이야기이다. 보통 융합연구라 하면 몇몇의 각 분야 전문가들을 모여 공동의 연구주제에 대하여 논의하는 데서 시작한다고 생각하기 마련이다. 개별 융합연구가 요구하는 구성원들의 전문적 지식과 경험도 중요하고, 이러한 공동연구원들의 구성이 잘 되었는지가 융합연구에서는 매우 중요한 요소임은 틀림없다. 하지만 이것보다도 더 중요할 수 있는 것이 구성원들 사이에 무엇보다 동료 간의 협조·협력관계(collegiality)를 쌓아가는 것이다.

서로 성향과 관심사도 파악하지도 못한 채, 연구주제만을 전면에 놓고, 하루 빨리 깊고 진지한 융합연구를 펼칠 것을 기대하고 재촉하는 것은 어불성설이다. 수많은 대화는 연구주제에 대한 대화뿐 아니라 살아온 삶에 대한 이야기, 현재 함께 사는 가족과 동료 이야기, 심지어 서로의 신앙과 취미생활, 업무와 생활환경에 대한 이야기를 포함한다. 이는 서로의 가치관과 성향을 파악하고, 서로 생각하는 방식, 사고구조, 관심 영역들을 파악하는, 보다 종합적인 인간적인 관계를 만들어 가는 과정이다.

캠벨은 이러한 과정을 융합연구에서 장애물을 극복하는 방법이라 말한다. 즉 "다양성을 인정하는 과정," 그리고 "'타인'을 이해하는 철학적인 장벽을 극복해 가는 과정"이란 것이다(Campbell, 2005).3) 이렇듯 서로에 대하여 알아가고 이해하는 과정은 서로 간의 신뢰를 쌓아가는 과정이며 이는 나중에 연구과정에도 고스란히 반영된다.

바로 다음에 소개할 융합연구에서 흔히 중요하다고 언급되는 소통의 체계와 방식(communication protocol)을 잘 마련해야 한다는 말 역시 결코 이런 과정을 뛰어넘어 가능하지 않다. 많은 대화를 나누며 서로의 가치관을 이해하고 파악하며, 생각의 방식에 적응하려면 적지 않은 시간이 필요하다. 다시 말해, 연구 그 자체 이외에도 서로에 대한 이해를 위한 절대적이고 물리적인 시간적 뒷받침을 필수적으로 요구한다는 것이다. 바로 이 때문에 융합연구가 더디고 어렵게 느껴지기도 한다.

2.4 자주 만나고 소통하라!

앞서 말한 것처럼 서로 다른 분야의 연구원들끼리 서로에 대한 이해를 해가는 과정은 (서로 같은 분야의 연구원들도 물론이고) 서로 간의 소통의 체계와 방식을 마련해 가는 과정이기도 하다. 하지만 이 자체만의 과정 역시도 절대적인 시간이 필요하다.

사회과학자들과 자연과학자들이 만났다고 가정해 보자. 이들이 하나의 주제와 대상에 대하여 서로 다른 관점과 연구방식 태도들을 가지고 있는 것은 너무나 자연스럽고 당연한 일이다. 이들이 문제를 정의하고 이해하며, 해결을 모색하기 위해 적절한 방법을 결정하는 과정 역시 서로 상이할 수 있다(Campbell, 2005).4) 따라

3) Practical Obstacles, Philosophical Obstacles: Understanding "Other" (Campbell, p. 575)

4) "Social and natural scientists often approach conservation from different perspectives, both in terms of defining the problem and determining the appropriate approach to

서 이렇게 서로 다른 연구원들의 각기 다른 이론적이고 방법론적인 학문적 배경과 경험적 배경들 사이에서 서로 많은 대화와 이해를 통해 연구의 합일된 지향점을 찾아내는 것은 중요하다. 이들이 서로 많은 대화를 통해 서로 일치되는 관심사와 관점을 마련하는 것, 그리고 이를 위해 연구팀 구성원이 온오프라인으로 충분한 만남을 가질 필요가 있다(Campbell, 2005).[5)]

물론 융합연구가 한 기관 내에서 이루어질 수 있으면 매우 좋겠지만, 서로 다른 소속 기관의 연구자들이 함께 연구를 진행한다면 또 다른 어려움이 생긴다. 이들 간의 물리적 환경이 멀리 떨어져 있어서 만나기 어려움도 있기 때문이다. 현재 필자가 함께하는 연구팀의 경우, 서로 다른 분야의 전문성을 가진 연구진을 모으다 보니, 지리적으로 다양한 곳에 위치한 대학과 연구소에 소속되어 있는 연구진으로 구성되었다. 따라서 이러한 연구원들이 오프라인에서 함께 모임을 갖는 것이 그것도 자주 갖기는 실제적으로 쉽지 않다. 모임을 위한 시간과 장소를 정하는 것부터 조금씩 미묘한 긴장관계가 만들어지기도 했다. 따라서 서로 양보하고 협력하는 마음이 더 중요해짐을 느끼게 되었다.

한편 지난 코로나 기간 동안은 어느 곳이라고 자유로웠을까 싶지만, 필자의 연구팀도 매우 힘든 시기였다. 5인 이상 대면 모임 금지로 연구팀이 모이는 것이 어려워졌기 때문이다. 서로 만나서 논의하고 해결할 일들을 줌(Zoom)상으로 진행하는 식으로 이어 나가야 했다. 예상치 못하게 길어진 코로나 상황은 사실 연구팀의 분위기도 다소 바꾸어 놓긴 했다. 끈끈하게 유지되던 만남과 관계가 점차 소원해지고 서로의 유대감보다는 할 일만 진행하는 방식으로 진행되어 가는 변화도 체감하게 되었다. 어쩔 수 없는 상황이긴 했지만, 오프라인 모임이 가지는 장점이 너무나 절실하게 느껴지는 기간이기도 했다.

융합연구도 공동연구이기에 다수의 구성원이 함께 하는 연구에서 어려운 점은 그 밖에도 여러 가지를 생각해 볼 수 있다. 공동연구 구성원 사이에 연구에 대한 애착과 열의가 조금씩 다를 수 있다는 문제이다. 연구에는 해당 연구를 책임지는

---

understanding." (Campbell, p. 575)

5) "Just as bridges are needed between natural science disciplines, social scientists come from a variety of theoretical and methodological backgrounds and may also need to find common ground among themselves(Pickett et al. 1999)." (Campbell, p. 576)

사람이 있기 마련인데, 이런 연구책임자와 공동연구원들 간에 적절한 만남의 정도가 서로 다르게 인지될 수 있다는 조사는 이를 여실히 보여준다(김은정 · 이승연, 2018, p. 47).[6] 이러한 다양한 상황을 극복하기 위해서는 연구팀 리더의 리더십과 연구팀 구성원 모두 협력적인 태도를 갖추는 것이 필요하다. 연구책임자는 연구팀의 소속감과 적극적인 참여를 끌어낼 수 있도록 해야 하며, 구성원들은 연구책임자가 가지는 이러한 고충을 이해하여 주면 좋을 것이다. 융합연구에서 구성원 모두가 열의를 가지고 적극적으로 참여한다면, 연구성과가 시너지 있게 도출될 것은 자명하다.

3 융합연구 진행과 운영, 지원에서의 개선사항

이 절에서는 인문사회기반의 학제간 융합연구를 진행하면서 연구자 혹은 연구책임자로서 느끼는 애로사항과 이러한 사항이 사업의 보조 지원 운영에서도 함께 고민되고 반영, 개선되었으면 하는 지점들에 대해 이야기를 나눠 보도록 한다.

한국연구재단의 인문사회기반 학제간 융합연구 지원사업은 2009년 시작되어 10년 정도 유지되었다(노영희 · 이광희 · 정대근, 2018, p. 668). 그러나 2019년부터 학제간 융합연구사업은 단계적으로 일반공동연구 내의 하위 영역으로 포함되어 운영되었다. 그 사이 운영과 지원에 있어 많은 개선점들이 논의되었고, 융합연구총괄센터를 중심으로 연구재단은 융합연구의 중요성을 보다 사회적으로 공유하고, 그 사이 요청되고 논의된 문제들을 조금씩 정책적으로 반영해 왔다.

필자는 이런 연구지원 정책마련자 혹은 정책운영자가 아니기에, 그 세세한 부분들이 어떤 논의들을 거쳐 현재 얼마만큼 수정 · 반영 개선되고, 그리하여 현재의 모습을 취하고 있는지 잘 알지는 못한다. 다만 지난 일 년 몇 개월간 융합연구사업

6) 김은정과 이승연의 연구에서는 융합연구 진행과정에서 연구진들과의 만남이 온오프상으로 충분히 이루어졌다고 느끼는 정도가 연구책임자와 공동연구원 간 차이가 있다고 논한다. 공동연구자들은 온오프라인으로 만남이 충분히 이루어졌다고 생각하지만, 연구책임자들은 상대적으로 만남이 부족하다고 생각하기도 한다는 것이다. 이는 연구에 대한 책임감이 클수록 연구진들과의 더 잦은 교류의 필요성을 느끼는 것으로 해석할 수 있다(김은정 · 이승연, 2018, p. 44).

에 지원(apply)하고 하나의 융합연구 프로젝트를 실제적으로 운영한 개인적인 경험과 사업을 진행하며 만난 인문사회기반 학제간 융합연구자들과의 대화를 통해 공유한 생각들을 소개하고 이야기 나누어 보고자 한다. 이런 논의는 한 명의 융합연구자이자 책임연구자의 수준에서 확장되어, 보다 큰 범위에서 전반적인 융합연구의 목표와 방향성에 대한 논의로 연결될 수 있을 것이다. 이를 통해 우리 사회에서 융합연구에 대한 인식과 지원(support)들이 어떤 방식으로 개선될 필요가 있을지 몇몇 논점들을 제기해 본다.

지금은 사라졌지만 한국연구재단의 학제간 연구 관련 지원사업은 '학술·인문사회사업/인문사회기반(예술·체육학 포함) 학제간 융합연구지원'사업으로, '인문학과 사회과학의 상상력과 통찰력, 예술의 창조성과 과학적 합리성 등을 융합하여 복잡한 사회문제에 대한 창조적이고 합리적인 해결방안 마련'이라는 목적을 가진다고 표방했었다.[7] 이들은 당시 '씨앗형'과 '새싹형'으로 나뉘어 각 단계별로 진행되었다. 원래 씨앗형을 거쳐 새싹형으로 진입하도록 되었으나, 2015년 이후 씨앗형 연구를 거치지 않은 연구가 바로 새싹형으로 진입도 가능하도록 단계별 진입의 조건을 허물기도 했다. 2018년 잠깐 동안 씨앗형과 새싹형 연구가 열매를 맺을 수 있도록 계속 지원하는 '열매형' 융합연구지원사업을 새로이 마련하려는 노력이 있었다. 그러나 이는 앞서 말했듯 공동연구군의 일반공동연구 하위 분야로 오히려 편입되었다. 연구지원 개수로는 확대되었다고 하나, 각 연구그룹 지원액 규모에서는 과거에 비해 75% 축소되었다.

필자가 2018년 학제간 융합연구사업을 신청할 때, '인문사회기반 학제간 융합'이

---

7) 2011년, 교육부 '학제간 융합연구지원사업' 산학협력형 시범사업 시행계획 및 신청
- ■ 중점 추진 방향
- • 인문학, 사회과학과 기업연구 활동을 연계하여, 인문사회 분야 연구성과의 사회적 확산 추진
- • 대학과 기업 간 공동연구, 인력교류 등을 통하여 대학의 사회요구 부합도 제고 및 기업의 개방형 혁신 자극
- ■ 시범사업의 산학협력모델
- • 산학협력 사례 및 기반이 취약한 인문사회 분야의 특성을 고려하여 대학과 기업 간 네트워크 형성을 우선적으로 지원하고 이를 통해 산업화 촉진 유도
- • 산학협동 연구에 중점을 두고 지원하되 기업 맞춤형 교육과정 운영, 학부생 또는 대학원생의 산학협력 참여 등 다양한 형태의 산학협력 활동 활성화

https://www.nrf.re.kr/biz/info/info/view?biz_no=231

있다면, 이공계기반 학제간 융합연구지원사업도 있을지 혹은 또 다른 영역이 기반이 되어 진행되는 다른 사업형태도 있을지 궁금하였던 것이 기억난다. 그리고 이내 학제간 융합연구에서 사업주체의 기반이 중요한 문제일까 하는 질문이 생겼다. 필자의 경우, 사업 지원 시 필자의 소속은 예술 분야로 이 분야가 인문사회로 분류되고, 또한 필자가 소속된 연구팀의 연구주제 역시 동양철학 등 인문학에 기반한 연구이므로 큰 고민 없이 인문사회기반 학제간 융합으로 지원을 결정하긴 했다. 그러나 그 후 연구를 진행하며 연구재단에서의 다양한 세미나와 심포지엄 등에 참여하며 생각하게 된 사실은 '인문사회기반 학제간 융합' 연구지원이 지속적으로 필요할 것이라는 사실이다.

이공계 분야는 연구재단 분류시스템에 따르면 자연과학, 공학, 의약학, 농수해양 등으로 분류된다. 그리고 사실 이 분야는 (이공계 분야 연구자들은 동의하지 않을 수 있겠으나) 우리 사회의 많은 기관에서 연구재원이 마련되고 있다. 이는 과학기술 분야가 국가의 산업과 쉽게 연결될 수 있으므로 산업자원부, 과학기술부를 비롯하여 여러 사기업들에서도 연구비 재원을 마련하고 있는 배경과 연결된다.

이처럼 이공계 분야는 학제간 융합이라고 하여도, 의과학을 포함한 자연과학과 공학 분야에서 다양한 연구비 지원이 이루어지며, 이들 기관은 인문사회 분야보다는 훨씬 다양하고 폭넓다. 그러나 이는 상대적으로 인문사회 분야 기반의 학제간 융합연구 지원 소스는 턱없이 부족하다. 이는 "문송합니다"로 회자되는 인문학의 위기 상황과 더불어 너무나 아쉬운 부분이다. 따라서 한국연구재단이 운영하는 다양한 연구비 지원 가운데 인문사회기반 학제간 융합연구가 보다 특화되고 오히려 확대되어 운영될 필요가 있다.

그리고 특히 연구재단의 '인문사회기반 학제간 융합'사업이 가지는 특성을 잘 보호하고 가꿔갈 필요가 있다. 얼핏 보기에 유사해 보이는 연구에 대하여도 인문사회 쪽에서 주축이 되어야 하는 연구와 자연과학이나 공학 쪽에서 주축이 되어야 하는 연구를 심사할 때, 보다 제안된 내용을 바탕으로 면밀히 파악하고 가려내어 지원해야 한다. 이는 다양성을 인정하는 동시에 인문사회적 문제에 특화된 연구를 보호하는 체계로서 우리 사회에 중요한 역할을 하게 될 것이다.

한편 본 연구를 시작하고 운영하며, 이 사업이 이공계 분야 연구사업이 아니기에, 이공계 사업 운영의 형태와 여러 차이를 가진다는 것도 알게 되었다. 인문사회 분야이기에 이공계열 연구사업과 가지는 차이 말이다. 이들은 각 사업의 연구비 규모의 문제부터 각 연구의 구체적 운영방식, 예를 들면 연구비 사용방식, 연구장비 구입 가능성, 학생연구비 등 인건비의 활용 등 사소하지만은 않은 문제들을 포함한다.

3.1 연구비 지원규모와 차이 문제

먼저 이공계열이나 의생명, 자연과학 분야에 비해 인문사회 분야의 연구비 지원범위와 규모는 크게 차이가 난다. 이는 무엇보다 가시적인 연구결과가 바로 도출되어, 바로 실질적이고 경제적으로 효과를 거둘 수 있다고 판단되는 분야와 그렇지 못한 분야 사이의 성과를 위주로 한 차별적 접근 때문에 그러한 것 같다. 그러나 이러한 연구비 지원규모는 내부 인건비 산정에도 영향을 주고 실질적으로 원활한 연구를 하는 데 문제가 되기도 하여 더 고민해 볼 문제라 생각된다.

가장 먼저 인문사회 분야와 이공 분야와의 연구비 사이의 큰 차이는 양 분야의 연결이 장려되는 상황에서 이공 분야 연구자들의 참여를 저조하게 이끄는 문제로 연결될 수 있다. 융합연구는 앞서 말했듯 일정 비율의 이공계 분야 연구자와 인문사회 분야 연구자의 참여를 요구한다. 각자 분야의 연구 관습과 풍토에 익숙한 서로 다른 두 분야의 연구자들은 그들의 관습적 연구환경 조성과 인건비 지원을 기대할 것이다. 인문사회기반의 연구는 해당 분야의 관습과 풍토를 답습하는 연구비 규모 면에서 현재 책정된 연구비와 지원이 크게 문제되지 않을 수 있다. 그러나 현장에서 만난 다양한 융합연구그룹들에서 이공 분야 연구자들의 인문사회기반 융합연구 참여에서의 애로를 많이 듣게 되었다.[8)]

먼저 가장 큰 문제는 이공계 연구보조원의 인건비 지급액이 이공 분야 기반의

8) 2018 HubCon 컨퍼런스가 2018년 5월 31일부터 6월 1일까지 제주도 더 본 호텔에서 융합연구총괄센터 주최로 한국연구재단 학제간 융합연구지원사업 27개 연구팀 대상 연구성과, 교류를 위해 포럼 구성 및 세미나를 개최하였다. 필자는 'D팀, 온고이지신, 융합으로 새로워지다' 팀에서 다른 연구자들과 함께 이틀간 논의를 하였다.

사업보다 적은 이유가 문제가 되었다. 학제간 융합연구지원사업은 인문사회-과학기술 분야의 연구자가 공동으로 신청하는 사업이지만, 인문사회 분야 연구보조원 인건비 지급기준을 적용하여 지급하기 때문이라고 한다.[9] 문제는 이때 상향 지급이 아니라 하향 지급이 그 기준이 된다는 데 있다. 이공계열 분야 연구자들이 이러한 인문사회기반의 융합연구에 참여할 때, 해당 연구에 투자하고 기여하는 시간에 비해 턱없이 낮은 지원을 받고 있다고 어려움을 호소했다. 이공계열 연구자는 자신이 인문사회기반 융합연구에 참여하는 것이 철저히 순수한 호기심과 인간적 관계에 의해 비롯된 것임을 밝혔다. 즉 열정페이로 참여한다는 것이다.

이 문제를 어떻게 해결할 수 있을까? 하향 지급기준을 상향 지급기준에 맞추는 것이 단순한 문제의 해결법은 아닐 것이다. 이는 인문사회, 특히 인문예술을 경시하는 우리 사회의 풍토에 기인하는 더 큰 문제와 연결되어 있기에 더욱 단순하지 않다. 인문사회 연구자 중심으로 심사하되 이공 분야 의견 반영이 점차 지속적으로 이루어지며, 이공 분야와 동일한 연구비 규모로 연구비 및 인건비 산정, 연구장비 마련 등이 더욱 유연해질 수 있도록 제도적 개선이 함께 이루어져야 할 것이다. 또한 이를 위해 인문사회기반 융합연구에서의 점차적 예산증액이 필요할 것이다.

연구의 성격과 범위를 따져 합리적인 연구비를 책정하는 것은 중요하다. 평균적 연구비를 산정하여 일괄 적용하는 것은 바람직하지 않다. 인문사회적 연구에서 출발하였더라도 이러한 지원이 있을 경우, 예상치 못한 큰 결과를 가져올 수도 있다. 한편 인문사회계열에서 컴퓨터 등의 연구장비 구매제한이라든지 혹은 기술 등 특허출원 등록비 등을 직접비에서 산정하지 못하도록 원천봉쇄하는 것은 향후 개선될 필요가 있다. 실제 필자가 속한 연구팀은 기술지식재산권, 기술특허를 연구기간 중 다량 출원, 등록하였다. 직접비에서 산정이 불가능하여 모두 간접비에서 진행하였다. 학제간 융합연구가 영역을 넘나들며 자유로울 수 있도록 보다 세세한 부분까지 들여다보고 합리적으로 개선되어야 한다. 불필요한 제한은 축소 개선될 필요가 있다.

9) https://www.nrf.re.kr/biz/info/faq/view?nts_no=35333&biz_no=231&search_type=&search_keyword=&page=

3.2 연구결과 평가과정에서 고려되는 문제

한편 학제간 융합연구 및 공동연구는 연구결과를 어떻게 도출하고 평가할 것인가에 대한 문제 또한 많은 논의를 필요로 한다. 학제간 융합연구라 하더라도 많은 연구자들은 여전히 업적 도출에 대해 많은 스트레스를 받고 있다.

3.3 성과물에 대한 압박감

김은정과 이승연의 연구(2018, pp. 41-42)에 의하면 개별 연구보다 융합연구에서 연구자들은 성과물 도출에 대하여 더 큰 압박감을 가진다고 한다. 개별 연구에 비해 융합연구의 스트레스 비율이 더 컸으며, 학제간 융합연구지원 과제를 수행하면서 융합연구의 결과물로 성과가 나와야 한다는 압박감은 연구책임자에게 더 높은 것으로 나타났다고 논한다.

현재 한국연구재단의 학제간 융합연구는 업적에 대하여 연구비 지원이 이루어지는 회기년도 내에 양적 목표를 정하도록 유도하지 않는다. 또한 어떤 성과물을 내야 하는지 그 구체적 지침이 상정되어 있지 않다. 이러한 점은 융합연구의 특성을 고려한 정책적 반영의 결과일 것이며, 따라서 바람직하다. 고명철(2017, p. 966)이 말하듯이 융합연구는 그 성과가 가시화되는 데 상당한 시일이 소요되기 때문이다. 그는 융합연구의 특성을 반영한 성과관리와 성과평가에서 고려될 점에 대하여 다음과 같이 말한다.

> 융합연구의 성과는 성과의 유용성이 평가되기까지는 많은 시간이 소요되며 또한 다른 성과와 조합되어 사업적 성과가 실현되기도 하고 그 자체로는 유용하지 않으나 다른 기술에 유효한 영향력을 미치기 때문에 연구결과의 성과와 효과에 대한 판단이 용이하지 않다. 정책지원을 받은 연구과제에 대한 성과를 학술적·상업적 기준을 가지고 과제 종료 혹은 년의 단시일이 지난 후 평가하는 것은 무의미할 수 있다. 평가기준을 결과 성과평가가 아닌 연구비 집행의 타당성 연구 방향의 일관성 등과 같이 연구과제 수행의 절차나 과정에 대한 타당성평가로 전환하는 것도 고려

될 수 있다. 특히 과학기술과 인문사회 간 융합연구의 경우 안정적 연구환경 조성, 학문적 보상에 대한 불확실성, 과학기술 전문가와 인문사회 전문가 간 의사소통의 어려움 등으로 인해 혁신적 성과를 도출하는 데 많은 시간과 노력이 필요할 뿐만 아니라 실패할 가능성 또한 매우 높다는 것을 인지해야 한다. 과학기술과 인문사회 간 융합연구를 수행함에 있어 많은 위험부담이 따르는 만큼 일정기간은 투자에 비해 성과가 낮을 수 있다는 점을 인지하고 융합의 특수성에 대한 정책적 배려가 요구된다.

캠벨(Campbell, 2004) 역시 학제간 융합연구에서 시간이 많이 소요됨을 파악하라고 조언한다. 그는 연구에서 해결하고자 하는 문제를 정의하고, 연구목적을 조합하고 또한 연구원 간의 힘의 관계를 고려하거나, 연구성과물에서의 프로토콜을 개발시켜 가는 데 있어, 시간이 소요된다는 것을 인지하라고 조언한다. 또한 이러한 시간적 회기는 매번 반복되지만 연구 초반에 특히 더 그러하다고 강조한다.[10] 관련 실제 사례로 기후변화에 대하여 융합연구를 진행한 조성겸 팀의 경우, 연구 시작과 동시에 매우 열심히 했으나 연구가 개시되고 한 해가 흘렀을 당시 논문게재를 하나도 하지 못했다고 고백하며 일종의 불안감을 호소하고 있다(조성겸 · 이광희, 2018, p. 540). 필자가 진행하는 연구도 마찬가지로 연구가 시작된 초반 일 년간은 이렇다 할 논문을 쓰지 못했으며, 마찬가지로 초조와 긴장 속에 지낸 기억이 가득하다. 이렇듯이 융합연구에서는 연구 초반에 필요한 여러 노력을 기다려 주고 인정해 줄 필요가 있으며, 시간적 여유를 주는 것은 매우 중요하다. 또한 연구성과물의 도출과 결과평가의 문제에서 조바심을 내지 말고 충분히 여유를 갖고 진행하라 격려해 주어야 한다.

한편 여전히 많은 연구팀의 성과 발표내용을 들여다보면, 연구의 독창적 내용에

10) "Many of my recommendations for interdisciplinary research teams—developing publishing protocols, clarifying problem definition, integrating assumed objectives, and considering power relations—take time. This time needs to be budgeted throughout the research cycle, but particularly near the beginning. Time is needed to wrestle with unfamiliar literature (an academic exercise) and to develop the friendship and collegiality that Daily and Ehrlich(1999) cite as critical to interdisciplinary success." (Campbell, p. 576)

대한 부분보다 양적 업적과 결과물을 정리하여 보고하는 경우가 보인다. 이는 우리나라와 같이 양적 결과를 중시해 온 대학 문화 풍토에서 연구자들의 양적 목표에 대한 부담과 스트레스에서 기인한 결과일 것이다. 그리고 대학은 물론 연구재단 등의 연구비 지원기관 등을 통해 연구성과가 지속적 · 양적으로 지표화되고 평가되고 있다는 인식은 모든 연구책임자와 연구팀 사이에서 뿌리 깊이 각인되어 있기 때문일 것이다.

따라서 연구성과 및 가시적 결과물은 논문결과뿐만 아니라 컨퍼런스, 심포지엄, 전시회 발표, 저서 출간 등으로 다양하게 인정될 필요가 있다. 이러한 논란은 연구결과 및 평가가 어떻게 진행되는지에 대한 기준은 정확히 공개되고 있지 않은 듯하기에, 아직도 많은 연구팀들이 논문결과물에 대한 부담감을 많이 가지고 있으며, 이것이 현재까지 평가의 중요한 중심기준이 된다고 추측한 채 불안해한다. 연구의 성과가 논문으로 나오는 것이 어떤 연구팀에게는 연구 성격상 일차적 성과물이 되기도 할 것이다.

그러나 각 연구팀의 연구주제와 방법에 따라서는 연구실험 및 실험설계, 사용자 조사, 프로토타입 제작 등이 그 일차적 성과물이 될 수도 있다. 이때 이러한 일차적 성과물에 대한 논문 소개, 정리, 발표는 이차적 성과물이라고 말해질 수 있을 텐데, 이것들은 일차 성과물이 나온 이후에도 지속적으로 생산되기 마련이다. 이처럼 다양한 버전의 연구결과물과 실제 제작된 프로젝트 자체까지도 어떻게 평가를 위한 체계 내에서 인정되고 지표화될 수 있을지 고민이 좀 더 이루어져야 한다. 이를 위해 각기 다른 연구의 내용과 과정에 대한 면밀한 검토가 필요하며, 각기 다른 연구들에 대하여 케이스 바이 케이스의 적용과 평가가 중요하다. 그리고 연구의 다양성을 생각할 때, 성과결과물의 다양성도 함께 인정하는 제도적 장치도 적절하게 마련될 필요가 있다.

3.4 융합연구 공저 논문에서 검토되어야 할 문제들

한편 논문 위주의 실적검토가 가지는 또 다른 문제가 있다. 가장 먼저 이러한 학제간 연구가 소개 · 발표될 수 있는 창구가 흔하지 않다는 문제이다. 많은 공동연구를 진행하는 연구자들이 공통적으로 "publication protocol[11] 부재로 인한 targeting할 저널의 부족"의 문제를 말한다.[12] 즉 하나의 학제간 융합연구과정과 결과물은 지금껏 오랜 기간 존재해 온 신뢰성 있는 저널에서 다루어지기 쉽지 않다. 대부분의 유래 깊은 저널들은 학제간 영역보다는 하나의 전문 영역 안의 권위 있는 연구자들이 대부분 편집진에 있으며, 그 저널의 중심을 이루기 때문이다. 융합연구는 이러한 전문 저널에서 받아들이기에 하나의 전문 영역의 관점에서는 다소 산만하게 보일 수도 있고 빈약하게 느껴질 수도 있다.

한편 좋은 주제라고 할지라도 이러한 융합적 주제에 대하여 평가할 전문심사자 부족으로 인해 투고가 반려되기도 한다. 또 전문심사자 부재로 인해 심사과정에 무난히 오르더라도 융합연구로서의 가치와 성과가 온전하게 평가되지 못하고 불이익을 받는 경우도 종종 있다. 이들은 논문 심사과정(review process)에서 누가 융합연구를 심사하는지, 즉 심사위원의 적합성과 능력의 문제와 연결되기도 한다.

투고 시 혹은 게재 시에는 융합연구업적의 결과물인 논문에서의 저자 기입문제도 당면하기 마련이다. 융합연구는 여러 학문 분야의 전문연구자들이 함께 하는 연구이기에 저자수가 많을 수밖에 없다. 그러나 이러한 융합연구가 대학 등에서 개개의 해당 연구자의 의미 있고 실적으로 인정받을 수 있는 연구로 평가되려면, 저자수가 많은 연구에 대하여 쉽게 인정하지 않는 국내 상황과 대립되는 문제부터 극복해야 한다. 현재 국내 많은 대학에서는 단독 혹은 소수의 저자가 함께 하는 연구를 인정하는 경향이 여전히 유지되고 있다.

이에 반해 다수의 저자들이 참여하는 연구는 인정하지 않거나 그 업적을 비교적

---

11) "Interdisciplinary research can be hindered by differing expectations about publishing within a research team. Norms for publications in the natural and social sciences are not the same. For example, a cast-of-thousands author list is common in some natural sciences, but less so in thesocial sciences, and the order of authors varies between the sciences as well." (Campbell, p. 575)

12) "According to Daily and Ehrlich(1999) and Pickett et al.(1999), Interdisciplinary environmental research is constrained by the newness of related journals and their inferior reputations compared with those of well-respected discipline-based journals that have been published longer. Researchers may avoid publishing in the newer journals or the resulting publications may be treated with suspicion." (Campbell, p. 574)

낮게 인정한다. 한 예로 임용이나 승진을 위한 연구자의 필수업적물은 저자수에 따라 상이하게 차등을 두는 규정이나, 오직 제1저자(the first author) 혹은 교신저자(corresponding author)만을 인정하는 규정 등은 공동연구의 저자기입에서 난감할 수밖에 없게 만든다. 아직도 공동연구 논문에 대한 평가는 저자수에 따라 단독저자의 논문이 가지는 위상과 비교하여 낮게 산정되고 평가받기 때문이다. 이러한 상황은 공동연구 자체로 험난하고 어려움이 많은데, 더욱 그 참여를 재고하게 만드는 상황이 된다. 우리 사회는 점차 공동연구를 필요로 하고 있지만, 동시에 저자수가 많은 논문과 결과물을 인정하지 않고자 하는 모순적 태도를 갖고 있는 것이다. 많은 연구원을 포함하면 각 연구원의 기여도는 낮을 수밖에 없다고 생각하는 모순적 태도 말이다.

그러나 과연 저자수가 많으면 참여자 개인의 연구량이 부족하거나 연구의 질이 떨어진다고 볼 수 있을까? 과연 이게 정당한 평가인가? 공동연구는 점차 늘어나는데 이처럼 저자수와 관련하여서는 여전히 과거의 기준과 잣대, 평가체계가 적용되는 점은 하루 빨리 재고되고 개선될 필요가 있다. 오늘날처럼 공동연구와 융합연구가 절실해지는 상황에서는 더욱 그러하다.

3.5 공동연구에 대한 인식의 변화 필요

김은정과 이승연이 연구한 융합연구자 만족도조사에 의하면, 융합연구에 참여하는 많은 연구자들이 실제로 융합연구라는 이유로 기여도가 낮은 연구자들의 이름도 함께 논문 저자명에 올리는 것에 대해 거부감을 느낀다는 것을 알 수 있다. 그런데 이러한 거부감의 정도는 연구원별로 다소 차이를 보이는데, 연구책임자가 공동연구원보다 더 많은 거부감을 느낀다고 한다(김은정 · 이승연, 2018, p. 44). 이는 융합연구에서 공동집필의 경우, 논문 저자가 어떻게 정해져야 하는가? 즉 몇 명의 저자가 함께 집필하고, 또한 누가 주로 집필하는가부터 저자의 순서는 어떻게 선정하면 좋은가? 공동연구의 결과물로서 세부 분야에서 도출될 수 있는 각 논문은 어떤 기준으로 이러한 저자 선정을 하여야 하는지 등에 대한 논의가 점차 필요해짐을 시사한다. 이에 대한 매뉴얼이 필요할 것 같다.

이러한 문제를 재고하기 위해 다소 극단적인 사례이긴 하지만 오늘날 공동연구에서는 소위, '하이퍼 저자권(hyperauthorship)'에 대한 사례를 잠시 들여다볼 필요가 있다. 하이퍼 저자권이란 블레이즈 크로닌(Blaise Cronin)에 의해서 2001년 만들어진 개념이다. 이는 50명 이상 많은 수의 저자가 공동으로 집필한 저널논문들에서의 저자권을 말한다.[13] 하이퍼 저자권이 대두되는 분야는 아직은 인문사회 분야보다는 자연과학 혹은 기술과학 분야 연구들이 대부분이다. 특히 자연과학 중에서도 의생명(biomedical) 분야와 고에너지 물리학(high energy physics) 등에서 집중적으로 보인다. 유럽입자물리연구소(CERN)에서 2015년 발표된 힉스 입자(High Energy Physics)연구 관련 논문은 저자에 ATLAS, CMS Collaborations이 기록되었다. 이는 실제 5,000명 이상의 저자를 가진다.[14]

또 다른 사례도 있다. 2018년 〈네이처(*Nature*)〉지에 실린 논문에는 57,000명이 공동저자로 등재된 논문이 발표되기도 했다. 이는 "다중 참여 온라인 게임을 통해 단백질 구조 예측(Predicting protein structures with a multiplayer online game)"이란 논문으로, 주저자 9명 이외에 57,000명의 '폴드잇(www.fold.it)' 게임 플레이어들이 함께 공동저자로 올라 있다. 폴드잇은 단백질 접힘을 연구하는 온라인 퍼즐게임으로, 분산컴퓨팅을 통한 다중지능 네트워크를 사용하는 분야로 알려져 있다.

폴드잇 게임에서 플레이어들은 단백질의 3차원 구조를 더욱 효율적인 형태로 바꾸는 역할을 수행한다. '흔들기,' '구부리기,' '다시 만들기' 등의 기능을 이용해 단백질의 구조를 변화시키는 것인데, 접힘현상(fold)의 효율이 좋아질수록 게임에서 높은 점수를 받는다고 한다. 이 게임은 최고점수를 얻어낸 플레이어들의 명단을 공개하며 플레이어들 사이의 경쟁을 부추긴다. 폴드잇 네이처 논문의 주저자 중 한 명인 미국 워싱턴대 소속 컴퓨터 과학자 조런 포퍼빅(Zoran Popovic) 박사는 공동저자로 이름을 올린 폴드잇게임 플레이어들을 "게임을 하면서 적극적으로 피드백을 해준 사람들"이라고 소개한다.

공동저자의 문제는 연구에 실질적으로 큰 기여를 한 사람과 상대적으로 사소한

---

13) 2001년 이런 개념이 바이오메디칼 분야에서 나온 뒤 20여 년 가까이 흘렀으므로 그리 새로운 논의가 아니라 볼 수도 있다.

14) 이 사례는 한편, 이제 물리학 논문이 예전과 같이 체계의 아름다움을 논하는 논문이 아니라 문제해결로서의 논문이어야 함으로 변해가는 것을 보여준다.

기여를 한 사람 사이의 거부감을 유발하기도 하지만, 하이퍼 저자권을 언급한 크로닌은 그의 글에서 윤리적 남용(ethical abuses)의 문제도 고려한다. 공동저자 논문은 그 공동저자들의 네트워킹들을 통해 논문 인용수를 급격히 올릴 수 있다는 것이다.[15] 이는 거부감과는 상반되는 측면에서의 또 다른 문제를 만들 수 있기에 주목된다. 실제로 인용지수에 대한 카운트가 논문의 질적 판단에서 중요하게 인식되며 그렇기에 꼼꼼하게 트래킹되는 공학과 의학 분야 등에서 인용지수의 문제는 간단히 넘길 문제는 아닐 수도 있다.

한편 이 하이퍼 저자권의 경우 저자들 간의 기여도의 문제를 어떻게 판단할 것인가의 문제도 여전히 남는다. 이는 논문에서 단순히 자료를 수집한 사람들이나 게임을 플레이한 사람들과 실제로 연구를 위한 플랫폼을 만들고 논문을 쓴 사람들과 동일한 수준의 저자로서 간주할 수 있는가. 과연 이런 공동논문에서 그 기여도가 공평히 나열되는 것이 정당한가의 질문으로 연결된다. 또한 같은 역할을 한 저자들을 어떤 순서로 기입하는가, 즉 저자의 순서를 그 기여도(academic credit)에 따라 부여(assign)하는데, 알파벳 순서로 기입하는 것이 과연 공평하고 적합한가의 질문도 나올 수 있다. 크로닌은 이러한 부분들 때문에 하이퍼 저자권이 아카데미아에서 혹은 과학적 커뮤니케이션 시스템에서 오랜 시간 구축해 온 신뢰에 기반한 시스템을 저해시킬 수 있는 문제들과 연결되어 윤리적인 문제와도 결부될 수 있다고 우려하는 것이다.

하지만 오늘날 공동연구가 더욱 확장되고 융합연구가 더욱 활발해지는 상황에서 이와 같은 하이퍼 저자권 논문은 앞으로 더 많은 분야에서 등장할 수 있다. 혹은 하이퍼 저자권까지는 안 가더라도 수십 명의 공동연구자들이 함께하는 논문은 현재 국내에서도 여러 분야에서 얼마든지 나올 수 있다. 따라서 학계와 대학, 그리고 연구비를 지원하는 기관에서 이에 대해 생각해 보는 공동의 노력을 본격적으로 함께 시작해야 할 것이다. 이러한 문제들은 다수저자권의 제도적 장치에 대한 고민과 함께 이러한 현상이 등장하고 있는 배경, 특히 학제간의 영역에서 이러한 연구들이 중요해지고 가져올 수 있는 영향력 등에 대한 고민을 포함해야 한다. 또 인문사회 분야에서는 이러한 공동연구에 대한 관습에 더욱 익숙하지 않은 관계로 좀

15) EDITAGE NEWS, 2015년 7월 23일, https://www.editage.co.kr/newsletter/edm-nw-v26.html

더 심도 있는 논의가 필요할 것 같기도 하다. 인문사회기반 학제간 융합연구라면 더욱 그러하다. 이는 저자의 죽음과 독자의 탄생을 말한 1977년 움베르토 에코와 롤랑 바르트의 논의, 그리고 〈저자란 무엇인가?〉(1977)를 고민한 미셸 푸코의 논의에서 오늘날 저자권의 문제는 인문사회적 고민으로 또한 어떻게 확장되어야 하는가의 문제를 포함할 수 있다.

지금까지 융합연구 성과물, 업적물에 대한 연구자, 대학 및 연구지원기관 등에서 좀 더 의식적 차원 혹은 제도적 차원에서 검토할 필요가 있는 부분들에 대해 서술했다. 융합연구는 그 결과물에 대한 다양한 방식의 평가와 검토가 필요하다. 또 소정의 연구결과물이 도출될 때까지 충분한 시간을 배려해야 하며, 결과에 대한 성급한 검토는 지양되어야 함도 이야기했다. 이는 연구성과물에 대한 검토가 불필요하다는 것을 말하려는 것이 아니다. 연구자의 자율성과 책임만을 기반으로 평가할 수도 없는 노릇이다. 다만 융합연구는 무엇보다 시간과 노력이 필요하다는 점을 다시금 강조하고자 하는 것이다. 그리고 이를 연구비 지원과 심사제도에서 적절하고 유연하게 반영할 수 있도록 점차 부각되는 문제들을 해결해 나가고 개선점들을 모색해야 한다.

융합연구는 다른 분야의 연구에 비해 지금 시작단계에 있다고 해도 과언이 아니다. 더욱 많은 연구 사례들이 들려올 것이고, 또한 그래야만 마땅한 연구가 융합연구 분야가 아닐까 싶다. 각 연구의 다양성과 차이를 인정하는 자세야말로 융합연구를 보다 활성화시키는 첫 시작일 것이다.

생각하고 나눠 보기

본 장에서는 융합연구의 방법론과 노하우를 소개하고 융합연구의 진행과 운영, 지원, 개선 등에 대해서 살펴보았습니다. 다음 토의문제에 대해 고민해 보고 함께 이야기해 봅시다.

01 융합연구에서 적절한 연구원을 구성하려면 어떤 준비가 필요할지 토의해 봅시다.

02 융합연구가 성공적으로 진행되려면 연구책임자와 연구구성원 사이에 어떤 노력과 역할 배분이 필요할지 토의해 봅시다.

03 여러 형태와 주제의 융합연구를 살펴보며 각기 다른 연구결과물과 평가체제에 대해 논의해 봅시다.

03 Chapter 융합연구자의 이해

이은석

1 연구자와 융합연구자

1.1 연구자란?

융합연구자에 대한 논의 이전에 '연구자란 누구인가?'에 대한 이해가 필요하다. 간단히 말하자면 연구자란 연구(硏究)하는 사람을 뜻한다. 즉 "어떤 일이나 사물에 대하여 조사하고 생각하여 진리를 알아내는 사람"이라 할 수 있다. 과연 진리가 무엇인가에 대한 부분은 철학적 영역에서 보다 심도 높은 논의가 필요한 부분이라 구체적 언급은 차치하더라도 분명한 것은 연구자란 일반적으로 우리가 알고 있는 진리, 즉 참과 거짓을 밝혀내기 위한 공식을 만드는 지식 생산자임은 누구도 부정할 수 없다.

그렇다면 연구자들은 왜 끊임없이 연구를 지속해야만 하는가? 이미 생산된 기존의 지식이 차고도 넘침에도 불구하고 왜! 새로운 지식을 생산해야만 하는가에 대한 의문이 든다. 아마도 아직까지 밝혀지지 않은 자연과학적 혹은 인문사회과학적 현상들이 있거나, 끊임없이 변화하는 자연환경과 사회환경으로 인한 기존 지식의 해석에 한계가 있거나, 아니면 연쇄적으로 밝혀지는 각종 현상과 변화 메커니즘에 대한 밝혀지지 않은 연쇄반응이나 차원 높은 첨단분석기법과 장비의 발달로 인한 연구의 개척지가 확장된다 등… 연구를 계속 할 수밖에 없는 이유는 다양하게 제시될 수 있다.

연구자들이 연구를 할 수밖에 없는 이유를 한마디로 요약하자면 연구를 통하여 새로운 이론을 창출해 내고 기초학문 분야에서든 응용학문 분야에서든 활용될 수 있는 지식을 생성해 내야만 하는 다양한 상황들이 발생하기 때문이다. 즉 새로운 연구에 도전해야 하는 본질적 이유는 현재 활용되고 있는 지식이 발생된 어떠한 문제를 해결하는 가장 합당한 절대적 지식이라고 단언하기 어렵기 때문이다. 현재 개발된 지식의 생명력이 무한하지 않으며, 지금 우리가 사용하고 있는 지식 역시 현재는 새로운 것일지 몰라도 미래에도 새로울 것이라는 보장이 없기 때문이다.

영국의 판타지 소설 〈반지의 제왕〉에 나오는 '절대반지'가 그 무엇으로도 이길 수 없는 강력한 힘을 가진 물건인 것처럼, 지식에 있어서도 '절대지식'을 만들 수만 있다면 더 이상의 연구도 연구자도 필요가 없을 것이다. 하지만 이러한 절대지식은 연구자가 아닌 절대자(the absolute being)만이 만들어 낼 수 있을 것이다.

한편으로 절대지식이 존재하지 않는다는 사실이 연구자로 하여금 끊임없는 지식개발의 열정을 쏟을 수 있는 기회를 제공하는 것은 연구자 입장에서는 참으로 다행스럽고 감사한 일이 아닐 수 없다. 따라서 연구자로서 어떠한 현상에 대해 기술하고 설명하고 예측하며 통제하기 위한 연구의 목적을 달성하여 지식개발자로서 인류의 번영에 기여한다는 보람을 느낄 수 있다는 것은 연구자로서 절대가치가 아닐 수 없다.

1.2 융합연구자의 출현

최근 대중매체를 통하여 공적으로 혹은 상업적으로 '융합'이라는 용어가 부쩍 많이 사용되고 있으며 친근하기까지 하다. 특히 CF 광고에 있어서 자동차, 냉장고, 청소기를 비롯한 각종 전자제품, 아파트, 여행상품 등의 광고에서는 눈에 띄게 '융합'이라는 키워드를 부각시켜 마치 융합을 통해서만이 신기술과 새로운 서비스를 제공할 수 있는 듯이 선전하고 있다. 과연 맞는 표현인가? 그렇다면 지금까지의 인류문명과 문화가 발전하는 과정에서 융합은 존재하기 않았던 것인가? 이미 제1장의 융합연구의 이해에서 언급한 바와 같이 현대의 학문적 분류체계는 고대학문 분류에 근간을 두고 있으며, 고대 철학자이자 대표적 학자인 아리스토텔레스 등 많은 학자들은 다양한 학문들 간에 분절보다는 통섭을 통한 초학제적 연구를 수행하였다고 언급한 바 있다. 그러나 점차 현대에 접어들면서 학문의 깊이 있는 연구가 진행됨에 따라 단일학문의 발전은 심화되는 반면 초학제적 연구는 점차 사그라들고 학문 간의 단절된 지식을 생산하는 양상이 뚜렷하게 나타났다.

"옛 말에 구슬이 서 말이라도 꿰어야 보배다"라는 말이 있다. 이 말의 의미는 아무리 훌륭하고 좋은 것이라도 다듬고 정리하여 쓸모 있게 만들어 놓아야 값어치가 있음을 비유적으로 이르는 말임은 누구나 잘 알고 있다. 아마도 이러한 표현이 최근에 와서 융합이라는 용어가 절실히 인용되고 새롭게 사용되는 듯한 느낌이 들게 만드는 이유를 설명하는 것으로 해석될 수 있다.

단일학문의 깊이 있는 연구를 통하여 밝혀지는 연구결과들이 인간중심 문제해결과정에서 한계가 여실히 드러나고 있다. 특히 21세기 우리들이 접하고 있는 과학기술과 그 산유물들은 어느 한 분야의 전문적 지식만으로 만들어 내거나 발전시키기 어려운 특성을 보인다. 예를 들어 핸드폰의 기능은 통신수단의 의미를 넘어선 지 이미 오래이다. 불과 15년 전만 하더라도 핸드폰은 단지 통신수단에 불과하였다. 하지만 지금은 어떠한가? 스마트폰이라는 명칭으로 개인의 삶을 운영할 수 있도록 하기 위해 은행, 쇼핑, 만남, 길안내, 헬스케어, 인공지능 개인비서, 보안, 통역 등 엄청난 기능들이 집합되어 있다. 이러한 기능의 발전은 아직도 무한히 전개되고 있으며 분명 앞으로도 상상을 초월할 것으로 예측된다. 이러한 핸드폰의 멀티기능이 생활의 필수품으로 자리잡을 수 있는 배경에는 인문학 중심의 니드(need)를 통한 기술들에 융합이 있었기 때문이다.

첨단기술사회에서 혁신을 통해 살아남기 위해서는 융합을 통한 신기술개발과 미래형 산업의 창출이 필수적인 생존전략이 되어야 한다(강남준, 2008; 최현철, 2012; 이준지, 2013). 무엇보다 과학기술과 관련된 현상뿐만 아니라 우리를 둘러싸고 있는 인문사회학적 문제들은 반드시 과학기술만으로 해결할 수 없고 인문사회과학이 반드시 결합해야 하는 복합적인 문제로서 에너지, 환경, 고령화, 안보, 의료 등이 전 세계적으로 대두되고 있다(권만우, 2011). 결국 단일학문을 통해서 만들어진 지식이 활용될 수 있도록 구슬을 꿰는 전문가나 처음부터 초학문적 입장에서 가치 있는 지식을 만들어 낼 전문가가 필요하게 되는 것이다. 이러한 융합전문가는 보다 다양한 차원에서 연구기획가로서의 능력이 요구된다.

2 융합연구자의 역할과 자세

2.1 융합연구자의 역할

융합연구의 학문적 분류와 영역이 구체적으로 어떠한가라는 질문에 정확한 답을 내놓는 것은 불가능하다. 융합연구에 대한 개념적 정의가 일반화되어 있지 않은 상태이기에 더욱 그러할 것이다. 하지만 융합연구가 단학제적이거나 다학제 혹은 간학제, 초학제적이든 간에 분명한 것은 연구자가 기존의 자신의 주전공 영역이 아닌 다른 영역과의 학문적 교류를 통하여 연구를 진행하고자 하는 시도를 해야 한다는 것이다. 분명한 것은 연구책임자가 누가 되든 자신의 전공 분야가 아닌 학문적 영역과의 협력과 교류를 통해서 연구를 진행해야만 한다. 예를 들어 큰 틀에서 언급하자면 자연과학과 인문사회과학은 연구목적, 연구대상, 연구방법에 따른 각각의 접근방법이 매우 다르며, 그 학문의 내용을 이해하기 위한 전문적 지식은 같은 학자라고 해도 일정부분 학습하지 않으면 알 수 없는 것들이 대부분이다.

융합연구를 진행하기 위한 연구자는 무모한 도전을 시도하는 용기를 소유해야 할지 모른다. 따라서 필자는 융합연구를 진행하고 있거나 혹은 시도하고자 하는 연구자에 대하여 다음과 같이 표현하기를 희망한다.

- '무모한 도전을 시도하는 사람들'
  실패의 가능성이 높음에도 자신의 연구에 대한 확신에 용기 있는 자
- '미지의 세계를 좋아하는 사람들'
  끊임없이 새로움에 대한 창의적 연구를 갈망하는 자
- '한계를 극복하고 싶은 사람들'
  계속되는 연구의 실패에도 불굴의 도전정신으로 포기하지 않는 자
- '세상이 필요한 것을 만드는 사람들'
  생산지식을 통해 인류 발전에 기여하고자 하는 자
- '실용주의적 학문을 추구하는 사람들'
  생산된 지식의 사회기여와 상용화에 의미를 부여하는 자

• '새로운 만남을 두려워하지 않는 사람들'
연구진행을 위해 새로운 영역의 타 분야 사람들과 원활한 교류에 주저하지 않는 자

위에 언급된 융합연구자들에 대한 콘셉트는 융합연구를 진행하는 과정에서 연구책임자로서 어떠한 자세로 임해야 하는가를 상징적으로 표현한 것이라고 할 수 있다. 어찌 보면 세상에 만들어진 무엇인가가 도움이 되길 바라는 발명가와 같은 느낌도 있다. 엄밀히 따지고 보면 연구자와 발명가는 분명 다르다. 연구자는 과학적 접근방법에 의하여 지식을 생산하는 사람이라면, 발명가는 인간의 생활세계에 실용주의적 입장에서 도움 될 수 있는 물질적 혹은 비물질적 상품을 개발하는 사람이라고 할 수 있다. 그러나 융합연구자든 발명가든 방법상의 차이는 있을 수 있으나 모두가 위에 언급한 주요 특성을 모두 내포하고 있다고 볼 수 있다.

르네상스시대 대표적 화가이자 과학자, 공학자, 해부학자, 천문학자, 건축가, 음악가, 발명가, 식물학자, 지리학자, 지질학자, 수학자이며 요리사이기도 했던 레오나르도 다빈치(1452~1519)는 어찌 보면 지금 현시대가 요구하는 진정한 융합연구자라고 할 수 있다. 현대 융합연구자로서 대표적인 인물로 스티브 잡스(1955~2011)를 들 수 있으며, 무엇보다 인문학적 창의성과 감성의 마인드에 근거한 iPhone은 핸드폰의 혁명이자 인류문명의 획기적 산물이라고 할 수 있다. 이러한 iPhone은 불가능한 상상력과 창의력, 사고력과 시대적 상황을 읽는 통찰의 힘으로 대중에게 실용성 높은 제품으로 거듭나게 된 것이다.

융합연구자는 기업의 CEO라고 할 수 있다. 사업에 대한 전반적 디자인, 연구원 관리, 예산관리, 융합연구의 특성상 예기치 않고 발생하는 수많은 변수들에 대한 문제해결사로서 대처능력이 있어야 하며, 연구원들에 대한 지속적인 독려 등 CEO로서 리더십을 발휘해야 한다.

2.2 융합연구자가 갖추어야 할 자세

융합연구에 있어서 가장 중요한 것은 연구책임자를 비롯한 연구의 수행원들이다. 즉 연구자를 외면하고는 어떠한 연구도 진행되는 것은 불가능하다. 설사 진행

된다 하더라도 성과를 기대하기 어렵다. 특히 융합연구를 하고자 할 때는 연구를 수행하는 연구자의 지혜와 연구진을 융합할 수 있는 리더십에 따라서 연구결과의 성패가 달려있다. 따라서 연구에 임하는 융합연구자가 기본적으로 갖추어야 할 태도에 대하여 언급하면 다음과 같다.

2.2.1 문제에 대한 열린 사고와 수용력

융합연구의 특성상 각 학문 간 문제현상을 바라보는 관점의 차이가 발생할 수밖에 없다. 따라서 타 학문이 문제를 인식하고 해결하고자 하는 방식의 차이를 인정하는 자세는 융합연구자가 갖추어야 할 첫 번째 덕목이라 할 수 있다. 따라서 연구자 간의 지속적 만남과 구체적 내용에 근거한 세미나를 통하여 학문 간 시각 차이를 줄이고 더 나아가 연구진이 설정한 연구목적을 달성할 수 있게 된다.

2.2.2 융합연구 구성 학문에 대한 지식

융합연구의 근본적 취지는 단일학문들의 한계를 뛰어넘어 어떠한 문제를 해결하거나 혹은 새로운 분야에 지식을 도출하는 데 있다. 융합은 섞인다는 의미이면서 동시에 학문 간의 연관성에 대하여 상호의존 및 보완한다는 뜻을 내포하고 있다. 따라서 효과적으로 섞이기 위해서는 융합하고자 하는 타 학문을 이해할 수 있을 정도의 기본적 지식이 축적되어 있어야 한다. 즉 융합연구를 원활히 성공적으로 수행하기 위해서는 타 학문 분야의 이해 폭을 넓히는 것이 매우 중요하다. 예를 들어 최근 4차 산업혁명시대에 걸맞은 IT, IoT, 빅데이터, 인공지능(AI), 가상현실(VR), 증강현실(AR), 로봇공학, 서비스 디자인 등의 지식이 요구된다.

2.2.3 연구문제에 대한 폭넓은 시각과 관련 분야의 전문성

융합연구의 특성상 문제에 대하여 기존의 시각으로 접근하는 것은 매우 어리석은 일이다. 그간의 습관에서 벗어나 연구문제에 대한 새로운 시각의 접근이 절대적으로 필요하다. 이러한 연습을 위해서 융합세미나를 통해 동일한 문제에 대하여 타 학문이 접근하는 방식을 확인하고 더불어 연구문제에 대한 보다 폭넓은 시야를 확보할 수 있게 된다. 또한 관련 연구 분야에 전문적 지식과 능력을 갖고 있어야 한다. 전문적 지식과 능력이 없으면 설사 연구목표가 달성되었다 하더라도 융합연구성과로서 차별성을 갖추기에 한계가 있으며 상식선에서 헤매는 정도에서 그칠 가능성이 있다.

2.2.4 'Stick to it' 하는 자세

연구자는 연구결과에 대한 실패를 성공의 자산으로 받아들이고 실패의 원인을 면밀히 분석하여 끊임없이 도전하고 또 도전해야 한다. 특히 융합연구자의 경우에는 더더욱 그렇다. 새로운 시도에 대한 불확실성에 대하여 연구결과에 대한 실패를 '성공의 아버지'라는 말을 통해 재차 도전의 힘을 내야 한다. 알려진 사실이지만 발명가 에디슨은 1만 번의 시행착오 끝에 전구를 발명했다. 진공청소기의 신화를 달성한 제임스 다이슨은 5,126번의 실패 끝에 성공할 수 있었다. 결국 실패가 성공을 위해 존재한다는 믿음으로 끊임없이 도전하는 열정이 필요하다.

2.2.5 'Why-What-How-Who'에 대한 자문자답능력

융합연구자는 스스로가 지적 호기심을 충족시키기 위해 상상력을 총동원하고 이를 해결하기 위한 창의적 대안을 제시할 수 있어야 한다. 이러한 능력을 갖추기 위해서는 무엇보다 연구자로서 자신이 추진하는 연구에 대한 끊임없는 물음과 답을 하는 연습이 무엇보다 중요하다. 이 과정에서 연구의 의미와 가치 그리고 연구의 방향성과 방법, 융합연구자 간의 역할과 기능에 대한 효율성을 높일 수 있게 된다. 결과적으로 연구자 스스로가 왜 이 연구를 하는지(Why) 그리고 무엇을 연구할 것인지(What)에 대한 연구목표를 설정하고 확인하며, 어떻게 할 것인지(How)에 대한 방법적인 측면과 누가 할 것인지(Who)에 대한 융합연구진행의 R & R(Role and Responsibilities)이 명료해지게 된다.

결론적으로 융합연구자는 말 그대로 타 학문과의 융합을 통해서 이루어지는 연구이다. 따라서 다른 학문을 전공하는 학자와 타 학문에 대한 이해의 폭을 넓히는 것이 무엇보다 중요하다. 이를 위해 학문 간의 공통된 관심사에 대하여 충분한 토론과 논의과정에서 서로의 학문의 이해도를 높이기 위한 노력으로서 타 학문에 대한 기본적 지식의 습득이 필요하다. 연구를 진행하다 보면 융합적 접근에 따른 새로운 방법적 시도가 요구되며 이러한 시도는 실패의 확률이 높을 수밖에 없는 것 또한 사실이다. 따라서 끊임없이 도전하고 연구자 간의 격려를 통해 연구의 추진력을 살려야 한다. 더불어 연구진행과정에서 지속적인 질문과 답을 통해 연구의 목표를 달성하기 위한 방향성이 명확한지에 대하여 확인하는 자세는 융합연구자로서 갖추어야 할 필수적 자세라 하겠다.

3 성공하는 융합연구자와 실패하는 융합연구자

융합연구의 실패와 성공의 결정적 요인은 무엇일까? 답하기 쉽지만은 않은 질문이다. 연구의 실패와 성공에는 매우 다양한 이유 혹은 원인이 존재하기에 단순한 몇 가지 이유를 들어 설명하는 데는 한계가 있다. 그러나 큰 틀에서 살펴보면 다음과 같다.

3.1 연구주제 설정을 비롯한 연구의 범위 설정

일반적으로 융합연구를 시도하는 사람들은 4차 산업혁명시대에 최첨단기술의 힘을 잘 엮는다면 뭐든 다 할 수 있다는 착각에 빠지는 오류를 범하기 쉽다. 사실 현재의 첨단기술과학의 힘은 인간의 사고를 대체하는 인공지능이 날로 발전하고 있고, 인공지능과 결합한 로봇기술은 인간의 외로움을 해결하기 위한 로봇이 대화 상대의 감정을 읽고 함께 슬픔과 기쁨의 얼굴표정을 지으며 교감할 수 있는 단계의 기술을 구현하고 있다. 융합연구자는 이러한 모든 기술이 본인이 하고자 하는 연구에 적용되어 만능의 연구결과를 산출할 수 있을 것이라는 착각에서 벗어나야 한다.

융합연구자들은 자신들이 추구하는 연구의 주제와 범위가 인적·물적·시간적 범위(한국의 연구특성상) 내에 가능한 내용인지를 먼저 연구진이 논의하여야 한다.

3.2 융합연구방법상의 문제

대부분의 융합연구는 새롭게 시도하는 영역이 많이 있다. 따라서 연구 설계과정과 진행과정에서 새로운 방법을 요구하게 된다. 그 또한 정답이라 판단할 수 없으나 연구방법의 한계는 결국 융합연구자들 간의 지속적인 논의와 외부전문가들 초빙을 통한 보강에 의해서 극복할 수 있다. 더불어 연구진행과정에서 요구되는 타 학문 분야에 대한 지식의 학습을 통하여 결국 자신의 학문 분야를 확장시킬 수 있는 기회를 넓히는 노력이 필요하다. 그러나 일반적으로 융합연구자들은 새로운 학문 분야에 학습에 대하여 개인적 혹은 상황적인 여러 가지 이유를 게을리하는 경향이 있다.

3.3 연구과정의 효율적 의사결정체계와 서번트 리더십

융합연구진의 연구자들은 각자가 모두 연구책임자의 성격을 지니고 있다. 즉 단일적 차원의 연구를 진행한다면 모두 다 연구책임자인 것이다. 다시 말해서 연구책임자로서 그동안 의사결정권을 행사하던 연구자들이 새로운 지식의 개발 혹은 시도를 위해서 야심차게 융합연구를 시도하는 것이다. 그러나 융합연구에 있어서도 사업단 혹은 연구단에 책임자는 존재한다. 따라서 연구책임자뿐만 아니라 연구진 모두의 의사가 반영될 수 있는 효율적 의사결정체계가 필요하다. 이 과정에서 중요한 것은 연구자 간에 배려와 존중의식을 갖고 이끌 수 있는 서번트 리더십(servant leadership)이 필요하다.

3.4 융합연구자 간의 끊임없는 소통

연구를 진행하는 공간은 단지 연구실 혹은 실험실만이 아니다. 연구자가 모여 있는 공간이면 어디에서든 연구가 진행된다. 제한된 연구공간의 범위를 넘어 사고의 유연성과 창의성을 높이고 연구 상황에서 부딪히는 예기치 못한 문제의 한계를 극복하기 위해서는 융합연구자 간의 친화력을 높이고 마치 오랜 친구와 같은 연구 동반자로서 분위기가 연출될 수 있도록 노력해야 한다. 이를 위해서는 결국 연구자 간의 개인의 특성을 충분히 이해할 수 있기 위한 자연스러운 기회의 마련이 중요하다. 예를 들어 친교를 다질 수 있는 워크숍, 세미나, BI(Business Idea)미팅 등을 통하여 공식·비공식 커뮤니티 형성의 계기가 필요하다. 이러한 노력은 강남준(2008)이 제시하고 있는 융합연구의 4단계 중 첫 단계인 네트워크 형성단계라고 할 수 있다. 결국 융합연구진의 네트워크 형성의 질이 연구의 지속력을 결정하게 만들고 더 나아가 연구의 성패를 좌우한다고 표현해도 과언이 아닐 것이다.

4 융합연구자의 실천 프로토콜

4.1 융합연구자들의 에피소드

한국연구재단 문화융복합단 초대 융합총괄센터장을 지낸 강남준(2008)은 융합연구를 “하나의 학문 분야 또는 과학기술지식으로 해결할 수 없는 새로운 문제를 해결하기 위해 둘 이상의 학문 분야 또는 과학기술의 지식을 사용하는 연구”로 정의하고 과학, 공학 분야의 “인문·사회과학의 수평적·상승적 결합을 통한 새로운 통섭적 연구환경을 만들어 가는 것이 중요”하다고 하였다. 정부는 2009년을 시작으로 제1차 ‘국가융합기술 발전 기본계획(’09~’13)’을 발표하면서 차세대 기술혁명은 NT, BT, IT 등의 신기술 간의 또는 이들과 타 분야와의 상승적 결합을 통한 ‘융합기술’이 주도할 것으로 예측하면서 국가 차원의 융합기술을 종합적·체계적으로 육성하기 위한 범부처 기본계획을 수립·추진하게 되었다. 그 후 박근혜정부는 제2차 '창조경제 실현을 위한 융합기술 발전전략('14~'18)'을 발표하였고, 현 문재인 정부에서는 제3차 '융합연구개발 활성화 기본계획('18~'27)' 발표를 통하여 향후 10년간의 장기적 안목에서 융합연구에 대한 활성화를 꾀하고 있다.

국가정책 차원의 융합연구에 대한 관심이 본격화된 지 10년이 지난 지금 과연 학문 분야에서는 어떠한 변화가 이루어지고 있는가를 돌이켜 보면, 정부의 학제간 연구를 위한 예산을 1.1조 원(2009)에서 2.5조 원(2016)으로 확대 지원함에 따라 융합연구를 위한 학문적 환경이 점차적으로 조성되어 가고 있다.

그러나 융합연구를 하기 위해서는 어떻게 하라는 실천을 위한 실행가이드를 제시하고 있지 못하다. 본 저서의 연구 사례에서도 언급되고 있는 바와 같이 우연한 계기로 동료연구자와 이야기하다가 혹은 어떠한 목적이 있어서 무조건 만나서 논의를 통해서 연구를 위한 어젠다를 도출한다든가 하는 방식으로 시작하게 된다.

융합연구의 경험이 있는 모 교수는 이런 말을 한다. "융합연구를 잘하려면 무조건 만나서 술을 자주 마셔야 한다"고. 그렇다면 술을 못 마시는 연구자는 융합연구를 할 수 없다는 말인가? 모 교수의 말의 의도는 연구자 간에 자주 만나 연구에 대한 많은 토론을 통하여 각자의 영역에서 나타나는 연구의 한계를 극복할 수 있는 아이디어와 해결을 위한 어젠다를 도출해 낼 수 있다는 뜻으로 해석해야 한다.

융합연구를 진행하고 있는 또 다른 교수는 함께하는 공동연구자와의 성격차이에 대한 불만과 세미나에서 드러나는 자기 학문에 대한 우월성 표출에 못마땅함을 토로하기도 한다. 더불어 연구자 간의 예산분배에서 오는 갈등에 대한 문제, 어렵게 연구를 진행한 후에 성과에 대한 분배 및 투고 학술지의 적합성문제 등 예기치 못한 상황들에서 드러난 연구진행상의 난제들의 발생을 경험담으로 이야기한다. 결과적으로 기존의 단일연구에 익숙한 연구자들에게 융합연구란 그간 학습해 보지 못한 넘어야 할 산이 많은 것이다.

융합연구가 지향하는 해결하지 못한 난제를 연구를 통해서 만들어 내고, 더불어 통섭과 초학적 차원에서 새로운 영역의 첨단기술 개발에 기여할 수 있어야 하지만, 어떻게 융합연구를 진행시킬 것인가에 대한 구체적이고 실천적인 지식이 미흡한 것이 사실이다. 어찌 보면 지금까지 진행된 융합연구의 실천을 위한 암묵적 지식이 형식적 지식으로 변화되어야 할 시점이 이미 지나고 있는지 모른다.

4.2 융합연구자의 실천을 위한 제안

현재 연구의 시대적 트렌드가 4차 산업 관련 지식개발이며 이는 융합연구를 통해서만이 그 성과가 극대화되고 실현 가능함을 강조하고 있다. 그렇다면 융합연구가 지향하는 연구는 무엇인지에 대하여 조선일(2017)의 융합연구의 정의와 관련 선행 연구분석을 통해 정리된 융합연구목적과 연구주체, 연구대상과 연구방법을 살펴보면 다음과 같다.

4.2.1 연구의 목적

복합적인 현상을 이해 및 규명하고 나아가 이와 관련한 문제를 해결하여 기존의 틀을 깨는 과학 발전과 새로운 학문 분야의 개척을 추구한다.

4.2.2 연구의 주체

서로 다른 전문지식 또한 학문 분야의 배경을 갖고 있는 둘 이상의 연구자 또는 연구기관을 말한다.

4.2.3 연구대상

인문, 사회과학, 과학기술 등 단일 분야의 전문지식이나 학문적 배경으로 이해 및 규정하기 어려운 복잡 다양한 현상이 연구의 대상이다.

4.2.4 연구방법

다양한 학문 분야에서의 이론과 개념, 방법론 등을 융합하여 대화와 협력을 통해 새로운 지식을 창출한다.

융합연구는 서로 다른 개별 연구들이 물리적으로 결합하여 전체를 구성하는 방식이 아닌 하나의 구체적인 지향점을 가지고 수행하는 것이라 할 수 있다(조일선, 2017). 이 같은 융합연구의 수행을 위하여 연구자 간의 역할분담을 통해 유기적으로 연구에 협력하는 양태를 보이고, 하위 연구결과 간의 화학적 결합을 유도한다(권만우, 2011).

따라서 보다 효율적이고 구체적인 융합연구의 실천을 위해서는 고대승(2008)이 제시한 융합의 단계를 참고하여 그 단계별 사례를 살펴볼 필요가 있다.

표 3-1 융합의 단계

융합의 단계	융합단계에 대한 정의 및 특성
융합 1단계	각 분야가 서로 노출하고 만나는 단계 → 만남 그 자체에 의미를 두고 상호 간에 네트워킹이 이루어짐 → 물리적 단계의 시작
	실천내용 • 자신의 전공과 학문 분야에 대해 소개하는 단계 • 연구와 더불어 연구자 간의 개인적 취향 및 개성 등 특성에 대한 파악 필요
융합 2단계	만남의 차원을 넘어서 각 분야에 공동적 기본의제에 대한 대화와 논쟁이 이루어지는 단계 → 서로 간의 차이에 대한 확인 및 인정이 이루어지는 상호 간의 신뢰를 바탕으로 공조의 가능성이 드러남
	실천내용 • 어떤 연구주제에 대하여 Kick-Off 미팅단계로서 관심 영역에 대한 이해의 공조 • 연구자 간의 작업스타일을 파악하는 것이 매우 중요함
융합 3단계	상호 협조를 통해 구체적 문제에 대한 해결책이 제시되고, 필요에 따라 새로운 분야가 탄생하는 단계 → 본격적인 화학적 결합의 시작으로 윌슨이 지향했던 단계
	실천내용 • R&R 단계로서 학문 간의 연구목표에 대하여 역할과 책임 소개를 명확히 함 • 기본적으로 구성된 학문 분야 외의 추가 필요한 분야에 대한 섭외 고려단계 • 예상하지 못한 연구 상황의 신속한 해결책에 대한 논의 필요
융합 4단계	융합 3단계를 통해 얻은 새로운 결과물들을 각 분야의 커뮤니티에서 피드백하는 과정 → 피드백을 통해 관련 분야 및 커뮤니티에서 검증을 받고, 각 분야는 새로운 자극을 받게 되면서 융합현상이 가속화되어 선순화과정이 이루어짐
	실천내용 • 산출된 결과에 대하여 의미 해석 및 학문적, 사회적, 교육적 차원의 기대효과 파악 • 산출결과에 대한 사회적 적용 및 실용적 가치 구현을 위한 시도를 통한 가속화 • 후속연구를 위한 제언과정 필요

출처: 강남준. (2008). 과학기술과 인문과학의 융합연구 활성화 방안

5 융합연구자의 현재와 미래(관심사)

과거 융합연구의 관심은 일정한 자연과학적 현상에 대한 해결 혹은 규명에 초점이 맞추어져 있었다. 그러나 정보화시대에 산업기술의 발달과 더불어 첨단기술의 적용이 인간의 생활 중심인 산업화로 옮겨 가면서 인문·사회과학적 접근에 근거한 융합연구의 도전이 활발히 이루어지고 있다. 한편으로 사회 일각에서 융합연구의 산출물이 실용화에 초점을 맞추고 있다는 우려의 목소리도 있다. 그러나 융합연구의 발전은 사회문제를 해결하기 위한 응용학문의 영역 확장과 더불어 응용학문의 토대 마련을 위한 원천기술을 개발할 수 있는 기초학문의 발전으로 이어지는 선순환 구조를 만들어 낸다는 차원에서 시대적으로 중요한 의미를 갖는다.

융합연구에 대한 가치와 필요성이 부각되면서 2008년 처음으로 범부처 차원에서 '국가융합기술 발전 기본계획('09~'13)'을 시작으로 제2차 '창조경제 실현을 위한 융합기술 발전전략('14~'18)' 그리고 제3차 '융합연구개발 활성화 기본계획('18~'27)'을 수립하여 진행하고 있다. 현재 정부가 추진하고 있는 융합연구 추진계획의 동향을 보면 큰 틀에서 과학적 난제와 4차 산업 측면에서 신산업 육성 그리고 국민생활문제 해결의 세 가지 영역에서 진행 중에 있다. 참고로 다음 [그림 3-1]에 현재 추진되고 있는 제3차 융합연구개발 활성화계획의 세부적인 내용이 보다 구체적으로 제시되어 있다.

그림 3-1 | 제3차 융합연구개발 활성화 기본계획('18~'27)

미래 융합선도 프로젝트 도출 프로세스(예시)

- 프로젝트별(과학 난제, 융합신산업, 국민생활문제 해결) 과제 선정방식 차별화
  ※ 문헌조사, 정부정책연계, 프로그램 기획 등의 일반적 절차는 동일
  - (과학 난제 극복 프로젝트) 주요 과학기술단체(과총 등)가 도전 분야(Big Idea) 발굴 後 출연(연) 융합클러스터 등 고도의 연구자집단 중심의 과제 발굴
  - (미래 융합 신산업 창출 프로젝트) R&D PIE 전문위, 업종별 융합 얼라이언스 등의 산업계 니즈를 반영하여 혁신성장동력 공백 분야 발굴
  - (국민생활문제 해결 프로젝트) 국민평가단, 국민생활과학자문단, 국민생활연구지원센터 등과의 연계로 공공수요기반의 국민체감형 연구과제 도출

〈미래 융합선도 프로젝트 추진 프로세스〉

생각하고 나눠 보기

본 장에서는 융합연구자의 개념과 융합연구자의 역할과 자세에 대하여 살펴보았습니다. 다음 토의문제에 대해 고민해 보고 함께 이야기해 봅시다.

01 일반연구와 융합연구자의 차이에 대하여 동일한 연구주제를 설정했다고 가정한 후 연구 진행과정에서 발생되는 관점의 차이내용을 토의해 봅시다.

02 융합연구자의 바람직한 자세와 그렇지 못한 자세에 대하여 논의해 봅시다.

03 미래에 융합연구자의 역할과 기능에 대하여 토의해 봅시다.

PART 2

인문사회기반 융합연구의 필요성과 중요성

04 Chapter 융합연구의 종류

이은석, 김지연

최근 인문사회기반 융합연구의 다양한 성과에 대하여 종합적인 성과분석 및 연구성과물 플랫폼 실태조사 등을 분석하고 그 중요성과 역할을 확인하며, 인문사회기반 융합연구 활성화를 위한 모색이 곳곳에서 발표되고 있다. 이는 단순히 인문사회와 과학기술의 융합을 통한 만남을 이야기하는 것이 아니라, 인문사회를 통한 과학기술의 정보·지식 등의 확산과 과학기술의 한계 해결, 과학기술의 실무적인 활용을 위한 실질적 네트워크 구축 등 기존 과학기술의 기술적 도전과 더불어 연구성과의 공유와 확산에 크게 기여할 수 있는 융합연구가 진행되고 있다. 본 장에서는 이러한 융합연구 패러다임의 변화를 확인하기 위하여 2020년 한국연구재단 정책연구 '인문사회기반 융합연구지원사업 종합성과 분석연구,' 2022년도 한국연구재단 정책연구 '인문사회분야 연구성과물 플랫폼 실태조사 및 개선방안 연구,' 그리고 2020년도 이후의 우수연구 50선에 선정된 과제를 참고하여 융합연구의 종류와 이에 대한 예를 들어 설명하고자 한다.

1 인문사회와 공학의 융합연구

1.1 공학 분야란?

한국연구재단 '학술연구분야분류표'에서는 공학을 일반공학, 기계공학, 자동차공학, 항공우주공학, 화학공학, 고분자공학, 생물공학, 제어계측공학, 전기공학, 재료공학, 환경공학, 전자정보통신공학, 컴퓨터공학, 토목공학, 건축공학, 산업공학, 원자력공학, 조선공학, 해양공학, 금속공학, 자원공학, 섬유공학, 교통공학, 의공학, 농공학, 산림공학, 안전공학, 기타공학 등으로 구분하고 있다. 중분류 28개와 소분류 310개의 전공으로 구분되고 있는 공학은 미래 유망 신기술(6T) 분류항목(정보기술(Information Technology: IT), 생명공학기술(Bio Technology: BT), 나노기술(Nano Technology: NT), 우주항공기술(Space Technology: ST), 환경・에너지기술(Environment Technology: ET), 문화기술(Culture Technology: CT))의 여러 분야에 해당되기도 한다. 따라서 많은 인문사회기반의 융합연구에서 공학을 포함한 연구들을 찾아볼 수 있다.

1.2 인문사회기반 공학의 융합연구의 예

융합연구의 중요성이 강조되면서 2007년 국가융합기술 발전 기본방침 확정으로 한국연구재단을 중심으로 본격적인 융합연구 지원이 시작되었다. 한국연구재단의 인문사회기반 융합연구의 2009~2019년도 조사에 의하면, 우수성과 44선 중 13과제가 인문사회기반 공학과의 융합연구로 이루어져 있다. 또한 코로나19 및 제4차 산업혁명시대가 도래한 현재는 인공지능 등을 포함한 공학과의 융합연구가 더 활발히 이루어지고 있다.

실제로 2022년도 인문사회연구소 지원사업에서는 신규(시범사업)로 미래 공유형 과제가 신설되었으며, 미래 공유형 과제의 중점 추진 방향은 다음과 같다.

- 4차 산업혁명으로 도래할 미래사회 예측, 미래 설계를 위한 데이터 개발 등 국민 삶의 질 제고를 위한 연구성과 창출
- 인공지능・빅데이터・블록체인・실감기술 등 과학기술 발전에 따른 미래 이슈의 인문사회학적 선점과 인문사회 학술성과의 사업화
- 대국민 연구성과 공유를 통한 국가 성장역량 제고

또한 한국연구재단에서는 2021년도부터 이공과학과 인문사회의 융합연구의 추진으로 '학문균형발전지원-학제간 융합연구'를 진행하고 있다. 과학기술에 인문사

회학적 요소를 접목한 융합연구를 지원하여, 미래 선도형 학문 분야 발굴 및 융합 인재양성에 초점을 두었다. 2021년 14과제, 2022년도 8과제를 선정하였으며, 이공 분야(자연과학, 생명과학, 의약학, 공학, ICT・융합)와 인문사회(예술・체육학 포함)의 융복합연구를 실행하고 있다.

이러한 융합연구의 추진목적은 미래사회 의제 중심의 연구로서, 과학기술의 발전과 더불어 그 한계를 인문사회 분야와 융합함으로써 '사회문제 해결'을 위한 연구설계와 방안을 실행하여, 선순환적 연구의 실현에 있다. 따라서 앞으로 미래 예측을 위한 인공지능・빅데이터・블록체인・실감기술 등 공학적 기술과 더불어, 미래지향적 학술연구 성과와 국민의 삶의 질 제고 등 인문사회와 공학의 융합된 연구 추세는 지속될 것으로 예측된다.

인문사회와 공학의 융합연구는 다양한 연구 소재로 진행되고 있다. 인하대학교 김민구 교수는 감각 기반 유저 인터페이스(Sense-based User Interface: SUI)를 추진하고 있다. 이는 5세 이하의 유아를 대상으로 한 감각 기반 입출력 장치와 태스크기반 교육 콘텐츠를 연구하는 공학과 인문사회 융합의 예이다. 소프트센서를 통해 유아의 행동, 감정, 의도를 감지하고 분석하는 인공지능기술을 SUI 플랫폼에 적용하는 것을 목표로 한다. 최종적으로는 유아의 인지와 놀이행동에 대한 데이터베이스를 바탕으로 SUI 교육 콘텐츠를 개발하고 유아발달 지원체계를 만들려는 목적을 가지고 있다.

VR기반 영어발음 및 의사소통 함양을 위한 시제품 제작(단국대학교 박종태 교수) 연구는 VR시스템으로 물리적 제약 없이 몰입감과 현장감을 극대화하여 지각・감성 정보를 학습자에게 제공함으로써 효과적인 영어 의사소통역량 육성과 학습 참여 확대에 크게 기여하고 있다.

2 인문사회와 자연과학의 융합연구

2.1 자연과학 분야란?

한국연구재단 '학술연구분야분류표'에서는 자연과학을 자연과학일반, 수학, 통계학, 물리학, 천문학, 화학, 생물학, 지구과학, 지질학, 대기과학, 해양학, 생활과학, 기타 자연과학으로 구분하는데, 13개의 중분류와 소분류 135개의 전공으로 구분하고 있다.

2.2 인문사회기반 자연과학 융합연구의 예

감염병과 기후변화 등 국가적·사회적 위기 관련 주요 이슈들에 대한 거시적·종합적 분석과 대응 및 비전 수립 등에 있어 인문사회과학 연구가 실질적 기여를 할 수 있는 다학제적 융합연구의 필요성이 시급하다는 제언이 나왔다. 감염병과 기후변화·재난 등 최근의 위기는 일국적 차원을 넘어서 세계적으로 동시에 확산되고 있으며 학문적·정책적·지역적 이슈가 매우 복잡하게 상호 연결되어 있다. 따라서 국가와 세계 구성원 그 어느 누구도 이러한 위기에서 자유롭지 못하며, 적극적 융합과 협력이 필수적이라 할 수 있다.

하지만 한국의 융합연구는 미래사회의 위기에 대응하는 연구가 극히 부족한 실정이다. 그것도 대부분 탑다운(top-down) 방식의 주제 선정과 기술 발전 및 이익 증대를 위한 목적에 집중되어 있어, 인문사회과학을 중심으로 한 협업이 매우 부족한 실정이다.

〈사회적 위기대응 및 미래발전전략 수립을 위한 다학제적 융합연구사업 기획 연구〉(장현근 용인대학교 교수)라는 정책연구보고서를 한국연구재단에서 발간하였다. 이 보고서에서는 현시점에서의 국책연구기관의 지원을 받고 있는 학제간 융합연구사업의 현황을 보고하고 있다. 특히 융합연구논문 및 보고서, 정부부처의 용역과제, 일반학술연구논문 등에서 감염병 및 기후변화 위기에 대해 형식적·기계적

• 병립적 융합연구를 넘어서 인문학, 사회과학과 의학, 보건학, 생태학 및 관련 과학기술 등을 학제적으로 융합한 연구의 도전 및 성공적인 사례는 거의 찾아보기 힘들다고 보고하고 있다.

그중 인문사회와 자연과학 융합연구의 예로, 김장석 교수(서울대)는 '방사성탄소 연대 편중분포 원인규명을 위한 고고학, 물리학, 통계학 융합연구'를 2013~2018년도까지 5년간 실행해 왔으며, '지속가능한 고래자원 보존과 활용을 위한 문화기술 융합연구'(정의필, 울산대)가 학제간 융합연구지원사업 씨앗형 연구로 선정되어 1년간 진행되었다.

3 자연과학과 공학의 융합연구

3.1 자연과학과 공학의 융합연구의 예

2019년도 이후 전 세계적인 COVID-19 팬데믹 상황에서 감염과 예측, 그리고 기후변화, 탄소중립 등의 키워드가 활용되는 융합연구를 확인할 수 있다. 한국연구재단의 선정과제 현황에서 살펴보면, '기초재생산감염지수 추정: 코로나-19 감염 확산과 행위자 기반 모델링'(이선미, 경희대학교), '데이터 기반 감염병 유행 예측 수리모델 개발과 완화전략분석'(최선화, 국가수리과학연구소), '빅데이터분석과 수리모델을 활용한 신종 감염병 사회적 파급효과분석'(김정은, 울산과학대학교), '기후변화에 따른 미래 해양환경 변동 특성 및 수산자원의 생태학적 특성 변화 전망의 수학적 이해'(김상일, 부산대학교), '감염성 질환 현장검사를 위한 비효소적 초고감도분자진단 시스템 개발'(최석정, 원주대학교), '포용적 탄소중립 달성을 위한 시나리오 개발 및 대기오염 공편익 분석'(우정헌, 건국대학교) 등 빅데이터와 통계를 활용한 예측연구, 그리고 빠르고 정확성 높은 분석기기의 개발이 눈에 띄게 활발히 진행되고 있음을 확인할 수 있다.

4 기타 융합연구

4.1 기타학문 분야란?

앞서 언급한 공학, 자연과학을 제외한 인문사회기반 융합연구에서 진행될 수 있는 학문 분야로 의약학과 복합학 분야가 있다. 의약학 분야는 의학, 간호학, 수의학, 한의학, 약학, 보건과학기반의 연구 분야를 말한다. 또한 복합학은 문헌정보학, 기술정책, 과학기술학, 여성학, 인지과학, 뇌과학, 감성과학 등으로 구분되고 있다. 저자가 정의하는 기타학문은 인문사회와 결합되는 모든 학문 간의 자유로운 융합 형태의 연구를 말한다.

이러한 초학제적 융합연구는 특정 학문 분야나 과학기술의 영역을 넘어서는 새로운 문제의 해결을 위하여, 두 분야 또는 그 이상의 학문 분야와 과학기술들의 방법, 이론 그리고 원리 등을 결합하여, 이미 존재하고 있는 학문 분야와 과학기술을 넘어서는 학문 분야와 과학기술을 새롭게 만들어 내는 연구이다. 이러한 융합연구는 기존의 학문 분야나 과학기술과는 다른 새로운 학문 분야나 과학기술을 창조할 수 있다.

이러한 인문사회기반의 자유로운 다학문적, 초학제적 융합연구의 형태는 사회문제 해결, 학문중심연구의 폭넓은 확장과 미래지향적인 연구성과 도출에 기여할 것이라 기대한다. 그렇기 때문에 인문사회기반의 융합연구는 변화하는 과학기술은 인간의 경제·사회활동 전반을 변화시키고 있으며, 신기술의 등장과 확산은 과학기술과 사회의 동시 구성에 대한 통합적 시각을 필요로 한다.

4.2 인문사회기반 기타학문과의 융합연구의 예

사회문제 해결을 위한 다학문적 융합연구의 예로, 2016년도 학제간 융합연구의 선정과제인 '환자중심형 SMASH Care Movement 플랫폼 개발: 프로그램, 공간, 도구를 중심으로'(연구책임자: 이은석 교수, 가천대)가 있다. 2016년도부터 2021년까지 5년간 진행되어 온 본 연구과제는 움직임을 통한 건강관리의 중요성이 부각되면서, 병원 환경에서부터의 움직임을 통한 회복의 중요성을 융합적인 관점에서 접근하였다. 다학문 간의 융합으로 체육, 사회복지, 컴퓨터공학, 의학, 물리치료 등의 학문이 함께 구성되었으며, 연차별로 그 연구 영역을 '병원 환경에서 왜, 움직이지 않는가'에서부터 '병실-병동-병원-홈트레이닝'으로 연속적이며, 확장되어 가는 솔루션을 제공하고 있다. 이와 더불어 운동과 공간의 확장과 함께, 이를 확인하고 동기부여할 수 있는 헬스케어 기기의 개발까지 단계적인 목적과 연구의 확장, 그리고 융합의 목적이 명확하게 드러나는 대표적인 인문사회기반의 융합연구라 할 수 있다.

생각하고 나눠 보기

본 장에서는 융합연구의 종류를 이해하기 위하여 인문사회와 공학, 인문사회와 자연과학의 융합연구, 자연과학과 공학의 융합연구, 기타 융합연구 분야의 개념과 사례를 살펴보았습니다. 다음 토의문제에 대해 고민해 보고 함께 이야기해 봅시다.

01 인문사회기반의 융합연구에서 공학을 포함한 연구를 살펴보고, 인문사회와 공학 분야 간 융합연구 방향성을 토의해 봅시다.

02 인문사회기반의 융합연구에서 자연과학을 포함한 연구를 살펴보고, 인문사회와 자연과학 분야 간 융합연구 방향성을 토의해 봅시다.

03 자연과학과 공학 분야 간 융합연구, 기타 분야의 융합연구를 살펴보고 토의해 봅시다.

05 Chapter 인문학기반 융합연구방법

이은석, 전상완

새로운 주제에 도전하는 지식・기술・산업의 융합은 새로운 가치창조의 원동력이 되면서 사회 전반에 걸쳐 융합(convergence)의 바람이 거세게 불고 있다. 특히 세계화된 경쟁시스템과 지식기반사회에서 생존하고 경쟁우위를 확보하기 위해 창의적 성과 및 창의적 인재가 필요하다는 논리의 연장선상에서 융합의 필요성이 강조되고 있다. 이 같은 융합의 시대적 흐름 속에 요즘 들어 부쩍 인문과 기술의 관계를 말하고, 인문학과 과학기술의 융합을 보다 심도 있게 논의하려는 경향이 늘어나고 있다. 왜(Why)일까? 우리가 인문사회과학과 공학, 그 융합의 궁극적 목적을 논하려면 이 질문을 다시 한번 진지하게 고민해 볼 필요가 있다.

오늘 우리 사회는 근본적으로 과학과 기술의 체계에 의해 움직이고 있다. 과학과 기술은 자본주의체제의 생산관계와 사회관계를 결정하는 핵심적 요소이기 때문에 학문의 결과는 자연스럽게 기술적으로 응용되고, 이러한 응용을 통해 이루어지는 테크놀로지 사회의 발전은 자연스럽게 새로운 연구로 이어진다. 사회 전체가 과학과 기술의 역동성에 의해 발전하는 것처럼 과학기술은 21세기의 사회적 힘이자 파워이다. 이에 과학은 이미 테크놀로지를 통해 지배의 힘과 융합된 것이다.

그렇다면 이렇게 과학과 기술의 독자적인 논리에 따라 사회를 지배하는 힘으로 군림하고 있는 기술기반의 공학이 왜 인문사회과학을 필요로 하는 것일까? 우리는 이 질문에 대해 끊임없이 이해하고 해석하려는 노력이 필요할 것이다.

1 인문사회과학과 연계한 공학의 궁극적 목적

오늘날 우리 사회는 너무도 STEM(Science, Technology, Engineering, Mathematics)에 집착하고 있다. STEM 교육은 예술적 감성을 갖고 과학적 사고를 하며 수학적 능력을 발휘할 수 있는 것을 목표로 하는데 이것은 융합적이고 폭넓은 사고력을 키우기 위한 것이다. 이러한 STEM기반 교육은 우리나라뿐 아니라 미국에서도 그 중요성의 강조는 극심한 수준에 이르고 있다. 미국의 경우 2000년 초 이후 인문학 전공자는 그대로인 데 반해 STEM 전공자는 43% 증가했다. 기술경제의 부정할 수 없는 성공으로 시장에서 가장 가치 있는 회사의 70% 이상이 기술 중심의 회사이다. 이를 보면 우리 미래 인력은 STEM에 의해 장악될 것이라고 가정할 수 있다. 인문사회과학자 입장에서 참으로 안타까운 가정이 아닐 수 없다. 하지만 STEM에 너무 가치를 부여할 필요가 없다. 그 이유는 무엇일까?

사실 인문학과 공학(과학기술, 자연과학)의 근원은 서로 다른 것이 아니다. 서양의 철학으로부터 분화되어 온 여러 학문들은 자연현상이나 인간현상을 여러 영역으로 나누면서 다른 영역과는 독립적이고 단원적인 탐구와 설명, 그리고 교육을 실행하면서 계속된 분할과 전문화를 끌어냈을 뿐이다. 이후 인지과학이 등장하면서 학문이 세분화 경향을 넘어서는 새로운 국면, 즉 학문 간 통섭과 융합의 새로운 흐름이 시작되었다. 이 양자는 개인 삶과 공동체의 발전에 서로 갈등을 일으키는 것이 아니라 보완적인 관계를 이룬다. 더구나 오늘날과 같이 과학기술이 다양한 인문학적 감성과 시선을 필요로 하게 되고, 인문학의 발전을 위해 과학기술이 이룩한 가시적 성과들을 활용해야 하는 시점에서 이 양자의 만남은 매우 중요한 의미가 있다. 그러나 안타깝게도 우리 사회는 물질이 인간의 정신을 지배한 지 오래고, 하루하루 스스로를 고찰하지 않으면 삶의 의미를 잃어버리기 쉬운 시대에 살아가고 있다. 물질과 기술에 주력하던 시대의 정서들이 본연의 사람이란 존재에 눈을 다시 돌리려는 노력, 인문학의 필요성 강조는 그마저도 더 큰 경제적 부흥을 이루기 위한 수단으로 매도되는 것이 현실이다.

사실 기술에서 인문학이 요구되는 이유 중 하나가 바로 주체적인 자각을 할 수 없는 시간에서 오는 사람에 대한 배려와 관심을 필요로 하기 때문이다. 기술이 왜

나왔고 그 이면에 어떤 욕구와 욕망이 있는지, 그리고 그것을 통해 무엇을 얻고자 하는지에 대한 방향성을 제공해 줄 수 있다. 즉 공학이 "어떻게 만들지"에 대해서 가르쳐 주는 반면, 인문학은 "무엇을 그리고 왜 만들어야 하는지"를 알려준다. 미국의 전략 커뮤니케이션 전문가로 활동하는 사이먼 사이넥(Simon Sinek)이 강조하는 'Start With Why'의 핵심은 '골든 서클(Golden Circle)'의 발견이다. 그는 'What-How- Why'의 순이 아닌 'Why-How-What'의 순으로 문제에 접근할 것을 강조했다. 'Why'는 구매 이유와 목적, 'How'는 Why를 실현하기 위한 행동과 과정, 'What'은 단지 그 믿음의 증거로 유형의 제품을 나타내고 있을 뿐이라고 하였다. 다시 말해 Why로부터 출발하는 인문학의 중요성의 가치를 강조하고 있다.

그림 5-1 ▌골든 서클

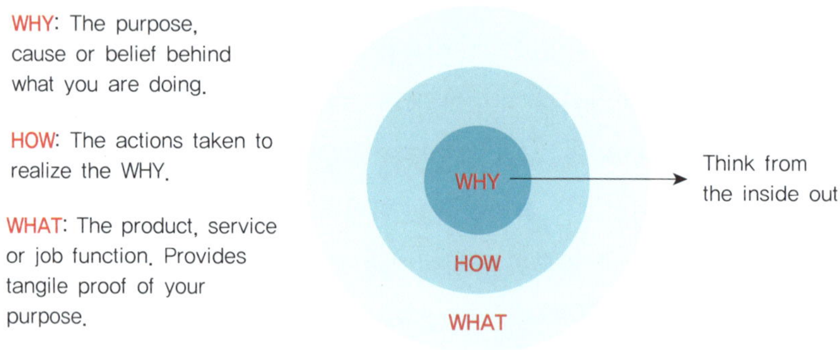

출처: Sinek, S. (2009). Start With Why.

또한 첨단기술 광풍이 몰아치고 너도나도 기술에 장악되어 가는 요즘 모두가 하니까 하는 유행에 따르기보다는 무게 중심을 잡고 진정으로 원하는 일을 발견하여 인문학적 상상력을 통해 사람 중심의 소통이, 공학이 진정 인문학을 필요로 하는 한 가지 이유일 수 있다. 이 같은 인문학의 필요는 아이러니하게도 미래 고도의 하이테크시대에 더욱더 중요한 역할을 하게 될 것이라는 게 전문가들의 생각이다.

'모라벡의 역설(Moravec's Paradox)'이라는 용어가 있다. 이 말은 "컴퓨터가 쉽게 하는 것은 인간에게는 어렵고, 컴퓨터가 어렵게 하는 것은 인간에게 쉽다"라는 것이다. 즉, 컴퓨터가 수학이나 논리적인 연산능력은 사람보다 월등히 뛰어나지만 인간이 오랜 시간 축적해 온 감각이나 이동능력 등은 컴퓨터로 구현하기가 어렵다는 것이다. 이처럼 고도의 하이테크 기술이 응용된 산업시대에도 결국 인간만이 할 수 있는 영역은 존재한다는 것이다. 이런 측면에서 인간의 본질을 다루는 인문학이 왜 4차 산업혁명의 시대에 중요한가를 단적으로 엿볼 수 있다.

한편 전문가들은 4차 산업혁명에 인문학적 소양이 요구되는 또 다른 이유 중 하나가 기술의 진입장벽이 계속해서 낮아지기 때문이라고 말한다. 어느 한 시기의 기술 습득은 한 세대를 지나면 무용한 기술이 될 수 있다. 그러나 인문학은 시대를 관통하는 인간과 사회의 본질적인 지점을 통찰하도록 돕는다. 특히 AI(인공지능) 시대에 요구되는 "인간다움이란 무엇인가?," "인간은 인공지능이나 기계와 무엇이 다른가?"를 성찰하며 답을 찾고 이를 기술에 반영하는 데 인문사회과학이 어느 정도는 그 해답을 줄 수 있다는 것이다.

결국 기술의 시대가 지속되더라도 진정으로 사람이 원하는 것이 무엇인지 이해하고 상상해서 기술을 개발하고 제품을 만들어 서비스를 제공한다면 소비자의 호응을 얻을 수 있다. 왜냐하면 제품 개발사가 소비자 니즈를 파악하기 위한 가장 큰 레퍼런스가 바로 인문학을 통한 인간 성찰에서 오기 때문이다. 더욱이 공학과의 융합으로 생산된 성과물을 사회에 어떻게 환원하고 가치를 생성해 낼지에 대한 전반적인 기획이 가능하도록 돕는 것도 바로 기술이 인문사회과학을 진정 필요로 하는 이유일 수 있다.

4차 산업혁명의 중심지인 미국 실리콘밸리에서도 기술적 소양만 충만한 사람보다는 인문학적 소양을 겸비한 사람을 최고의 인재라고 생각한다. 대표적 인물이 IT 분야의 선도적 창조자 스티브 잡스이다. 잡스는 기술과 인문학의 교차점을 혁신의 비결로 꼽았으며, 가슴 뛰는 결과물은 기술이 인문학, 인본주의와 결합될 때 나올 수 있다고 하였다. 잡스 외에도 페이팔의 공동 창립자 중 한 명인 피터 틸은 전형적인 철학 전공자 인문쟁이(techie)였음에도 불구하고 페이스북, 유튜브, 테슬라, 우버 등 우리가 알 만한 기업들에 투자를 하며 엄청난 자산가가 된 인물이다. 피터 틸 역시 앞으로 우리가 맞이할 시대에 가장 중요한 것은 '새로운 것을 창조'하는 것이고, 이 역할을 할 수 있는 창조적인 사람만이 앞으로 더욱 중요해질 것이라 강조하고 있다.

이처럼 21세기야말로 인문학의 중요성이 더욱 강조되어야 할 시대이다. 인문학은 인간에 대해 연구를 하며 인본주의 사상을 고양하고자 하는 학문이다. 지금 우리 인간은 4차 산업기술의 거센 물결 한 중앙에 서 있다. 이미 인간 삶 깊숙이 침투한 첨단기술은 사회적 성과 및 개인적 편의수단의 목적을 넘어 새로운 긍정과 부정 양면의 이슈들을 쏟아내며 발전해 오고 있다. 이 중 인문학자들은 오늘날 우리가 겪고 있는 부정적 문제들 대부분이 "기술적 능력과 윤리적 능력의 불일치"에서 기인한다고 보고 있다. 사실 지금까지 인문학은 기술적 힘보다는 윤리적 힘에 우선성을 부여하면서 대부분 과학기술에 대해 비판적이었다.

그렇다면 요즘 유행처럼 과학기술과 인문학의 융합을 요구하는 것은 인문학의 비판을 필요로 해서일까? AI의 인간 지배에 대한 우려와 같이 21세기의 기술권력이 인류에게 심각한 불행을 초래할 수 있다는 인식을 하게 되어 자신의 권력을 제어할 수 있는 윤리적 통찰을 인문학에 요구하고 있는 것일까? 이러한 질문에 아마도 정답은 없을 것이다. 다만 윤리적 요청을 넘어 기술적 성공을 지향하는 공학적 과학기술 논리에 묶여 있는 한 더 이상 창의적인 생산이 쉽지 않을 수 있다는 한계의식과 문제의식이 자리잡고 있기 때문이다. 다시 말해 과학기술이 다른 학문, 즉 인문학 및 사회과학, 예술과 소통할 때 비로소 더 큰 발전과 지속성을 보장할 수 있는 새로운 가치를 만들 수 있다는 점이 인문학을 필요로 하는 이유일 것이다.

그러면 지금 우리가 할 수 있는 일은 무엇일까? 사실 기술이 야기하는 사회적 혼란의 문제를 어떻게 접근할지는 우리 모두의 숙제이다. 즉 이를 어떻게 극복하느냐가 지속발전 가능한 사회로 발전해 갈 수 있는 발판이 될 수 있을 것이다. 아마도 그 발판의 시작은 바로 과학의 본질적 가치가 인간을 탐구하는 학문에서 비롯될 수 있어야 할 것이다. 인간을 토대로 한 과학의 본질적 가치가 잃은 기술 풍요 속 연구는 더 이상 지속 가능한 사회로 이끌기에는 한계가 있다. 인간이 4차 산업기술과 공존하여 상생할 수 있는 새로운 질서 확립의 시작은 인문사회과학의 토대 위에서 비롯되어야 한다. 무언가를 연구·개발함으로써 해결하려고 하는 문제는 무엇인지, 누구를 위한 것인지, 그리고 누군가에게 의도하지 않는 어떤 문제를 일으킬 수 있는지 분명하게 생각할 수 있어야 한다. 즉 다양성과 포용성의 시각에서 기술을 바라볼 수 있어야 한다. 또한 어떤 것을 최적화할지, 이상적인 결과가 무엇인지 토론하고 결정하는 사람이 특정 대상만으로 이루어지는 것을 경계해야 하며, 기술이 가지고 있는 보편적인 영향력만큼 그 기술은 더 넓은 세상을 대변할 수 있어야 하는 것 등을 고려할 수 있어야 한다.

지금까지 우리는 항상 기술(공학)과 인문학의 교차로에 서 있고자 노력했다. 기술적 관점에서 가장 발전된 제품을 만들되, 동시에 이해하기 쉽고 사용하기 쉬우며 즐겁게 사용할 수 있도록 함으로써 사용자를 위한 제품을 만들고자 했다. 기술적 성공을 지향하는 현대의 테크놀로지에 인문-기술 융합은 애플의 아이패드와 같이 교차하는 지점에서 최선의 결과를 얻기 위한 노력이다. 다시 말해 경제적이며 성공지향적으로 융합을 시도함에 있어 인간 중심의 융합연구를 토대로 과학의 본질적 가치를 실현하고자 하는 것이다.

지금 우리가 살고 있는 사회 역시도 근본적으로 융합으로 이루어졌다. 이미 우리 사회를 지배하고 있는 생산력은 문화로 옮겨간 지 오래다. 의복, 음식, 주거에 해당하는 의식주 생산도 더 이상 인간 생존의 목적만을 추구하지는 않고 있다. 지금 길 밖을 나서면 식당보다 더 많이 보이는 것이 커피숍이다. 단순히 커피를 사고파는 공간이 아닌 문화를 마시기 위한 경쟁의 각축장이 되고 있다. 이제는 인간답게 살기 위해 물자를 소비하려는 성향은 단순히 음식을 먹기 위해 식당을 찾는 목적을 넘어 그곳에 가는 것 자체를 하나의 문화적 스토리로 간직하려는 데 있다. 소비 자체가 하나의 문화적 현상이 되면서 기업도 물건만을 파는 것이 아니라 문화를 함께 제공해야 한다. 당연한 말이지만 이를 해결하기 위해서는 단편적인 지식이 아니라 인간을 이해하고 사회문화를 파악할 수 있는 통찰력과 복합적 사고력이 요구되는 것이다.

결국 최근 융합연구들도 공존과 통합을 추구하며 새로운 가치를 창조하는 혁신적인 과제로서 중요성이 점차 강조되고 있다. 이제는 거의 모든 분야에서 융합적 탐구를 위한 학문적 접근을 시도하고 있다. 특히 학문 간의 융합은 다양한 분야의 경계를 넘나들며 미래사회를 준비하기 위한 필수적인 역량이자 시대의 요구이기도 하다. 그런 의미에서 공학이 인문사회과학을 융합의 동반자로서 연계하려는 궁극적인 목적은 인문학이 유연한 자세와 수평적 사고에 도움을 주어 모호함에 막혀 나아가지 못할 때 그 상황을 타개할 방법과 나아가야 할 방향성을 제시해 줄 수 있기 때문이다. 즉 과거와 같이 분리된 학문으로는 더 이상 이 사회를 이끌어 갈

수 없음을 인지하고 있어서이다. 아울러 IT, BT, NT 등 신기술 등장으로 연구 범주가 확장되면서도 기술 중심의 연구에서 탈피하여 지속적 경제성장을 위한 새로운 돌파구로 공학과 인문사회과학의 공진화가 지속발전 가능한 사회로 혁신 가능하도록 도모할 수 있기 때문이다.

2 인문사회과학과 연계한 융합연구의 목적 달성을 위한 컨설팅과 코칭

앞서 왜(Why) 인문사회과학과 공학 간의 융합을 하려는가라는 질문에 우리는 유연한 자세와 수평적인 사고에 도움을 주어 모호함에 막혀 나아가지 못할 때 그 상황을 타개할 방법과 나아가야 할 방향성을 제시해 줄 뿐 아니라, 기술 중심의 연구에서 탈피하여 새로운 경제성장을 위한 돌파구로 지속발전 가능한 사회로 혁신을 도모할 수 있기 때문이라고 밝혔다. 그렇다면 이러한 융합연구의 목적을 달성 가능하게 하는 방법(How)은 무엇일까?

그림 5-2 융합연구 목적 달성을 위한 방법

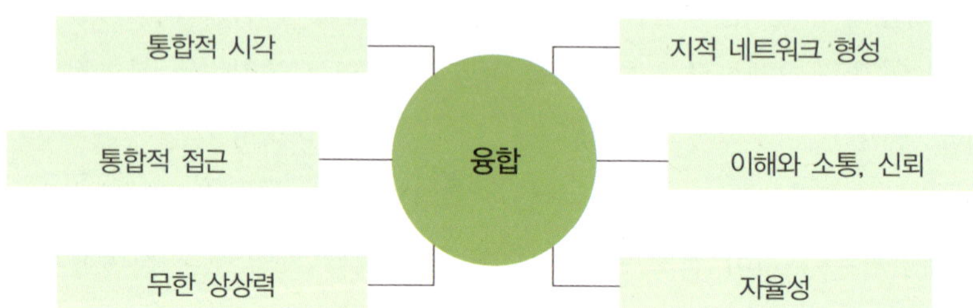

2.1 전체를 바라볼 수 있는 통합적 시각

우리 사회는 과학기술의 자연스러운 이해와 응용, 기술을 구체화하기 위하여 새로운 사회시스템 흐름을 고려한 실제 실용성에 기초한 여러 요소들이 교육에 도입되고 있다. 방법론적으로 기술공학 및 인문사회과학, 예술학에도 체계적으로 연계하며 통합적인 사고를 할 수 있고 더 나아가 이들 학문 분야를 융합하여 창의적인 산물을 창조해 낼 수 있는 방법을 강조하고 있다. 또한 과학기술 발전을 통한 사회의 급변화에는 기술과 사회의 복잡하고 동태적인 상호작용이 전개되고 있으며 이를 이해하고 적절한 대안을 개발하기 위한 지식이 요구되고 있다. 단지 과학기술 이해만으로는 첨단기술의 개발과 활용이 어려워지면서 사회의 작동원리, 과학기술과 사회의 상호작용에 대한 깊이 있는 탐구가 필요한 실정이다.

이에 전문 분야의 개별적인 연구보다는 여러 학문 사이의 공동연구가 요구되는 새로운 주제들이 속속 발견됨에 따라 상이한 학문 간의 수평적 융합이 가속화되고 있다. 이러한 현상 속에서 인문사회과학과 공학 간의 융합은 사고방법과 문제해결 방법에 대한 접근을 도식적이거나 결과론적인 융합이 아니라 창안론, 과정론적인 차원에서 융합을 유도하고, 동시에 서로 다른 입장을 수용하고 이해할 수 있는 근본 목적을 지향할 수 있어야 한다. 즉 바람직한 상태의 사회-기술시스템에 대한 비전이나 기준을 설정하고 이에 기반을 둔 현실 비판을 반영하는 전망이 이루어져야 한다. 이를 위해서는 다양한 분야 이해당사자들의 지식 창출 과정에 참여할 수 있는 환경이 마련되어야 한다. 이를 통해 지속 가능한 기술의 사회적 수용을 촉진할 수 있어 기술개발 및 도입과정에서 발생하는 갈등을 줄이고 새로운 아이디어를 얻는 기회를 제공받을 수 있으며, 지식의 사회적 수용성과 책무성을 높이는 데 기여할 수 있다. 또한 여러 관점이 숙의되는 과정에서 지식에 대한 성찰과 함께 사회적 의미들이 검토될 수 있다.

흔히 융합연구에 대한 평가는 결국 정량적 기술평가뿐 아니라 정성적·사회적 가치를 기준으로 이루어진다. 따라서 기술은 그 자체로 존재하는 것이 아니라 기술을 개발하고 사용하는 사회와 조화를 이룰 수 있어야 한다는 측면에서 통합적이며 전체를 바라볼 수 있는 시각에서 융합연구가 이루어질 수 있어야 한다. 이는 과학의 본질에 대한 종합적 성찰은 과학의 사회적 함의에 대한 논의에 기여함으로써 사회문제 해결의 단초를 제공할 수 있기 때문이다.

2.2 인간을 위한 통찰적 접근

우리 사회는 인간이 지금까지 스스로 깊은 성찰 없이 자행한 일들로 인하여 변화되는 세상의 위협으로부터 다시 온전한 주체성과 생태적 환경을 회복할 수 있을까? 또한 그리하여 그 생존을 계속 유지할 수 있을까?와 같은 논의들이 최근 점차 중요해지면서 이를 해결하기 위한 융합적 접근의 연구가 시도되고 있다.

이러한 측면에서 기술 자체는 융합연구로 중요한 고비에서 판단해야 할 때 얼마만큼 인간 본연의 입장에서 판단을 하느냐 하는 것이 중요할 수 있다. 인간이 생각하는 흐름을 이해하고 궁극적으로 인간의 행복까지 이어가는 기술만이 지속발전 가능한 사회로 이끌 수 있는 만큼 인간의 욕구를 들여다볼 수 있는 통찰적 접근이 필요하다. 이 같은 접근은 인류의 문명과 행복을 이루어야 할 책임이 있는 공학과 인문학이 함께 어우러져 추구해야 할 방법이기도 하다.

미래사회는 인간 중심적으로 사회와 경제, 그리고 환경을 보다 발전적으로 만들기 위한 노력이 요구된다. 이러한 노력은 다양한 학문 영역과 서로 다른 기술 간의 융합을 통해 확보되는 솔루션에 의해 발전적으로 변화될 수 있다. 특히 변화가 인간에게 어떤 의미로 다가올지, 그리고 어떤 모습으로 세상을 이끌게 될지 생각해 보는 것이 인간을 위한 융합연구가 지향해야 할 방향성이다. 분명 기술의 발전으로 인간의 삶은 지속적으로 변모할 텐데 사람들의 사고방식과 생활방식이 어떻게 바뀔지, 그리고 그에 따른 유불리는 없는 인류를 중심에 두고 생각함으로써 어떤 변화와 효과가 나타는지를 살펴보는 것은 융합연구로서 인간을 위한 통찰적 접근 측면에서 무척 의미가 있는 일이다.

무엇보다 인간을 위한 성찰적 접근에 있어 “인간이란 무엇인가, 세계란 무엇인가”에 대한 철학적 관념들도 과거와는 다르게 재해석해야 할 시점이다. 앞으로 점점 과학기술은 발달하고 새롭게 진화될 것이다. 인문학은 앞으로 나아가야 할 과학기술의 방향성을 제시하고, 첨단기술을 담아낼 그릇으로써 인간을 성찰하고, 인간을 통해 자연을 바라볼 수 있는 통찰적 접근이 반드시 이루어져야 한다.

2.3 깊이 탐구하고 널리 소통할 수 있는 무한 상상력

21세기 들어 융합현상이 시대적 흐름으로 자리잡게 된 까닭은 상상력과 창의성을 극대화할 수 있는 지름길로 여겨졌기 때문이다. 인문학적 상상력을 정보기술에 접목한 융합적 사고가 첨단기술시장에 주도권을 잡아가는 원동력임은 분명한 사실이다. 이 같은 사실은 뛰어난 기술개발과 예술작품에는 창의력과 상상력이 공학자와 예술가의 공통분모였다는 것에서 확인할 수 있다. 창의력은 상상력에서 나오며, 존재하지 않거나 눈에 보이지 않는 것을 다른 사람에게 보이도록 하는 것인데, 이 같은 상상력과 창의력은 바로 과학과 예술의 융합을 통해 나왔다. 예를 들어 과학자가 자연현상을 사람들에게 설명하려 했을 때 수식을 통해 자연현상을 밝혀냈어도 수식만으로는 현상을 설명할 수 없다. 사람들은 눈으로 보듯이 이해하기를 원하기 때문에 그림이 필요한 것이고, 여기서 과학자는 예술의 힘을 빌리게 된다. 닐스 보어의 '원자핵 모형 이미지,' 리처드 파인만의 '파인만 다이어그램' 등은 과학자가 현상을 설명하기 위해 예술을 가져온 대표적인 예시이다. 반대로 피카소를 비롯한 입체파 화가들은 물리학과 기하학을 공부하여 '우는 여인,' '아비뇽의 처녀들' 같은 4차원의 그림을 그렸다. 이처럼 융합의 물결을 주도할 사람은 자신의 분야를 '깊이 탐구하고' 관련 분야와 '널리 소통하는' 융합형 인재로 무한 상상력이 준비되어야만이 그 가능성을 높일 수 있다.

이처럼 무한 상상력에 기반한 창의성은 새로운 무언가를 만들어 내는 것이 아니라 기존에 존재하는 것들을 잘 이해하고 탐색해서 새롭게 조합하고 융합하는 것을 의미한다고 볼 수 있다. 다른 사람이 생각지 못한 새로운 조합을 만들어 내는 능력, 이것은 깊이 탐구하고, 널리 소통함에 따라 나오는 무한 상상력을 토대로 만들어 질 수 있다.

지금 시대가 요구하는 인재상은 한 우물만 파는 것이 아닌 다른 우물도 넓게 팔 줄 아는 융합·통섭형 인재를 원한다. 그러나 넓게 땅을 파라는 의미가 자칫 오해를 불러올 수도 있다. 그래서 흔히 융합을 지양하는 집단에서 지적하는 점이 성과 대비 너무 많은 시간과 노력이 소비된다는 것인데, 이 말은 단일 연구와 비교해서도 깊이 있는 연구가 되지 않는다는 것이다. 이러한 한계를 극복하고 융합의 무한

한 상상력을 발휘하기 위해서는 타 분야를 이해하려는 노력이 분명 필요하다. 타 분야에 대한 이해는 융합연구의 결실을 맺는 데 있어 가장 중요한 단계이다. 융합연구자들은 공동연구를 많이 수행하지만, 공동연구자의 전공 분야에 대해서도 깊이 있게 공부할 수 있어야 한다. 이러한 노력이 있어야만이 서로의 언어와 문화, 관점을 체득할 수 있다. 즉 인문학자도 과학의 흐름을 잘 파악할 수 있어야 하고, 기술 분야의 공학자들도 인문학적 명상, 의식, 마음의 세계를 이해하며 인간을 성찰할 수 있을 때, 소통을 통한 무한 상상력을 끌어내어 혁신적이고 창조적인 결과를 함께 얻을 수 있다.

2.4 지적 네트워크의 형성

미래는 불확실성(uncertainty)과 불확정성(indeterminancy)의 특성이 있다. 불확실하고 불확정적인 미래의 특성은 오히려 미래에 대한 무한한 가능성도 함께 열려 있어 미래 예측을 통한 인간의 창조적인 행위가 가능해진다고 볼 수 있다. 특히 세계는 눈으로 보이는 현상 속에 무수히 많은 보이지 않는 모습들을 감추고 있기 때문에 폭넓은 지적 역량을 갖추어야만이 세계가 수시로 변화하는 새로운 모습의 징후를 미리 예측할 수 있다. 그래서 우리는 지적 역량을 통합적으로 넓혀 가려는 의식적 노력이 필요하며 그 실천 중 하나가 지적 네트워크 형성이다. 이를 통해서 세계의 지속적인 변화에 지혜로운 대처를 할 수 있는 문제해결능력을 가질 수 있다.

지적 네트워크를 광범위하게 형성한다는 것은 우리에게 주어진 과제해결을 위한 필수행동 요소가 될 수 있다. 지적 네트워크의 형성은 실험적 시도와 열정, 그리고 지속성을 유지하기 위한 의지와 인내의 힘으로 자신만의 구동력을 발동시켜야만 그 보너스로 광범위한 지적 네트워크 형성과 함께 창조적인 아이디어를 지속적으로 생성할 수 있는 능력을 가질 수 있다. 동시에 받아들인 지식정보들을 내면에서 지속적으로 초월하려는 노력을 통해서 우리 내면에 잠재된 창의적인 콘텐츠가 생성되어, 융합을 통해 새로운 문화를 창조하려는 발전적인 사람들과 함께하는 것이다.

따라서 다양한 이해관계자들의 참여에 기초한 새로운 사회적 네트워크 형성은 보다 효율적으로 미래를 예측 가능하게 하며 창의적인 사고를 통해 융합적 성과를 적용시킬 수 있어 불확실하고 불확정한 미래를 단순히 예측한다는 의미를 넘어서 보다 적극적으로 미래의 창조적 대안들을 기획하고 창출할 수 있도록 도울 수 있다.

2.5 이해와 소통 그리고 신뢰

융합은 학문의 장벽을 넘어 총체적 이해와 지식의 통합을 지향한다는 점에서 부분집합의 관점이 아니라 교집합에 관점을 둔다. 특히 성공적으로 융합연구의 성과를 도출하기 위해서는 연구자와 연구를 지원하는 구성원 모두가 각각의 역할과 책무를 인식하고 상대방을 이해하며 한마음이 되는 것이 필요하다. 이를 위해서는 연구과정 중 발생하는 일부 연구성과를 소개하면서 서로 다른 전공이든, 개인과 개인 간에든 서로를 이해하고 협력의 물꼬를 트는 노력이 필요하다. 이러한 노력으로 융합이 원활히 이루어지기 위해서는 충분한 시간을 통해 이해와 신뢰가 구축될 수 있어야 한다. 사실 융합연구가 진행되다 보면 바쁜 일정 속에서 촉박하게 업무를 수행하거나 물리적 거리 요인 때문에 타 분야의 연구내용을 면밀히 살펴보기가 쉽지 않다. 그럼에도 불구하고 연구성과 및 다양한 연구정보가 활발히 공유될 수 있는 환경이 미연에 계획된다면 각 분야를 이해하는 데 도움이 될 수 있다. 이 같은 노력이 결국 공감대를 형성시키면서 융합연구의 적극적인 참여를 촉진하는 또 하나의 원동력이 될 수 있다.

따라서 이해와 소통의 노력은 서로에 대해 더 잘 알게 되면서 더 좋은 아이디어를 제안할 수 있고, 해결되지 못했던 부분에 서로 다른 관점에서 해법을 제시해 줌으로써 기대했던 이상의 연구성과를 얻을 수 있다. 즉 서로를 이해하고 격려하는 밀도 높은 소통은 학제간의 유기적인 융합연구를 진행하는 데 매우 중요한 하나의 수단이 될 수 있다. 이를 위해서는 상호 존중하며 강한 신뢰와 친밀도를 쌓기 위한 노력이 필요하며, 연구자 개인이 타 분야를 깊이 이해하고 이를 내적으로 수용하는 과정이 선행될 수 있어야 한다.

2.6 자율성

오늘날 대부분 융합연구는 자율성의 토대 위에서 아이디어를 자유롭게 발산하고 이를 다시 하나의 문제로 수렴하는 이상적인 창의적 산출과정과는 거리가 먼 방식으로 이루어진 측면이 있다. 사실 융합연구는 지식기반 사회에서 생존하고 경쟁우위를 확보하기 위해 창의적 성과가 필요하다는 논리로 볼 때, 창의적 성취 자체이자 원동력으로 수행될 수 있어야 한다. 하지만 융합연구는 시대적 사회문제에 따라 특정 주제로 수렴되는 경향을 보여 왔다. 이는 학계의 유행에 의한 것이기도 하지만 국책연구개발 지원사업 선정과정을 통해 강제된 이유이기도 하다. 즉 국가 차원에서 설정한 융합연구 방향에 동조하는 범주 내로 과학자의 창의성 발현을 제한하고 있는 셈이다. 창의성 발현의 제한은 결국 본질적 융합연구의 목적을 변질시키는 우려를 범할 뿐 아니라 폐쇄적인 융합연구 문화가 만들어질 수 있다.

21세기 과학기술 탐구의 성공은 얼마나 효과적으로 융합연구를 실현할 수 있느냐에 달려 있다. 특히 최근 발생된 많은 사회과학적 문제들은 특정한 어느 한 분야만으로는 해결할 수 없는 복합적인 성향을 띠면서 융합을 더욱 강조하고 있다. 이 같이 우리들에게 짊어진 연구의 책임을 다할 수 있기 위해서는 자율적 실험정신을 통해 창의적으로 사고할 수 있는 능력을 키울 수 있도록 지원이 되어야 한다.

그 우선이 연구책임자와 공동연구자 간의 경계 없는 자율협력을 통한 융합연구가 활성화될 수 있는 연구환경이 필요하다. 내가 아는 것이 전부가 아니라는 생각의 유연성을 가지고 여러 분야의 담장과 경계를 가로지르며 새로운 지식과 가치를 만들려는 의식이 필요하다. 특정 주제에 국한된 사고 수준을 넘어 타 분야에 대한 관심과 호기심을 자유롭게 갖고 타 분야를 이해하며 경계를 넘으려는 자율적 실험정신이 필요하다.

생각하고 나눠 보기

본 장에서는 인문사회과학과 연계한 공학, 자연과학 등의 목적을 살펴보고, 목적 달성을 위한 컨설팅 코칭에 대해 논의하였습니다. 다음 토의문제에 대해 고민해 보고 함께 이야기해 봅시다.

01 인문사회과학과 연계한 공학, 자연과학 등의 궁극적 목적에 대해 토의해 보고, 인문사회와 공학, 자연과학 등이 연계된 융합연구를 진행해 본 나의 경험을 함께 공유해 봅시다.

02 인문사회과학과 연계한 융합연구의 목적 달성을 위한 컨설팅과 코칭 방법에 대해 토의해 봅시다.

PART

3

융합연구정책

Chapter 6 융합연구정책

06 Chapter 융합연구정책

반영운

1 국내외 융합연구정책

1.1 국내 융합연구정책

우리나라는 정부부처별로 융합 분야 R&D 정책을 추진하고 있었으나 연계·협력 부족 문제가 제기되면서 2007년 '국가융합기술 발전 기본방침'을 거쳐 2008년 '국가융합기술 발전 기본계획('09~'13)'을 수립하여 대책을 제안하였다. 기본계획에는 국가 차원에서 부처 간 융합기술의 종합적·체계적 육성을 위해 '창조적 융합기술 선점을 통한 신성장동력 창출 및 글로벌 경쟁력 제고'의 비전 아래 다양한 전략을 담았다. 2014년도에는 '창조경제 실현을 위한 융합기술 발전전략(안)'을 수립하였고, 2017년에는 이 발전전략에 따른 융합기술 육성 및 추진 점검을 위하여 '융합기술발전전략 시행계획'을 추진하였다.

2007년 '국가융합기술 발전 기본방침'이 수립되기 이전에는 융합연구 육성정책이 각 정부부처별로 추진되고 있었다. 그래서 정책 간 중복은 물론, 연구 분야별 칸막이를 쉽게 넘지 못했다. [그림 6-1]에서 보는 것처럼 기본방침의 이행을 위해 2008년 수립된 '국가융합기술 발전 기본계획('09~'13)'은 당시 교육과학기술부, 농림수산식품부, 보건복지가족부. 국토해양부, 문화체육관광부, 지식경제부, 환경부 등 7개 부처의 추진전략과 실천과제 등을 반영한 중장기 계획으로서 이를 통해 종합적이고 체계적으로 융합기술을 국가 차원에서 양성하며 범부처적인 협의 및 조정을 시도했다. 기본계획에서는 '원천융합기술 수준 향상'과 '미래 주도형 융합 신산업 창출'의 목표에 따라 '융합기술 조기 확보,' '창조적 융합기술 전문인력 양성,' '융합 신산업 발굴 및 지원강화,' '융합기술 기반 산업 고도화,' '개방형 공동연구 강화,' '부처 간 연계 협력체계 구축' 등에 관한 6대 추진전략을 세웠다.

그림 6-1 ▌국가융합기술 발전 기본계획의 비전 및 목표

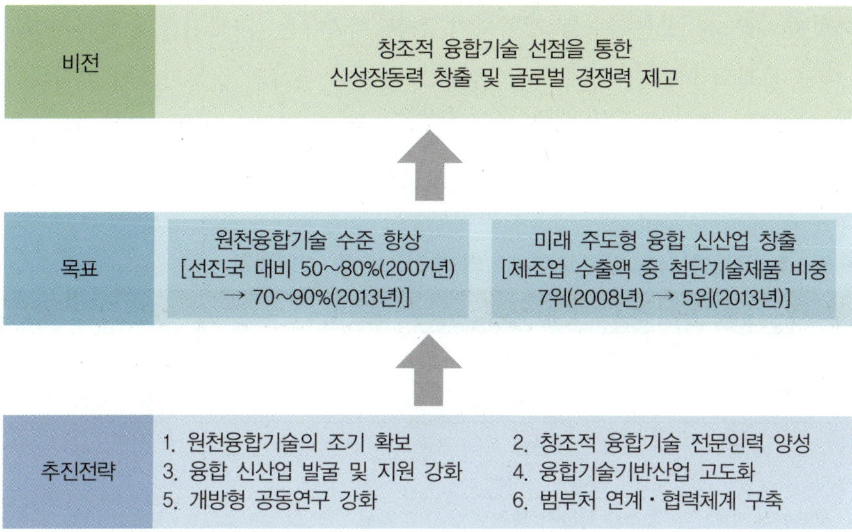

출처: 국가과학기술위원회 운영위원회. (2008). 국가융합기술 발전 기본계획('09~'13)

아울러 정부는 [표 6-1]에서 보는 것처럼 2009년부터 실행하기 위해 6대 전략별로 15개 계획을 세웠다. 이를 살펴보면 다음과 같다.

첫째, 원천 융합기술을 조기에 확보하기 위한 계획은 '기초·원천 융합기술의 개발 강화' 및 '연구자의 창의적 아이디어 발굴·지원과 융합 분야 국제표준화 선도' 등이 있다.

둘째, 창조적 융합기술 전문인력을 양성하기 위한 계획은 '융합기술 관련 교육프로그램 추진 확대,' '융합기술 전문교육기관으로의 특성화 지원,' '수요지향적 융합기술 인력양성, 융합기술 관련 전문인력에 대한 중장기 수요조사·예측 강화' 등이 있다.

셋째, 정부는 융합 신산업을 발굴하고 지원하기 위해 '성숙기에 접어든 주력산업을 대체할 새로운 융합 신산업 발굴 및 에너지·환경·교통관련융합신산업 육성' 및 '국제과학비즈니스벨트 등을 융합 신산업 창출의 이정표(landmark)로 육성' 등의 계획을 수립하였다.

넷째, 융합기술기반산업을 고도화하기 위한 계획으로는 '기존 산업의 고도화를 위한 융합 신기술 개발,' '글로벌 경쟁력 제고와 양질의 일자리 창출효과가 큰 융합서비스산업 발굴·육성' 등이 있다.

다섯째, 개방형 공동연구를 강화하기 위한 계획에는 '과학기술과 인문사회, 문화, 예술 등과의 학제 간 연구 본격 실시,' '다양한 분야의 전문가들이 아이디어와 정보를 공유할 수 있는 네트워킹 및 커뮤니티 활성화,' '국내외 융합연구프로그램 참여 활성화 및 관련 제도 개선' 등이 포함되었다.

표 6-1 국가융합기술 발전 기본계획의 추진전략 및 실행계획

전략	실행계획
원천융합기술의 조기 확보	기초·원천 융합기술의 개발 강화
	연구자의 창의적 아이디어 발굴·지원과 융합 분야 국제표준화 선도
창조적 융합기술 전문인력 양성	융합기술 관련 교육 프로그램 추진 확대 및 융합기술 전문교육기관으로의 특성화 지원
	수요지향적 융합기술 인력양성
	융합기술 관련 전문인력에 대한 중장기 수요조사·예측 강화
융합 신산업 발굴 및 지원 강화	성숙기에 접어든 주력산업을 대체할 새로운 융합 신산업 발굴 및 에너지·환경·교통 관련 융합 신산업 육성
	국제과학비즈니스벨트 등을 융합 신산업 창출의 이정표(landmark)로 육성
융합기술기반산업 고도화	기존 산업의 고도화를 위한 융합 신기술 개발
	글로벌 경쟁력 제고와 양질의 일자리 창출효과가 큰 융합서비스산업 발굴·육성
개방형 공동연구 강화	과학기술과 인문사회, 문화, 예술 등과의 학제간 연구 본격 실시
	다양한 분야의 전문가들이 아이디어와 정보를 공유할 수 있는 네트워킹 및 커뮤니티 활성화
	국내외 융합연구프로그램 참여 활성화 및 관련 제도 개선
범부처 연계·협력체계 구축	부처 간 연계·협력·조정체계 강화 및 상시 지원체계 구축
	융합기술 발전의 법적·제도적 기반 마련
	융합기술 개발성과에 대한 실용화/산업화 촉진

출처: 국가과학기술위원회 운영위원회. (2008). 국가융합기술 발전 기본계획('09~'13)

여섯째, 부처 간 연계 협력체계 구축을 위한 계획에는 '부처 간 연계·협력·조정 체계 강화 및 상시 지원체계 구축,' '융합기술 발전의 법적·제도적 기반 마련,' '융합기술 개발성과에 대한 실용화/산업화 촉진' 등이 있다.

이후 2014년에는 [그림 6-2]에서 보는 것처럼 '창조경제 실현을 위한 융합기술 발전전략('14~'18)'을 발표하였다. 이전 기본계획의 수립 및 실행에도 불구하고 개발기술의 실용화, 부처 간 협력 등 미흡한 점을 보완하고 새로운 전략을 확보하기 위하여 2대 목표, 15대 국가전략을 수립하였다. 발전전략에는 기본계획보다 더 많은 총 12개의 부처[1)]가 참여하였다.

그림 6-2 ▌창조경제 실현을 위한 융합기술 발전전략의 비전 및 목표

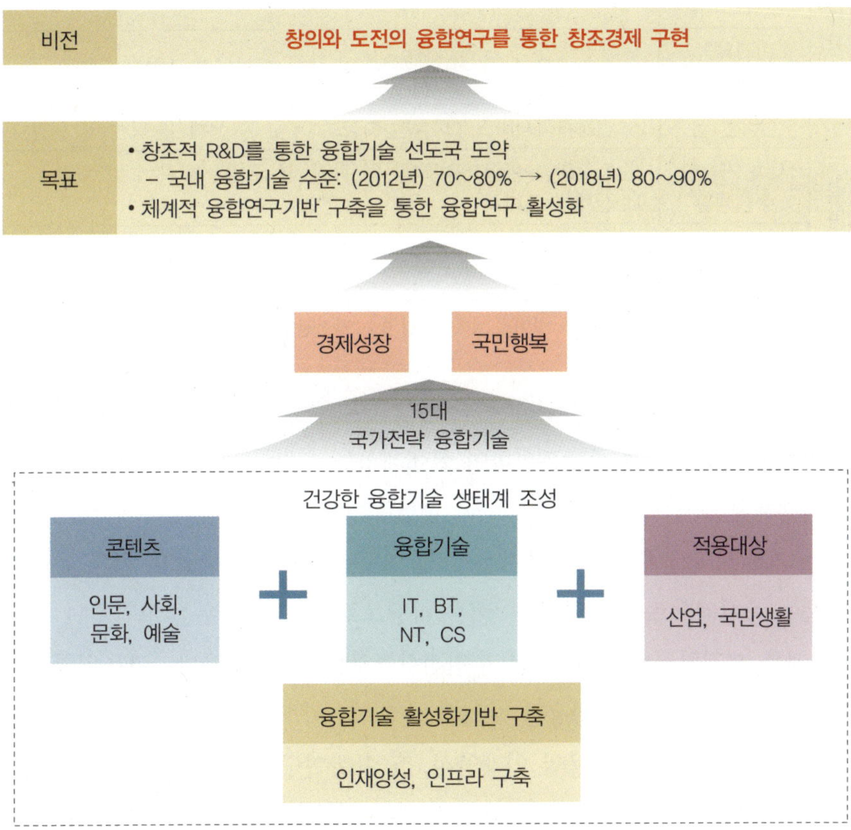

출처: 관계부처합동. (2014). 창조경제 실현을 위한 융합기술 발전전략(안)

1) 2014년 기준 기획재정부, 미래창조과학부, 교육부, 문화체육관광부, 농림축산식품부, 산업통상자원부, 보건복지부, 환경부, 해양수산부, 중소기업청, 특허청, 농촌진흥청

융합기술 발전전략에서는 경제성장(고성장 스마트기술, 미래유망 융합기술), 국민행복(건강한 삶, 지속 가능한 청정생활, 걱정 없는 안전사회) 등의 실현을 위한 15대 국가전략 융합기술을 선정하였다([표 6-2] 참조). 또한 5대 국가전략 융합기술 개발전략은 다음과 같다. ① 미래 유망 원천기술 개발 및 기술사업화 촉진, ② 사회적 문제해결을 위한 융합기술연구 본격 추진, ③ 인문학과 과학의 융합 확대, ④ 창의적 융합인재 양성, ⑤ 융합 인프라 고도화 등을 설정하였다.

표 6-2 15대 국가전략 융합기술

구분	기술 · 미래상	국가전략 융합기술
경제성장	고성장 스마트기술	① 빅데이터, ② 차세대 반도체, ③ 융합형 콘텐츠, ④ 스마트자동차
	미래유망 융합기술	⑤ 서비스로봇, ⑥ 생산시스템 및 생산성향상, ⑦ 차세대 소재
국민행복	건강한 삶	⑧ 건강관리서비스, ⑨ 유전체 정보 이용, ⑩ 신체기능복원 및 재활치료
	지속 가능한 청정생활	⑪ 지구환경 통합 모니터링 및 관리, ⑫ 오염물질 제어 및 처리, ⑬ 신재생 에너지
	걱정 없는 안전사회	⑭ 식량자원보존 및 식품안전성 평가, ⑮ 재난 · 재해 예측 대응

출처: 관계부처합동. (2014). 창조경제 실현을 위한 융합기술 발전전략(안)

2017년도에는 '창조경제 실현을 위한 융합기술 발전전략('14~'18)'에 따른 부처간 융합기술 사업계획을 종합분석하여 실행계획을 수립한 '2017년도 융합기술발전전략 시행계획'을 발표하였다([표 6-3] 참조). 이를 위해 14개 정부부처[2]의 126개 국가연구개발사업을 대상으로 투자실적 및 연구성과를 평가하였고, 향후 융합연구계획 등을 종합적으로 분석하였다. 이를 바탕으로 5대 중점 추진전략과 11대 세부 실천과제를 선정하였다. 5대 중점 추진전략으로는 ① 미래유망 융합 원천기술의 중점 육성, ② 융합기술을 활용한 사업화 촉진, ③ 사회문제 해결을 위한 융합연구 추진, ④ 융합연구 및 산업융합 인재양성, ⑤ 융합연구 촉진을 위한 기반 확대 등을 포함하고 있다. 그리고 5대 전략마다 세부 실천과제를 제시하고 있다.

2) 2017년 기준 교육부, 미래창조과학부, 문화체육관광부, 농림축산식품부, 산업통상자원부, 보건복지부, 환경부, 국토교통부, 해양수산부, 식품의약품안전처, 중소기업청, 방위사업청, 기상청, 농촌진흥청 등 14개 부처

표 6-3 **2017년도 융합기술발전전략 시행계획의 추진전략 및 실천과제**

5대 중점추진전략	11대 세부 실천과제
미래유망 융합 원천기술의 중점 육성	시장선점을 위한 분야별 첨단융합기술 개발
	신산업 창조 및 기존 산업 재도약을 위한 투자 확대
	환경, 문화, 민군협력 등 목적 중심 융합연구 추진
융합기술을 활용한 사업화 촉진	중소기업 융합기술 개발 지원
	융합연구성과의 기술사업화 지원 강화
사회문제 해결을 위한 융합연구 추진	사회이슈 해결을 위한 통합형 연구 확대
	적정기술개발, 기후변화 대응 등 글로벌 공조 강화
융합연구 및 산업융합 인재양성	분야별·수준별 융합연구 인력 육성
	산업융합 인재교육 강화
융합연구 촉진을 위한 기반 확대	학문 분야 간 협동 융합연구체계 구축
	융합연구 지원체계 확대

출처: 정부부처합동. (2017). 2017년도 융합기술발전전략 시행계획

융합연구에 대한 국가적인 움직임이 활발해지고 그 필요성이 대두되면서 각 부처마다 융합을 도모하는 법 제정이 이루어지고 있다. 2011년에는 기획재정부(산업통상자원부)에서 「산업융합촉진법」을 제정하여 산업융합의 기반조성을 도모하였다. 2013년에는 「정보통신 진흥 및 융합 활성화 등에 관한 특별법」을 제정하여 정보통신기반의 융합정책 추진, 인력양성, 벤처 및 연구개발 지원 등을 도모하고자 하였다. 2014년에는 농림축산식품부에서 「농촌융복합산업 육성 및 지원에 관한 법률」을 제정하여 농촌융복합산업을 통한 고부가가치화기반을 마련하고자 하였다. 2018년에는 「광융합기술 개발 및 기반조성 지원에 관한 법률」을 제정하였다. 또한 [표 6-4]에서 보는 것처럼 인천광역시, 울산광역시 등의 지방정부에서도 융합기반의 산업을 육성하고자 산학 융합원, 차세대 융합기술연구원, 중소기업 융합 지원, 융합산업단지 지원 등의 조례를 제정 및 운영하고 있다.

표 6-4 지역별 융합연구 관련 조례 제정 현황(2018년 기준)

지역	법규명
인천광역시	인천 산학융합원 설립 및 운영 지원에 관한 조례
울산광역시	울산 산학융합원 설립 및 운영 지원에 관한 조례
경기도	경기도 차세대융합기술연구원 설립 및 운영 조례
경기도	경기도 중소기업 지식 · 기술 융합 촉진에 관한 조례
충청남도	충청남도 산학융합원 설립 및 운영 지원에 관한 조례
전라북도	에코융합섬유연구원 설립 및 운영 조례
전라북도	재단법인 자동차융합기술원 설립 및 운영 조례
경상북도	경상북도 중소기업 지식 · 기술 융합 촉진 및 지원에 관한 조례
울산광역시 울주군	울산광역시 울주군 에너지융합 일반산업단지 조성사업 특별회계 설치 및 운영 조례
경기도 안양시	안양시 서안양 친환경 융합테크노밸리 조성 지원에 관한 조례
경기도 의정부시	의정부 복합문화 융합단지 조성사업을 위한 특수목적법인 설립 및 출자 등에 관한 조례
전라북도 전주시	전주시 한국탄소융합기술원 설치 및 운영 조례
경상남도 김해시	김해 산업진흥 · 의생명융합재단 설립 및 운영 조례
경상남도 밀양시	밀양시 나노융합산업 육성 및 지원 등에 관한 조례

그리고 [표 6-5]에서 보는 것처럼 한국연구재단이 추진하고 있는 융합연구사업들은 정부출연 연구기관의 특성에 구애받지 않고, 보다 활발한 융합연구를 진행할 수 있는 특징이 있다. 이공 분야 기초연구사업, 학술인문사회사업, 원천기술개발사업, 원자력 연구개발사업, 교육인력 양성사업 등에서 융합을 기반으로 연구를 제안하고 실천하고 있다.

표 6-5 한국연구재단 융합연구사업(2018년 기준)

구분	사업명	사업내용
이공 분야 기초연구 사업	기초연구실 지원사업	특정 연구주제를 중심으로 융·복합연구의 활성화에 기틀이 되는 소규모 연구그룹 육성·지원
	중견연구자 지원사업	핵심연구(개인, 융합)로 구조 개편(융합연구 강화)
	선도연구센터 지원사업	집단연구를 통해 차세대 창의·융합 인재양성
학술·인문 사회사업	집단연구군 > 학제간 융합연구지원	인문학과 사회과학의 상상력과 통찰력, 예술적 창조성과 과학적 합리성 등을 융합하여 복잡한 사회문제에 대한 창조적이고 합리적인 해결방안 마련
	집단연구군 > 한국 사회과학연구(SSK)	미래사회 예측 및 사회문제 해결을 위한 정책 제시
	인문전략연구	인문지식 중심의 융합연구를 통하여 사회문제의 원천적 해결방안 모색
원천기술 개발사업	STEAM연구사업 > 미래유망 융합기술파이오니어사업	NT, BT, ET, IT 등의 이종기술 간의 융합을 통해 고위험-고수익(High-risk, High-return)형 융합원천기술 개발
	STEAM연구사업 > 스포츠 과학화융합연구사업	정부 차원의 과학기술과 스포츠 현장의 융합기술 개발전략 수립 및 그에 따른 R&D 지원
	STEAM연구사업 > 바이오닉암 메카트로닉스 융합연구개발사업	인간 및 동물의 생체원리를 과학적 이해를 기반으로 기술 간 융합을 통한 통합시스템 개발
	STEAM연구사업 > 과학문화 융합콘텐츠연구개발사업	대학, 과학관, 산업체 등과 공동연구로 새로운 전시기법 분석 및 개발을 통해 독창적인 과학문화융합기반의 콘텐츠 개발
	STEAM연구사업 > 전통문화 연구개발사업	전통문화·첨단과학기술 융·복합을 통한 전통문화산업 고도화 및 전통기법·소재 기반 신제품·시장 창출을 통해 전통문화 대중화·산업화 촉진
	STEAM연구사업 > 휴먼 플러스융합연구개발사업	바이오, 로봇, AI기술 등 다양한 기술 간 융합을 통한 '기계-인간' 간 개체 연동·교감할 수 있는 新융합 인터랙션 플랫폼 기술개발을 위한 인간증강 융합원천기술개발 시범사업 추진
	STEAM연구사업 > 과학기술·인문사회융합연구사업	과학기술과 인문사회예술의 융합을 통한 종합적인 해결방안 창출
	글로벌프론티어사업	미래를 선도하는 핵심융합기술 분야에서 창조경제를 견인할 수 있는 세계 최고 수준의 원천기술력 확보
	바이오·의료기술개발사업	바이오 및 첨단의료기반기술 분야 핵심원천기술 확보 및 산업화 지원

	차세대정보 · 컴퓨팅기술개발사업	SW공학기법 개발의 융합연구, 응용SW 개발과 동시에 혁신적이고 새로운 SW공학 기법을 개발 및 적용
	나노융합2020사업	나노원천기술의 기술적 역량을 활용하여 상용화를 지향하는 나노융합기술 R&BD사업 추진
	미래선도기술개발사업	기술-제품-서비스 융합시스템 개발
	치안현장 맞춤형 연구개발사업(폴리스랩)	첨단과학기술과 ICT 융합을 통해 문제해결 및 실증
	실종아동 등 신원확인을 위한 복합인지기술개발사업	복합인지기반 신원확인기술 활용(공간, 시간, 장비 등을 통한 다수의 정보를 융합하여 인지대상에 대한 정확한 인식, 추적, 추론 및 탐색이 가능하도록 하는 인지기술 활용)
원자력연구개발사업	원자력안전연구전문인력양성사업	원자력안전 분야에서 원자력과 비원자력 간 융합연구를 활성화하고 안전연구 전문인력 육성을 위한 융합기술 특성화 프로그램 운영
교육 · 인력양성사업	BK21 플러스사업	인문사회 분야, 문화콘텐츠, 디자인, BIT, NIT 등 융복합 분야를 주도할 국내 최고급의 창의적 석박사 인력 양성 · 공급
	대학 창의적 자산 실용화 지원(BRIDGE+) 사업	대학 창의적 자산 실용화를 위한 대학이 보유한 혁신적 지식의 융합 및 이전 · 사업화 촉진 지원

1.2 국외 융합연구정책

1.2.1 미국 융합연구정책

미국에서 1980년대 IT기술의 발전은 디지털 기술 및 인터넷을 중심으로 컴퓨터, 방송, 통신 등을 융합시키며 혁신기술로서 IT기술 개발 중요성이 커졌다(최종화 등, 2017). 본격적인 융합 R&D정책의 시발점은 2003년 미국의 〈NBIC 보고서(*Converging Technologies for Improving Human Performance: Nano-technology, Bio-technology, Information Technology and Cognitive Science*, 2003)〉로 볼 수 있다(김홍영 · 박소희, 2015). 이 보고서에서 융합기술은 NT, BT, IT, CS 등 4개 분야 기술의 결합에 의하여 인간의 역량, 사회적 성과, 국가의 생산성, 삶의 질을 대단히 상승시킬 수 있다고 설명하였다. 미국은 융합기술을 통해 신성장 분야를 창출하고 글로벌 이슈를 해결함으로써 미국의 경제적 리더십과 신뢰도를 회복하고자 한다(김홍영 · 박소희, 2015).

미국의 최초 융합 프로젝트는 1991년도 국책사업인 네트워크와 정보기술연구개발 프로그램(Networking and Information Technology Research Development Program: NITRD)이다(최종화 등, 2017). IT기술에 대한 중요성이 커지면서 미연방정부는 IT기반 융합기술 개발을 위한 프로젝트를 수행하였고, 이후 1990년대 BT기반의 융합연구, 2000년대 NT기반의 융합연구 등을 수행했다(류성한, 2015). NITRD를 기반으로 미국 연방정부가 주도하여 NT 중심의 융합연구 프로젝트인

표 6-6 15대 NBIC 보고서 개요 및 특징

구분	설명
계획	• NBIC(Converging Technologies for Improving Human Performance-Nanotechnology, Biotechnology, Information Technology and Cognitive Science) • NT, BT, IT, CS 기술 간 결합으로 과학과 사회 발전 기대
목적	• 융합기술의 진보로 인간능력 및 조직 생산성 증대 - 개인, 사회, 인류 전체를 위한 새로운 기회 등장
주요 내용	• 융합기술의 전반적인 영향력: 융합기술이 경제 및 사회에 미칠 잠재적 · 변혁적 영향력 - 인간기능 향상을 위한 융합기술의 필요성 - NBIC기술 간 시너지효과 → 향후 과학기술계의 성장 동력 • 인간의 인지 및 커뮤니케이션 능력 확장 - 인간의 인지와 연관된 능력 강화 → 창의력, 개인 생산성 증대 - 투자 실패 시 경제 · 국가안보 · 개인건강 등에 악영향 초래 - 인간의 인지능력 향상, 인간-로봇 간 원활한 커뮤니케이션 등을 위한 연구 영역 제안 • 인류 건강 및 신체능력 개선 - 인류 건강과 신체능력 향상을 위한 융합기술 개발 및 고도화 제안 • 조직 및 사회의 성과 향상 - 물리적 거리, 언어 차이, 지식 차이 등에 의한 소통 장벽 제거 • 국가 안보 강화 - 복잡한 국제적 갈등에 신속히 대처하고 국방력을 강화하기 위한 융합기술 영역 제안 • 과학과 교육의 통합 - 과학교육과정 전반에 대한 혁신적 개혁 필요 - 융합기술을 접목한 새로운 과학교육시스템 구축 - 다양한 과학 분야를 심층적으로 이해하고 통합할 수 있는 인력양성

출처: 류성한. (2015). 10p. 내용 요약 및 정리; 한국연구재단. (2020). 인문사회기반 융합연구지원사업 종합성과 분석연구, 재인용

국가나노기술전략(National Nanotechnology Initiative: NNI)을 수립하였다. 2016년에는 5차 국가나노기술전략계획(National Nanotechnology Initiative Strategic Plan)을 수립하여 11개 정부부처의 위원회, 9개의 참여 부서 및 독립기구와 함께 BT, IT, CS와의 융합을 통한 국가 및 사회적 중요한 문제를 해결하기 위한 목적과 목표를 달성하고자 노력하였다.

2003년에는 인간의 성과 향상을 위한 융합기술로서 나노기술, 바이오기술, 정보기술, 인지과학 등을 다룬 〈NBIC 보고서(*Converging Technologies for Improving Human Performance: Nano-technology, Bio-technology, Information Technology and Cognitive Science*, 2003)〉를 발표하였다. 이는 전 세계 융합연구에 많은 영향을 미쳤다. 2013년에 발표된 〈NBIC2 전략보고서(*Convergence of Knowledge, Technology, and Society: Beyond Convergence of Nano-Bio-Info-Cognitive Technology*, 2013)〉에서는 융합기술의 목표를 광범위한 사회적 부가가치 향상으로 확장하여 융합기술을 에너지, 환경 등 모든 과학기술 결합을 포괄하는 광의의 개념으로 발전시켰다(김홍영 · 박소희, 2015).

표 6-7 NBIC('02)와 NBIC2('13) 정책비교

구분	NBIC(2002)	NBIC(2013)
목적	인간수행능력 향상	전 세계 및 사회가 직면한 거대한 문제해결
구성요소	NBIC기술: 나노기술(NT), 바이오기술(BT), 정보기술(IT), 인지과학(CS)	NBIC기술(NBIC foundational tools) - 인간활동(Human-scale activities) - 지구 · 환경시스템(Earth-scale environmental systems) - 융합방법론(Convergence method for societal-scale activities)
융합특징	원자, DNA, 비트, 시냅스 등의 기초 구성요소를 기반으로 신기술의 수직적 · 수평적 융합	- 사회적 가치 확립과 문제해결을 위해 인간 · 기계 · 사회 · 자연의 역량융합, 새로운 경쟁력(기술, 산업, 제품 등) 창출
융합성격	반응적 융합: 파트너들 간의 특별 협력이나 기존 분야의 개별 목표 달성을 위한 우연적 융합	주도적 융합: 의사결정과정을 통해 수행하는 보다 원칙적이고 포괄적인 융합

출처: 최종화. (2016). 16p. 인용; 류성한. (2015); 한국연구재단. (2020). 인문사회기반 융합연구지원사업 종합성과 분석연구, 재인용

미국은 최근 인공지능사회로의 변화 대응 및 건강, 교육, 환경 등 새로운 시장과 기회를 가져올 첨단융합기술에 대한 투자를 강화하고 있다. 먼저 사물인터넷, 인공지능, 무인자동차 등 4차 산업혁명 핵심기술의 주도권 확보를 위한 R&D 투자 방향을 수립하였다. 또 정부 주도로 ICT 연구개발 기본계획(NITRD) 및 IoT 연구프로젝트인 '스마트 아메리카 챌린지(SmartAmerica challenge)' 등을 추진하였다. 구체적으로는 사이버 보안, IT와 헬스, 빅데이터 및 데이터 집약형 컴퓨팅, IT와 물리적 세계, 사이버 휴먼시스템, 고성능 컴퓨팅 등을 추진하고 있다.

1.2.2 유럽연합(EU) 융합연구정책

EU는 2004년에 지식사회 건설을 위한 융합기술 발전전략(*CTEKS, Converging Technologies-Shaping the Future of European Societies*)을 수립하여 EU 회원국 간의 융합연구를 추진하였다. 이 보고서는 Knowledge NBIC 보고서(*Knowledge Politics and New Converging Technologies: A Social Science Perspective*)에서 논의되었던 NT, BT, IT 외에도 사회과학, 인문학 및 기타 기반 기술과 지식체계를 포함한 넓은 범위의 개념을 사용하였다(김홍영·박소희, 2015).

범유럽 차원의 Framework Programme은 1984년부터 EU가 추진해 온 R&D 프로그램으로 학제간 연구개발에 대부분을 투자하도록 계획되어 있다. 8th Framework Programme(2014~2020)으로서 대표적인 R&D프로그램인 Horizon 2020(2013)은 인문사회 연구자 참여 확대 및 인간 중심의 사회문제 해결을 위한 내용을 담고 있다. 이 중 융합기술을 통한 사회적 문제해결을 다루는 Societal Challenge 부분을 포함하였다. 구체적으로는 사회과학과 인류학·법의학을 포함한 다양한 학문 및 기술 간 교류와 융합을 통한 문제해결 추진, 그리고 시민의 안전을 위협하는 당면과제를 선제적으로 제시하고 연구자의 문제해결능력 증진을 중심으로 R&D 추진계획을 수립하였다(정보통신기술진흥센터, 2016).

EU 각국은 개별적으로도 융합연구 활성화를 위해 노력하고 있다. 독일은 인문학연구의 가치를 중요시하여 자연과학과 공학 분야에서 발달된 방법론을 인문학 분야에 접목하여 새로운 영역을 개척하고 있다(ETRI, 2017). 영국은 The Human World 전략(2013년)을 통해 예술인성연구위원회(UK Arts and Humanities Research

Council: AHRC)를 중심으로 인문학과 예술 분야에 과학기술을 접목하고, 고문서의 디지털 변환, 문화 속 과학프로그램 등을 추진하고 있다.

1.2.3 Horizon Europe: The EU Research & Innovation Programme 2021~27의 개요

유럽연합은 Horizon 2020을 통해 사회적으로 해결이 필요한 문제를 융합혁신정책을 통해 해결방안을 모색하고 있다. 해결방안의 주요 분야는 저탄소, 기후변화, 순환경제, 산업의 디지털화, 보안 및 이주 등이다. 이후, 2019년 3월에는 유럽연합 내 의회와 위원회에서 Horizon 2020의 후속 프로그램인 Horizon Europe에 대해 공동으로 이해를 공유하였다. 위원회는 유럽연합의 다년도 재정운용계획(MFF) 협상에 따라 예산 및 국가 간의 협의는 계류 중이기는 하나 Horizon Europe 구현을 위한 준비에 착수했다.

Horizon Europe의 목표는 다음과 같다. 첫째, 기후변화에 대한 효율적 대응이다. 둘째, 유엔의 '지속가능발전목표(SDGs)'의 실현이다. 셋째, 유럽연합의 경쟁력

▶ 그림 6-3 ▎Horizon Europe의 핵심영역

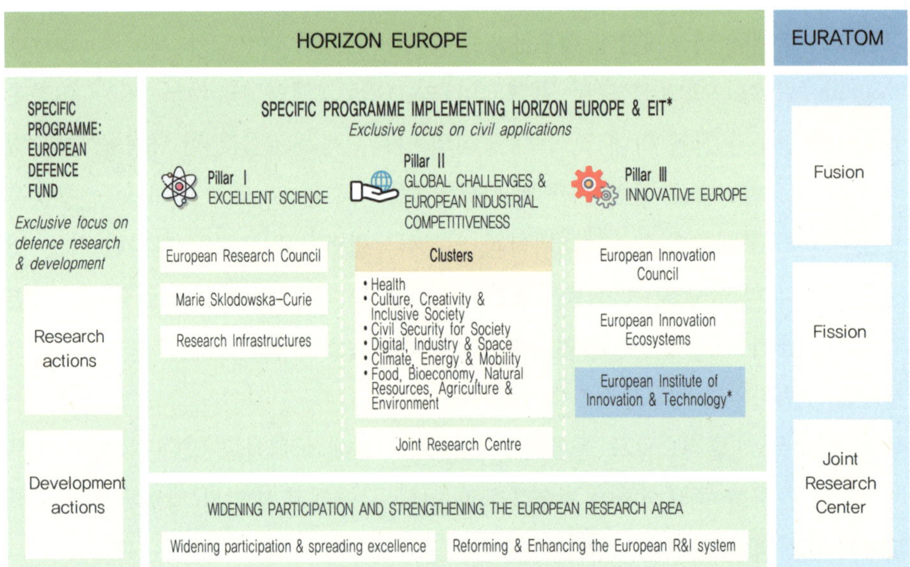

출처: https://ec.europa.eu/

과 성장을 촉진하는 것이다. 넷째, 협업 촉진을 위하여 연구의 영향력 강화 및 글로벌 과제에 대응함으로써 유럽연합의 정책을 개발하고 지원하도록 혁신하는 것이다. 다섯째, 창의성을 지원하며 우수한 지식과 기술을 확산하는 것이다.

[그림 6-3]에서 보는 것처럼 Horizon Europe의 핵심영역은 '우수한 과학,' '글로벌 도전과 유럽의 산업 경쟁력,' 그리고 '혁신 유럽'으로 크게 나뉜다. 각 영역의 내용을 살펴보면 다음과 같다.

첫 번째, 우수한 과학의 영역은 유럽연구위원회(European Research Council), 마리퀴리사업(Marie Sklodowska-Curie Actions) 및 연구 인프라(Research Infrastructure)로 구성되며, 이전 Horizon 2020 프로그램과 비교하여 크게 변화하지 않았다.

유럽연구위원회는 기초과학 및 기타 분야의 최고의 연구자와 그 그룹이 선도적인 연구를 하도록 지원하고 있다. 이는 상향식 지원절차로 진행되며, 약 160억 유로를 지원하며, 2007년 이래 약 10,000개가 넘는 프로젝트를 지원하였으며, 이 중 70% 이상이 프로젝트를 완성하고 중요한 성과를 이루었다. 위원회에서 제공하는 장학금의 내용은 다음과 같다. 먼저 Starting 장학금은 최대 150만 유로 내외로 지원되며 지원기간은 최대 5년이고 지원받기 위해서는 박사과정 졸업 후 2~7년의 경력이 필요하다. 둘째, Consolidator 장학금은 최대 200만 유로 내외로 지원되며 지원기간은 최대 5년이고 지원을 받기 위해서는 박사과정 졸업 후 7~12년의 경력이 필요하다. 셋째, Advanced 장학금은 최대 250만 유로 내외로 지원되며 지원기간은 최대 5년이고 지원을 받기 위해서는 지난 10년 동안 관련 업적을 제시해야 한다. 마지막으로 Synergy 장학금은 최대 1,000만 유로의 규모이고 지원규모는 2~4명(1명은 비유럽 가능)이며 지원기간은 6년이다.

마리퀴리사업은 우수한 연구개발 인력양성 지원사업으로서 국적에 관계없으며, 비유럽인도 지원 가능하다. 지원규모는 약 66억 유로이다. 연구 인프라는 통합적이고 상호 연결성을 지향하는 연구 인프라 구축을 통해 세계 최고 수준의 연구 및 혁신 생태계를 재정비하기 위한 전략이다. 그 지원규모는 약 24억 유로이다.

두 번째, 글로벌 과제와 유럽의 산업 경쟁력은 기존의 Horizon 2020의 핵심영역인 '사회적 과제'와 '산업 경쟁력'을 통합하여 유럽연합의 정책적 우선과제를 더욱 효과적으로 다루고 있다. 위 '우수한 과학' 영역과는 달리 하향식 과제 구성으로 유럽연합의 정책적 지향과 연계된 과제를 우선적으로 지원하고 있다. 이는 총 6개의 세부 과제로 구성되며, 별도로 공동연구센터(Joint Research Centre)는 유럽연합의 정책적 방향성을 뒷받침하는 역할을 수행하고 있다([그림 6-4] 참조).

6개의 세부 과제는 헬스(약 82억 유로), 문화-창의성-포용적 사회(약 23억 유로), 사회안전(약 16억 유로), 디지털산업 및 우주(약 153억 유로), 기후-에너지-교통(약 151억 유로), 식량-바이오경제-천연자원-농업-환경(약 90억 유로) 등이며 기타 공동연구센터(약 20억 유로)가 있다.

그림 6-4 ▌글로벌 과제와 유럽의 산업 경쟁력 영역의 세부 영역

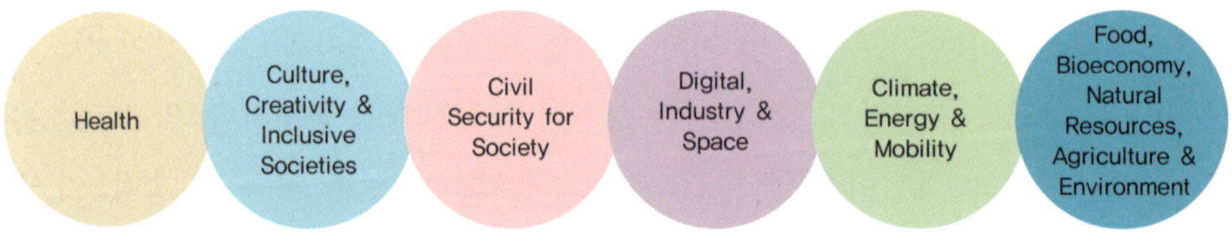

출처: https://ec.europa.eu/

1.2.4 독일 융합연구정책

독일은 전 세계 최초로 제조업과 ICT 융합을 기반으로 하는 2011년 Industry 4.0을 선포하고 2010년 과학기술 육성전략으로 하이테크전략 2020을 발표하여, 제조업 부흥을 위한 스마트 팩토리를 구현하고 확장하고자 노력하고 있다. 또한 인공지능, 3D 프린팅, 사물인터넷 등과 같은 첨단융합기술 분야의 R&D 추진을 위해 '독일 인공지능 기초과학연구소(DFKI, German Research Centre for Artificial Intelligence),' 3D 프린팅 융복합 원천기술 개발(뎅켄도로프연구소), Industry 4.0 핵심연구소(프라운호퍼연구소) 등의 특화연구소를 설립하였다. 인공지능연구소 DFKI는 1988년 '개방'을 목적으로 설립되어 세계 최대규모인 700여 명이 근무하고 있으며, 지식재산권(IP)을 소유하기보다는 확산시키는 방향으로 운영하고 있다. 연구조직은 제조 관련 지식을 생산하는 '기초 분야,' 생산된 지식을 가장 효율적으로 전달하는 방법을 연구하는 '응용 분야,' 연구성과를 시뮬레이션하는 '리빙랩'으로 구분하여, 제조 관련 지식의 기초부터 실용화까지 전 주기를 다루고 있다.

독일의 연방교육연구부(BMBF)는 2006년 국·내외 위기극복과 글로벌 시장을 선도하기 위한 노력의 일환으로 국가적인 연구개발 프레임워크인 '하이테크전략'을 수립하여 기존의 개별적 기술개발 중심의 연구개발정책에서 범부처 연구개발에 기반한 협력지향적 시스템으로 전환하여 4년 주기로 계획을 수립하고 집행하였다. 즉 2010년 '하이테크전략 2020,' 2014년 '신하이테크전략,' 그리고 2018년 '하이테크전략 2025'를 수립하였다. 예를 들어 2006년 '하이테크전략'을 발표한 후 독일의 연구개발비는 약 72조 원에서 120조 원으로 증가하였으며, GDP 대비 연구개발비의 비중도 2%에서 3%로 확대되었다.

그리고 그 변화과정을 보면, 첫째, 2006년에는 '하이테크전략'을 세워서 범부처 차원의 협력지향적 시스템을 도입하고 아이디어 창출과 확산을 통해 경제성장을 촉진하였다. 또한 지식, 기술이전, 학술, 연구, 혁신 등에 대해 횡단적으로 지원하였다. 둘째, 2010년에는 '하이테크 2020'에 의거하여 기후·에너지, 건강·식품, 이동성, 안전성 및 통신 등 5대 중점 분야와 함께 이에 부합하는 10개의 주요 프로젝트를 제시하였다. 셋째, 2014년에는 '신하이테크전략'에 기초하여 산학협력 강화와 함께 중소기업 지원과 창업을 강조하였으며, 국제사회에서 혁신 국가의 지위를 유지하기 위해 지속적인 관심과 참여를 유도하였다. 넷째, 2018년에는 '하이테크전략 2025'를 수립하여 일련의 지원정책들이 비교적 성공적이었으나, 4차 산업혁명으로 인해 디지털화가 가속화되면서 독일의 지속 가능한 경쟁력을 유지하기 위한 새로운 전략의 필요성이 대두되었다. 따라서 '하이테크전략 2025'를 수립하여 디지털시대에 맞는 전문인력 양성 수요에 대응하기 위해 개방적 혁신과 창업문화 육성을 통해 지식 상품화, 창업 및 혁신 증진에 대한 방안을 제시하였다. 또한 창조성, 개방성 및 민첩성을 강화하는 연구환경을 조성하기 위한 연구혁신방안을 수립하여 범부처 간 공동 협력목표를 선정하고, 사회·경제적 요구에 부응하는 혁신연구를 추진하고 시민들의 참여를 강조하였다.

[그림 6-5]에서 보는 것처럼 '하이테크전략 2025'의 주요 목표는 사회적 문제 대응, 미래 경쟁력 강화, 개방형 혁신 및 스타트업 문화 조성 등 3개 중점 분야와 12대 액션플랜으로 구성되어 있다.

▶ 그림 6-5 ▌하이테크전략 2025의 주요 목표 및 프로젝트

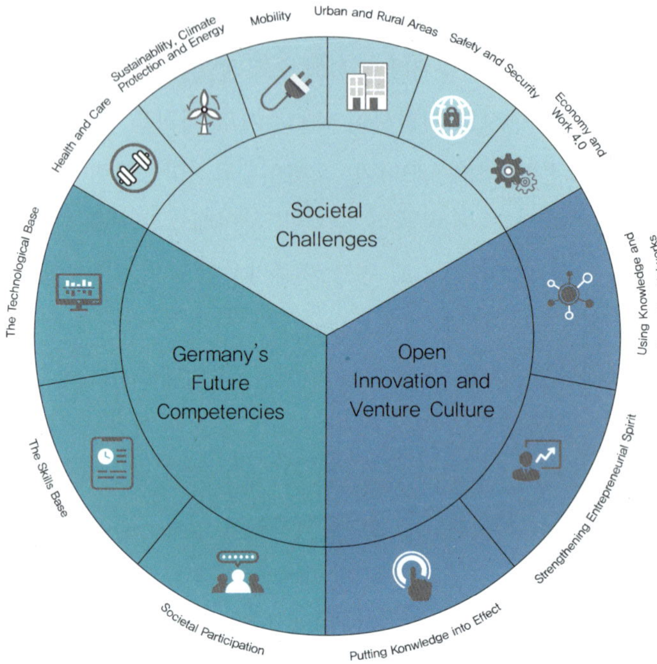

'하이테크 전략 2025'의 주요 프로젝트는 다음과 같다. 첫 번째 중점 분야는 사회문제 대응 관련 전략으로서 그 내용은 다음과 같다.

첫째, 건강과 보건 분야는 기존 그리고 새로운 질병 예방, 진단 및 치료를 개선하기 위해 높은 수준의 의료·건강 연구, 국제적 의료연구 협력 및 의학과 의료 분야에서의 디지털 혁신을 시도하고 있다. 이를 위해 질병 예방 및 치료, 환자에게 빠른 의료서비스 제공, 신약개발·감염퇴치·글로벌 보건연구 강화, 개인별 맞춤형 의료서비스 제공을 위한 디지털화, 미래를 대비한 간호 의료기술 개발 및 건강한 삶을 위한 연구 지원 등을 추진하고 있다. 구체적으로 새로운 연구와 혁신의 이니셔티브(2018~2021), 건강연구 프로그램 수행(~2019), 암 극복을 위한 연구 강화(2019~), 신약개발(2019~), 디지털 건강 혁신을 위한 로드맵 수립(2019~), 완제품 내에 소금, 설탕을 줄이기 위한 노력(2018년 말~) 및 치료 클러스터를 통해 간병서비스 개선 등의 프로젝트를 수행하였다.

둘째, 지속 가능성·에너지·기후변화 분야에서 독일정부는 기후행동계획 2050

을 통해서, 2030년까지 모든 분야에서 탄소배출을 눈에 띄게 감소시키기 위한 목표를 발표하고 노력을 구체화하고 있다. 이를 위해 자원 효율적 순환경제로의 전환, 지속 가능한 바이오기반 경제로의 전환을 위한 지식 주도형 기초연구와 응용연구 강화, 에너지・난방・교통 부문의 연계 및 재생에너지 활용, 합성연료의 개발을 통한 탄소중립적 이동수단 마련 및 생물의 다양성 보존 등을 추진하고 있다. 구체적으로 새로운 연구와 혁신의 이니셔티브(2018~2021), 지속 가능한 삶과 경제를 위한 FONA 프로그램(2020~2025), 바이오 경제전략 2030 추가(2019~), 자원보존기술을 위한 연구와 혁신전략 마련(2019~), 지속 가능성을 위한 물 연구(2019~), 탈탄소화 지원(2020~) 및 지속 가능한 이동수단에 관한 연구 수행(2018~) 등의 프로젝트를 수행하고 있다.

셋째, 이동수단의 혁신은 새로운 기술(자율적, 네트워크 지향적 주행)과 시스템 혁신(새로운 서비스, 인프라)의 원동력이다. 또한 디지털화, 신기술, 이동수단 문화 및 기후변화 등으로 이동수단이 변화하기 때문에 국가적인 차원에서 이동수단의 변화를 모색할 필요가 있다. 이를 위해 에너지, 환경, 노동, 무력, 도시개발 및 ICT 등의 다른 분야와의 긴밀한 협력 도모, 연료전지와 배터리 셀 등 전기자동차에 적용 가능한 대체에너지에 대한 연구 강화 등을 추진하고 있다. 구체적으로 새로운 연구와 혁신의 이니셔티브(2018~2021) 자율주행연구(2018~), 배터리 관련 연구 수행 및 제품생산(2018~), 항공연구 수행(2018~) 및 스마트 해양(2018~) 등의 프로젝트를 수행하고 있다.

넷째, 도시와 토지이용 부문에서 독일은 지역에 따라 경제력과 혁신의 강도가 다르며, 특히 구조적으로 취약한 농촌의 경우, 도시 대비 사회 인프라와 서비스 접근에서 큰 격차를 보이고 있다. 따라서 독일 내 모든 지역을 지속 가능한 생활과 경제의 공간으로 탈바꿈하기 위해 성공적인 변화가 필요하다. 이를 위해 전국 고속인터넷 연결망 제공, 기업・지자체・시민사회 등이 포함된 지속 가능한 도시개발 추진, 디지털・자동화시스템을 활용한 주택 공급 및 농어촌 개발과 당면한 문제해결을 위한 연구와 혁신 촉진 등을 추진하고 있다. 구체적으로 새로운 연구와 혁신의 이니셔티브(2018~2021), 독일 동부와 서부지역의 지속 가능하고 혁신지향적인 지역개발 모색(2018~), 농촌지역의 디지털화(2018~), 태양에너지 이니셔티브 지원(2019~) 및 미래의 도시지역의 효율적인 자원관리를 위한 지원(2018~) 및 미래의 혁신플랫폼 도시 지원(2018~) 등의 프로젝트를 수행하고 있다.

다섯째, 안전 부문에서 최근 늘어나고 있는 테러, 조직화된 범죄, 사이버 범죄, 원자재・에너지 부족 및 자연재해로 인한 기후변화 등은 국민의 자유로운 일상을 위협하며, 독일 사회의 주요 난제로 되고 있어 적절한 대책이 필요하다. 이를 위해 시민의 안전 관련 연구 지원, 안보에 대응할 역량센터와 첨단연구 클러스터 개설, 사이버 보안전략과 연구 프레임워크 프로그램 수립 및 IT 보안연구 강화 등을 추진하고 있다. 이를 위해 새로운 연구와 혁신의 이니셔티브(2018~2021), 시민안전을 위한 연구 지원(2018~), 디지털 환경에서 IT 보안과 안전을 위한 연방정부 차원의 연구 프로그램 시행(2021~), 재해・재난에 관한 연구 지원(2019~) 및 미래의 도시지역의 효율적인 자원관리를 위한 지원(2018~) 및 해양안전을 위한 연구・개발 지원(2018~) 등의 프로젝트를 수행하고 있다.

여섯째, 경제와 노동 4.0 분야에서 디지털화는 산업 분야에 근본적인 변화를 가져왔기 때문에 생산, 서비스 및 노동 간의 결합이 성공적으로 이루어질 수 있도록 변화를 모색할 필요가 있다. 이를 위해 중소기업에 대한 산업 4.0 솔루션 제공, 스마트 서비스의 연구・테스트・보급, 하이브리드 제품과 프로세스 개발 및 플랫폼 경제 지원 등을 포함한다. 또한 노동 부분에서는 디지털화된 새로운 노동환경 속에서 안전과 건강을 목표로 인체공학적이고 기능적인 환경 구축, 노동자들의 데이터 보호, 중간관리자들을 위한 지원 및 감독자들을 위한 집중적인 교육 등의 전략을 포함한다. 구체적으로 새로운 연구와 혁신의 이니셔티브(2018~2021), 기술이전 지원(2018~), 산학협력 지역 역량센터 설립(2018~), 미래의 생산・서비스・노동을 위한 연구 프로그램 수행(2018~) 및 소매업을 위한 역량센터 운영(2019~) 등의 프로젝트를 수행하고 있다.

두 번째 중점 분야는 미래 경쟁력 강화로서 혁신적 국가의 입지를 유지하기 위해 미래기술 개발, 인력양성 및 시민 참여 등의 기본방향을 가지고 있다. 미래기술은 기존의 지식 외에 새로운 기술과 능력이 필요하므로 핵심기술 개발, 인력양성 및 직업훈련에 집중해야 한다. 또한 미래 경쟁력을 높이기 위해 새로운 디자인 방법론 개발 및 자원의 효율적 활용 등에 인공지능기술을 활용할 필요가 있다. 이를 위해 IT 보안연구, 마이크로 전자공학연구와 경쟁력 강화, 자율주행기술, 가상현실 기술, 우주항공 연구개발 지원, 양자기술 분야의 잠재력 극대화 및 기초연구 지원 등의 주요 프로젝트를 계획하고 있다. 구체적으로 새로운 연구와 혁신의 이니셔티브(2018~2021), 인공지능 관련 연방정부 차원의 전략 수립(2018), 디지털 프로세스를 활용한 재료 연구 및 개발(2018~), 통신보안 및 센서기술 개발을 위한 양자기술 적용(2018~), 인공지능과 빅데이터 센터와 연구 지원(2017~), 마이크로 전자공학연구 지원(2017~) 및 마이크로 전자공학을 위한 유럽 차원의 공동 프로젝트 지원(2017~) 등의 프로젝트를 수행하고 있다.

1.2.5 일본 융합연구정책

일본의 융합연구정책은 과학기술 진흥을 위해 5년 동안(2016~2020)의 '제5차 과학기술기본계획'(2016. 1.)에 따라 독일과 마찬가지로 국가 차원에서 매년 통합 이노베이션 전략을 수립해 추진하였다. 특히 '소사이어티(Society) 5.0'이란 전략을 통해 4차 산업혁명 융합기술로 초스마트사회를 실현하기 위해 노력하였다. '제5차 과학기술기본계획'뿐만 아니라 '통합과학기술혁신전략 2017'(2017. 6.)에서도 Society 5.0 실현이라는 목표를 제시한 바 있으며, 2019년 6월에 열린 통합이노베이션전략 추진회의에서도 Society 5.0 실용화를 중요하게 다루었다. Society 5.0은 2017년 6월 아베정부가 4차 산업혁명 융합기술을 사회 전반에 활용하여 새로운 사회를 구현함으로써 고령화, 구인난, 자연재해, 공해 등의 사회적 문제를 해결하고자 하는 범국가적 차원의 성장 로드맵이다. 특히 Society 5.0 자체가 IT가 획기적으로 발전되고 축적됨에 따라 사이버 공간과 물리적 공간이 고도로 융합된 사회의 모습이다. 따라서 Society 5.0이 실현된다는 것은 사회가 전반적으로 융합되는 과정이라고 할 수 있다. 이때 일본정부는 '통합이노베이션 전략 2019'를 공개했다. 그 핵심 분야는 Society 5.0 실용화 및 창업 강화, 연구역량 제고, 국제협력 강화, 최첨단 분야 중점전략 추진 등이다.

이를 통해 일본정부는 스마트시티라고 할 수 있는 Society 5.0 사회를 구현하고, 연구개발형 스타트업을 지원하기 위한 정부사업을 추진하며, 관련 제도를 혁신하여 환경을 정비하며, 연구력 강화에 필요한 인재, 자금을 마련하고, 인간 중심 사회를 실현하고자 하였다. 문부과학성 기본연구진흥과에서 마련한 '제5기 과학기술 기본계획'(헤이세이 28년, 2016) 결정사항에 따르면, 인재 및 지식기반을 강화하기 위해 혁신을 창출할 수 있도록 분야, 조직, 센터, 국경 등의 벽을 넘어서 인재가 쉽게 이동하고, 글로벌 환경에서 지식의 융합과 연구성과가 사회에 구현되게 할 필요가 있다(황수정, 2019). 그 기본계획에는 다음과 같은 융합정책이 포함되어 있다.

대학원 교육 개혁을 강력하게 추진하기 위해 국가는 세계 최고 수준의 교육능력과 연구능력을 갖춘 인문 융합 분야 등 타 분야의 일체적 교육과 일본이 강한 분야의 최첨단 교육을 추진하는 대학원 형성을 위한 제도를 창설하고 추진할 필요가 있다. 대학 등의 연구기관에서 인문사회과학과 자연과학의 모든 분야 간 인력 교류를 추진하는 것도 중요하며, 학제적 분야 융합적인 연구를 촉진하는 조직적인 활동이 기대된다. 지식기반을 강화하기 위해 세계에서 존재감을 발휘해 나가기 위한 학제적 분야 융합적인 연구와 국제공동연구를 추진함과 동시에 국내외에서 일선 연구자를 유치하여 세계 최고 수준의 연구 거점을 형성할 필요가 있다.

또한 지식의 국경이 급속히 확대되고 지식이 혁신을 거듭하고 있는 가운데, 연구자의 내재적 동기에 따른 학술연구는 새로운 학제적 분야 융합적 영역을 창출함과 동시에 폭넓은 분야에서의 혁신 창출 가능성을 가지고 있다. 그리고 대학 공동이용 기관과 공동이용·공동연구 거점에서는 분야 간 연계·타 분야 융합과 새로운 학제 영역의 개척, 인재육성 거점의 기능을 충실히 하기 위해 각 기관 및 거점의 의미와 임무를 재확인한 후 개혁과 강화를 시도할 필요가 있다. 기업만으로는 부족한 미개척 분야에 대한 도전과 분야 간 연계·타 분야 융합 등을 한층 더 추진하기 위한 관점에서 국가의 정책적인 전략·요청에 따른 기초연구는 학술연구와 함께 혁신의 원천으로 중요하다. 국가전략에 따라 기초연구를 할 때에는 학제적 분야 융합연구를 충실하게 진행할 필요가 있다.

'분야 융합'의 시사점

분야 융합연구의 시사점은 다음과 같다. 첫째, 분야 융합이라는 다양성, 의의, 동기 및 다양한 리스크, 환경적 정비의 어려움 등에 대한 도전이 중요하다. 둘째, 융합연구가 "만능처방이 아니다"라는 지적이 있으며, 여러 나라에서도 여전히 시행착오(연구평가의 어려움, 자원배분, 개발의 지원)를 겪고 있다. 셋째, 증거기반의 '분야 융합'정책의 어려움이 있으며, 리서치 임팩트 분야의 횡단분포와 과학적・정책적 제안, 정략적 시각화의 한계가 존재한다. 넷째, 인문사회, 사회과학의 역할이 중요하다. 마지막으로 학문의 자유도를 최대한 지키면서, 동시에 사회적 요구에 대해 대응하고, 공적인 자원분배가 이루어져야 한다.

1.2.6 시사점

각국의 융합연구정책 사례를 통해 볼 때 다음의 시사점을 도출할 수 있다.

첫째, 대중적 유용성이 높은 융합연구가 필요하다. 왜냐하면 융합연구의 결과를 활용하게 될 대중들에게 필요하면서 사회문제를 해결할 수 있는 유용성이 높아야 한다.

둘째, 학문 간 폭넓은 연계와 융합이 필요하다.

셋째, 융합연구 활성화를 위한 제도 개선이 필요하다.

2 융합연구정책 방향

2.1 대중적 유용성이 높은 융합연구

2.1.1 대중적 유용성이 높은 융합연구란?

대중적 유용성의 의미를 알기 위해 먼저 '유용성'에 대해 살펴볼 필요가 있다. 국어사전에서 유용성이란 "소용에 닿고 이용할 만한 특성"(국립국어원, 2017)으로 정의되어 있다. 또한 박성주와 반영환(2018)은 유용성을 '유용성(Usefulness)'과 '효용성(Utility)'을 혼합한 개념으로 소개하고 있다. 즉 유용성을 주관적인 만족을 의미하는 것으로, 효용성을 디자인의 대상이 될 수 있는 제품이나 서비스가 가진 특성으로 정의하고 있다. 이를 정리하면 다음 [표 6-8]과 같다.

❙ 표 6-8 ❙ 유용성을 포함한 개념 범주

연구자	상위 개념	하위 개념
Nielsen(1993)	유용성(usefulness)	효용성(utility)
		사용성(usability)
NNgroup(2008)	사용자 경험(user experience)	사용성(usability)
		감성(desirability)
		브랜드 경험(brand experience)
김진우(2012)	사용자 경험(user experience)	유용성(usefulness)
		사용성(usability)
		감성(pleasurability)

출처: 박성주, 반영환. (2018).

여기에서 대중적 유용성의 대중적이라는 것은 '대중화'를 의미한다고 볼 수 있다. 최웅환(2016)은 대중화를 크게 '확산적 대중화'와 '학적 대중화' 등 두 가지 관점에서 조망하고 있다. 전자는 "특정 학문체계의 내용을 유지하면서 그것을 다양한 방법으로 대중에게로 전파하거나 확산하는 방법"으로 소개하고 있다. 이는 수용자의 저변 확대이지 대상체계의 대중화가 아닌 것으로 확인하고 있다. 후자는 "학적 대중화는 대중에게 소용되는 또는 대중에게 효용성이 있는 학문체계"라고 소개하고 있다. 따라서 박성주・반영환(2018)과 최웅환이 제시한 대중화와 유용성의 개념을 기반으로 '대중적 유용성'에 대해 다음과 같이 정의할 수 있다. 대중적 유용성이란 제품이나 서비스를 사회적・시대적 요구에 맞게 확산하여 일반대중이 주관적으로 만족할 수 있는 특성이다.

그렇다면 대중적 유용성이 높은 연구란 무엇인가? 전통적으로 각 분야의 연구는 학문적 진보를 중심으로 특정 연구자그룹 내에서만 소통되면서 그 과정이나 결과가 지나치게 폐쇄적인 것이 사실이다. 그러나 사회가 복잡하고 다양해지면서 사회에서 발생하는 문제도 복잡해지고 있다. 이러한 문제를 해석하고 해결하려면 단일 학문 분야 또는 전문 분야의 폐쇄된 연구시스템만으로는 불가능하다. 즉 복잡하고 다양한 사회 또는 대중의 필요(제품이나 서비스)를 충족시킬 수 있는 결과를 내기 위해서는 그 필요와 관련된 다양한 연구 분야의 전문가들이 연계 협력하여야 한다. 이러한 관점에서 대중적 유용성이 높은 연구란 학문적 연계 협력을 통해 사회가 직면하고 있는 복잡하고 다양한 문제를 해결하여 일반대중의 만족도를 높이는 연구, 즉 '융합연구'라고 할 수 있다. 즉 융합연구의 지향점은 대중적 유용성을 향상시키기 위한 것이라고 할 수 있다. 이상욱(2018)은 융합연구 혹은 융합적 연구의 태도가 중요한 경우를 ① 과학적으로 설명하려는 현상이 너무 복잡해서 단일한 이론 틀이나 분석기법으로는 이해하기 어려운 경우와 ② 해결하려는 문제가 다양한 영역에 걸쳐 있어서 효과적이고 만족스러운 해결을 찾기 위해 여러 영역을 종합적으로 고려할 필요가 있는 경우 등으로 나누어 설명하고 있다.

2.1.2 대중적 유용성이 높은 융합연구 사례

대중적 유용성이 높은 연구는 위에서 살펴본 것과 같이 다분히 사회문제의 실용적인 해결을 위한 학문 간 연계 및 융합과 깊은 관계가 있다. 이러한 융합연구는 사회문제 해결을 전제로 하고 있어 사회문제를 발굴하여 관련된 학문 분야 간 융합이 필요하다.

(1) 융합연구의 학문적 성과

융합연구의 성과는 학문적 성과와 실용적 성과로 나누어 볼 수 있다. 학문적 성과는 주로 SCI(E) 논문 출판 성과로 판단할 수 있다. 권민지(2018)는 SCI(E) 논문 성과에 대한 네트워크 분석결과, 평균적으로 분야당 14개의 타 분야와 융합연구를 수행하여 논문성과를 내었다고 밝혔다. 구체적으로 보면, 보건의료 분야 27개, 정보/통신 분야 24개, 건설/교통, 생명과학 분야 23개의 SCIE 논문을 게재하였고, 철학/종교 분야의 경우 융합성과가 없었다([그림 6-6] 참조).

▶ 그림 6-6 ▌ SCIE 논문성과 네트워크

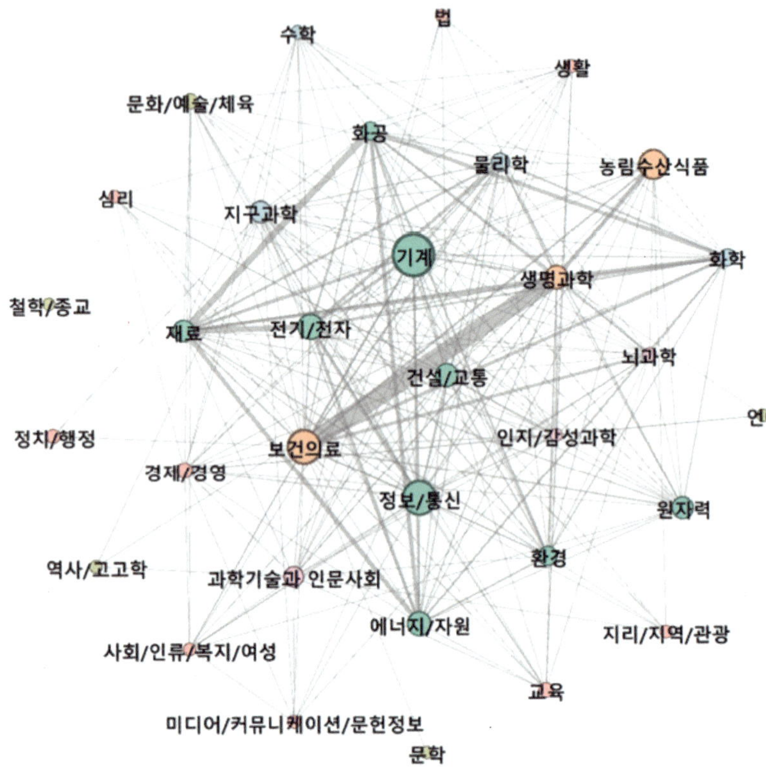

출처: 권민지. (2018)

(2) 융합연구의 실용적 성과

실용적 성과는 주로 특허를 중심으로 살펴볼 수 있다. 권민지(2018)는 특허성과에 대한 네트워크 분석결과, 평균적으로 분야당 13개의 타 분야와 융합연구를 수행하여 국내외 특허성과를 낸 것을 확인했다. 구체적으로 정보/통신 분야 26개, 전기/전자 분야 23개, 재료 및 기계 분야 22개 특허 성과를 내었으나 역사/고고학, 철학/종교, 문학, 법, 정치/행정 분야의 경우 성과가 없었다([그림 6-7] 참조).

▶ 그림 6-7 ▌ 국내외 특허성과 네트워크

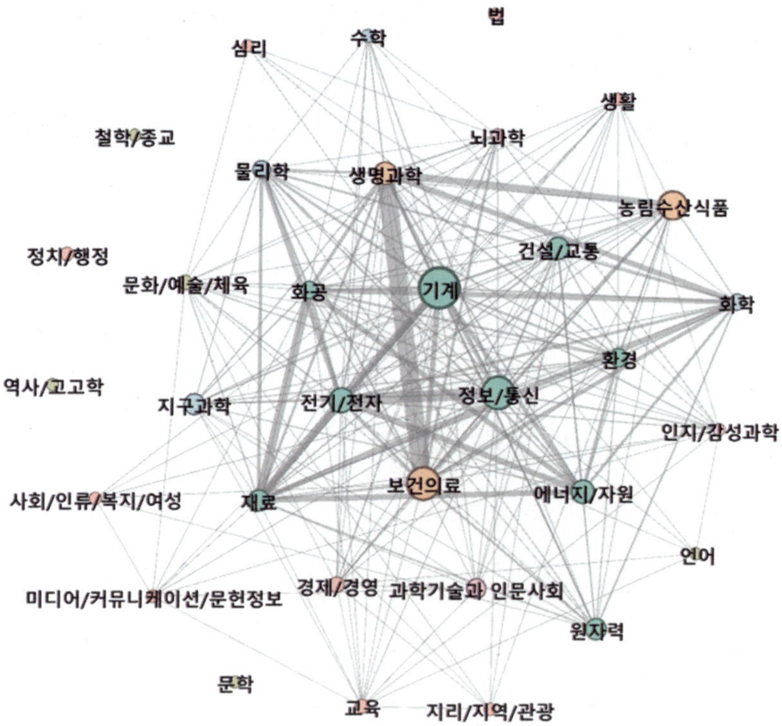

출처: 권민지. (2018)

(3) 사회문제 해결형 융합연구 사례

사회문제 해결을 위한 대중적 유용성이 높은 융합연구 사례는 다음과 같다. 우리 사회가 해결해야 할 사회문제는 건강/의료문제, 환경문제, 복지문제, 교육문제, 역사/문화 등 이루 말할 수 없이 다양하다. 따라서 이 중에서 국내외 몇 가지의 사례를 살펴본다. 먼저 국내 사례는 다음과 같다.

첫 번째 사례는 한양대 연구팀에서 수행한 '쌍방향 통신을 기반으로 하는 의료정보 통합 운용 시스템개발' 연구이다. 이 시스템은 원격 건강관리 서비스로서 카메라를 이용한 인체 계측시스템을 구축하여 의료진이 장애상태를 평가할 수 있는 기술개발을 통해 의료인–장애인 간 쌍방향 통신 건강서비스 임상적용을 할 수 있는 사례이다. 따라서 이 연구를 통해 부적절한 정보로 인한 조치 또는 의사소통의 어려움으로 발생하는 시간의 지연으로 인한 질병의 악화 및 잘못된 병원 진료 등으로 발생하게 되는 사회적·경제적 의료비용 증가를 막을 수 있다. [그림 6-8]에서 보는 것처럼 의료정보기술과 ICT기술이 융합되어 환자의 단말기로 개인의 의료정보 열람, 진료예약 접수 및 확인 등의 활용을 원격으로 진행할 수 있게 되었다. 이를 통해 의료정보 관리비용은 물론 개인의 의료서비스 혜택이 훨씬 더 향상될 수 있게 되었다.

그림 6-8 쌍방향 의료정보 통합 운용시스템 운영체계

출처: 쌍방향 통신을 기반으로 하는 의료정보 통합운용 시스템 및 그 방법(도면내용 재구성), 특허청 KR101142568B1

두 번째 사례는 홀로-디지로그 휴먼미디어 연구센터에서 개발한 '차세대 홀로그램 휴먼미디어'이다. 이는 현실 세계와 가상 세계가 같은 공간에 공존하며 감성적인 양방향 소통을 하는 차세대 홀로그램 휴먼미디어로서 이를 이용하여 독거노인들의 말벗이 되어주거나 아바타로 아이들의 학습을 도와주는 등 소외계층의 복지를 도모할 수 있다. 이러한 융합연구는 [그림 6-9]에서 보는 것처럼 가상의 홀로그램 아바타가 실제 자유공간상의 사람과 감정적 교감을 이뤄나가기 위하여 홀로그램, 영상처리, 정보통신, 디스플레이 레이저, 광나노 소자, 3D 콘텐츠, 컴퓨터그래픽스, 햅틱(haptic, 촉감), 인터페이싱, 인터랙션, 휴먼팩터, 인간 감성 인지·측정·평가, 통합 플랫폼기술 등 다양한 분야의 전문가들이 긴밀히 협력하면서 현실화되었다. 이 연구를 통해 모니터와 스크린을 통해서 볼 수 있었던 가상세계를 자유공간상의 홀로그램 영상으로 나타내어 현실세계와의 융합과 가상과 현실 상호

그림 6-9 ▌홀로-디지로그 휴먼미디어 연구센터 연구계획

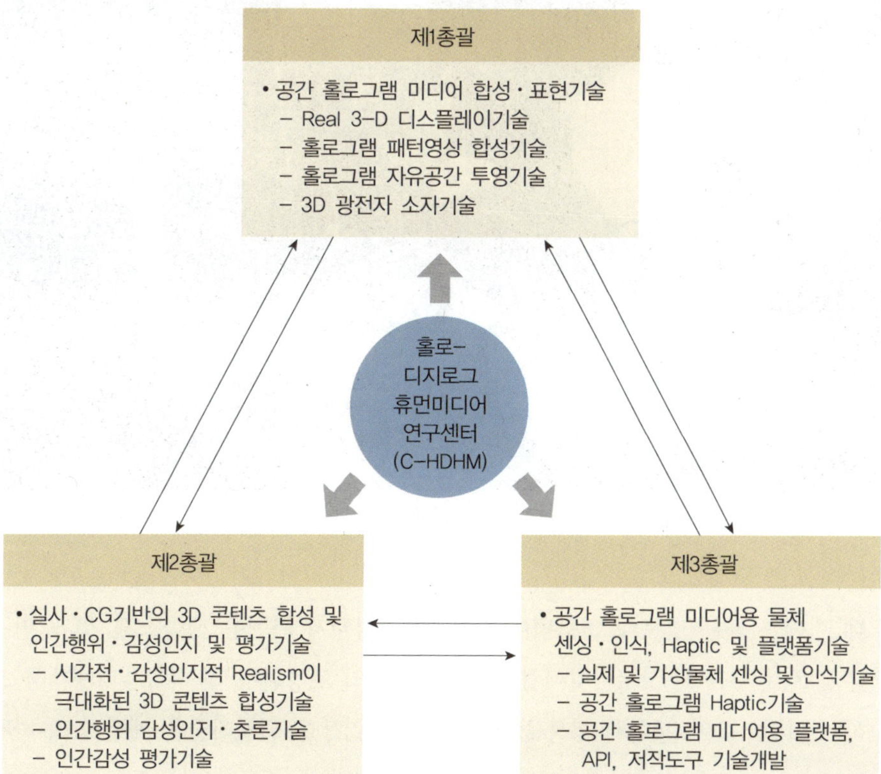

간의 교감을 통해 다양한 복지서비스를 제공할 수 있다.

세 번째 사례는 '생체모사 인공 달팽이관' 개발이다. [그림 6-10]에서 보는 것처럼 한국기계연구원 '생체모사 인공청각계 융합연구단'은 인공 달팽이관의 핵심부품인 기저막을 개발하였다. 이는 기존 보청기 제품과는 달리 달팽이관 속의 얇은 기저막과 부동섬모를 모사한 나노압전소자를 이용한 신개념의 인공 달팽이관으로 완전 이식형이다. 즉 장치가 간단하여 귀속에 완전이식이 가능한 기술이다.

이 사업은 세계 최초로 시도되는 기술로 그간 착용이 불편할뿐더러 장애가 밖으로 드러나 심리적인 부담이 컸던 외장형 인공 달팽이관 대신에 달팽이관을 귀 내부에 완전히 이식함으로써 청각장애인과 난청환자들에게 각광을 받는 것은 물론 국내외 주요 언론에도 보도되면서 세간의 이목과 기대를 끌고 있다.

그림 6-10 | 인공 달팽이관 기저막 개발

※ 김완두 '생체모사 인공청각계 융합연구단' 단장이 인공와우(달팽이관)의 핵심부품인 기저막의 성능을 레이저로 실험하는 장치에 대해 설명하고 있다.

네 번째 사례는 경북대 연구팀에서 개발한 '생태계 복원용 생물소재'이다. 연구팀은 [그림 6-11]에서 보는 것처럼 하천 및 습지의 토양환경 및 식물생리생태를 조사하여 하천·습지 생태계 회복을 위한 친환경 미생물 원천기술을 개발하고, 하천과 여러 습지의 지리적 데이터베이스를 구축하였다.

이 사업을 위해 연구팀은 먼저, 미생물 및 식물 자원을 확보하였다. 또한 환경적 스트레스에 따라 여러 종류의 작물의 환경에 맞게 작물 맞춤형 유용미생물을 선발하여 기존 복원 시공법보다 작물의 경제성을 향상시켰을 뿐만 아니라 훼손된 생태계 복구시간도 더 빠르게 향상시켰다. 그리고 환경적인 측면에서도 기존의 화학제제로 인한 내성과 환경오염으로 파괴된 생태계를 미생물을 활용하여 복원시킴으로써 친환경성을 강화시켰다.

그림 6-11 ▌생태계 복원용 생물소재 구조

출처: 환경정책기반 공공기술개발사업 최종보고서(416-111-018), 하천 및 습지 등 생태계 복원을 위한 생물소재 개발(내용 재구성), 한국환경산업기술원

다섯 번째 사례는 인하대 연구팀에서 개발한 '아쿠아포린을 이용한 정수용 인공생체막'이다. [그림 6-12]에서 보는 것처럼 인하대 생명공학과 전태준 교수와 기계공학과 김선민 교수 융합연구팀은 생명체에서 정수기능을 하고 있는 단백질인 아쿠아포린과 인공 세포막을 융합하여, 생체모사 정수시스템을 개발했다. 이 기술에 사용된 '아쿠아포린'은 생명체에서 탁월한 정수기능을 가지고 있는 단백질이다.

기존 정수시스템의 필터성능이 90%이었던 것을 인하대 융합연구팀은 위에서 소개한 아쿠아포린을 활용하여 표면처리공정을 효과적으로 개선함으로써 필터성능을 97% 이상 향상시켰다. 동시에 시간당 7L 이상의 물을 정수함으로써 상용화된 정수성능을 상회하고 있다. 본 핵심원천기술을 활용하게 되면 의료현장에는 초순수를, 물 부족 국가에는 안전한 식수를 제공할 수 있게 된다.

그림 6-12 아쿠아포린 채널을 통하여 본 물분자의 운동의 개략도

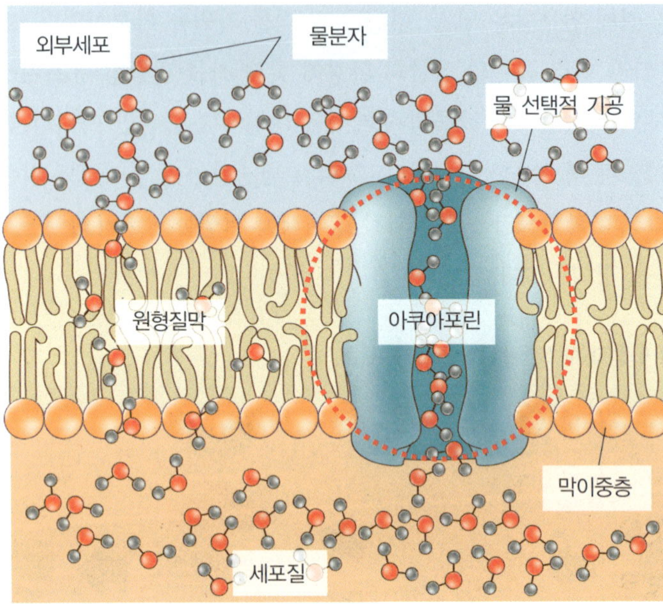

출처: 식물생리학 제4판 (홍영남 역)

여섯 번째 사례는 기능주의적 도시연구의 대안, 사용자 중심 안식처 '스마트 쉘터'이다. 4차 산업혁명시대가 본격화되면서 도시생활 속에서 발생하는 교통, 환경, 주거문제 등을 첨단IT기술을 활용해 해결하여 시민들이 편리하고 쾌적한 삶을 누릴 수 있도록 하는 '스마트 공간'이 대안으로 떠올랐다. 코로나19 팬데믹의 장기화로 인한 정서적 고립, 자연재해로 인한 거주지 파괴, 와이파이를 찾아 방황하는 도시난민…. 갈수록 복잡해지는 재난·재해에서 인류를 지켜 줄 21세기형 안식처가 등장했다. 바로 홍익대 학제간 융합연구팀(연구책임자: 홍익대학교 조소과 고경호 교수)이 제시한 '스마트 쉘터'이다. 스마트 쉘터란 현대인이 직면한 다양한 유형의 위협에 대응하기 위한 목적으로 디지털기술이나 인터넷, 인공지능, 사물인터넷과 같은 첨단기술을 활용하여 '카멜레온의 껍질'처럼 상황에 따라 적절히 변화하며 대응할 수 있는 다양한 요소를 지닌 공간이다. 본 연구에서 제시한 스마트 공간의 정의와 비전은 미래도시가 갖는 개념의 모호함과 가치 부재의 문제를 극복하는 중요한 열쇠이다. 특히 거주형 쉘터 모델은 주거시설, 휴양시설, 상업시설로 활용될 때 경제적·산업적 효율성이 클 것으로 전망된다([그림 6-13] 참조).

스마트 쉘터는 구독형, 힐링형, 주거형, 재난형 쉘터로 나누어진다. 즉 사용자의 환경과 상황에 따라 전쟁과 자연재해 등을 대비한 재난형 쉘터, 도시의 주택난 해결 등을 위한 주거형 쉘터, 교육과 예술이 구현되는 힐링형 쉘터 등으로 구분된다. 개별 스마트 쉘터는 사용자 개인에게 안식처라는 대안적 공간을 제시하며 학술적·문화적 기여와 다양한 사회적 문제해결 가능성을 동시에 확인시켜 준다. 또한 개별 스마트 쉘터는 사물인터넷과 사용자의 뇌파 등을 통해 다른 쉘터와 연결, 사회적 연대 가능성을 확인하는 테스트베드로 기능할 수 있다.

그림 6-13 ▌스마트 쉘터의 유형 및 특징

재난형 쉘터	주거형 쉘터	힐링형 쉘터	구독형 쉘터
전쟁과 자연재해 등 각종 재난 대비	도시의 주택난 해결	교육과 예술 구현	필요와 선호에 따라 구독, 거주

2021년 제작한 DMZ 쉘터는 분단이라는 한국의 특수상황을 반영하여 DMZ 공간을 평화생태적이며 관광, 체험예술, 교육의 다목적 미디어 공간으로 연출하였다. 또한 스마트 쉘터 연구가 사회문제 해결을 위해 사회로 응용·확장되고 국제적으로 확산될 수 있는 실제적 가능성도 모색하였다. 2019년 베니스 비엔날레에서 개최되는 '리서치 파빌리온'에 참여하여 스마트 쉘터 계획안과 연구과정을 전시하였다. 2020년 10월에는 자연환경과 사회·문화적 배경이 다른 한국, 라오스, 말레이시아 3개국이 참여한 국제학술대회에서 스마트 쉘터의 개념과 확장 가능성에 공감대를 형성하였다.

일곱 번째 사례는 '신기후 시나리오 하에서의 한국 국제경쟁력 제고 전략'으로서 기후변화가 관광, 기업의 경영활동, 우리나라의 국제경쟁력 등에 어떤 영향을 미치는가에 초점을 두고 학술적 분석을 시도하였다. 경희대 무역학과 황윤섭 교수팀이 사회과학연구원, 경기대 경제학과 등과 함께 연구를 진행하였다. 지구 종말 시계는 인류가 당면한 위기를 상징적으로 보여주는 것으로, 2020년부터 3년 연속해서 인류멸망까지의 시간이 '100초' 남았다고 경고한다. 기후변화 위기 속 기업의 ESG 책임경영도 강화되고 있다. 2022 〈세계위험보고서〉는 향후 10년간 예상되는 가장 큰 위험요소로 '기후행동실패'를 꼽았다. 현재 세계를 위기에 빠뜨린 감염병과는 비교할 수 없을 만큼 위험하다는 경고이다. 기후변화가 자연재해, 물과 식량자원 부족, 낮은 경제성장과 맞물려 국가 간 불평등을 초래하는 거시적 요인으로 지목됨에 따라 국가 차원의 대응전략 마련도 분주하다. 국내에서는 위에서 언급한 경희대 신기후연구팀(연구책임자: 황윤섭 무역학과 교수)이 초학제적 융합연구에 착수해 기후변화가 물리적, 지리적, 사회문화적 경로를 통해 국가와 기업의 경쟁력에 큰 영향을 미침을 규명하고 사회적 공론화의 장을 마련했다([그림 6-14] 참조).

본 연구의 결과로 도출된 기후 시나리오에 따르면 2050년 우리나라는 2월 말 봄이 시작되어 10월 초까지 여름이 지속되는 아열대기후대로 변화될 것으로 예측된다. 또한 생물학적 모델과 경제학적 모델을 접목한 생물경제학적 모델로 기후변화

그림 6-14 ▌2050년 한국의 상황: 아열대기후

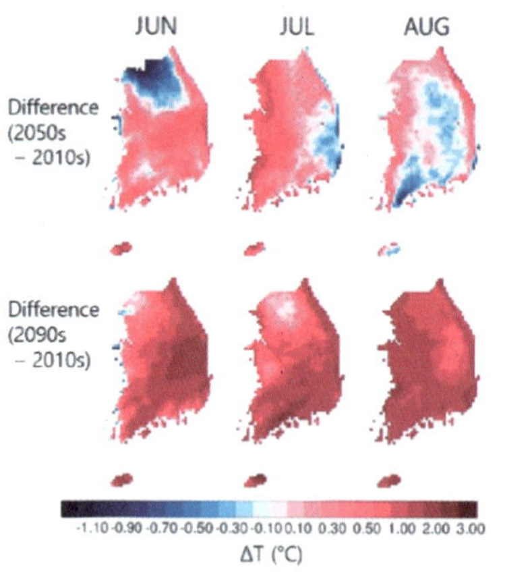

2050년대와 2010년대, 2090년대와 2010년대의 기온 차이를 보여주는 한국의 6, 7, 8월 최고 기온 분포

출처: 이은석. (2021)

영향을 분석한 결과, 1차 산업이 기후변화의 광범위한 영향을 받게 될 것이다. 기후변화는 농지이용률 변화 및 수온상승과 해양산성화를 유발하여 농수산업의 품종 및 어종의 변화는 물론 생산성과 수익성 변화에도 영향을 미치게 된다. 따라서 기후변화에 대해 세계 각국이 적극적으로 대처하는 한편 기업은 새로운 시장기회를 발견하고 소비자 또한 관련된 인식을 변화하게 될 것이다. 그리고 친환경경영(ESG)으로 무역장벽을 뛰어넘는 기업만이 성장할 수 있는 구도가 형성될 것이다.

이 연구는 기후변화를 인지하고 있는 국내 상장사 241개의 패널데이터 371개를 활용하여 기후변화에 대한 기업의 인식과 대응 현황, 성과 등을 분석하였다. 또한 정부의 환경 관련 규제정책과 환경오염과의 관계를 규명하였으며, 기후변화 대응에 있어 개발도상국이 지속 가능하게 성장할 수 있도록 개발금융의 역할이 중요한 것을 확인하였으며, 신생 독립국이나 동남아 국가의 부패 정도가 경제적 발전에 부정적으로 영향을 미친다는 것을 분석하였다.

여덟 번째 사례는 건양대 김광환 교수(보건의료정보), 강경희 교수(미생물학, 감염관리), 김누리 교수(간호학), 박아르마 교수(인문학) 등이 수행한 '한국인의 사회적 삶의 질 향상을 위한 의료인문학 기반 완성적 죽음교육프로그램 개발,' 통칭하여 행복한 죽음, 즉 웰다잉(well-dying)에 대한 융복합연구이다. 이 연구는 '성공적인 노화'를 위한 수요 대비와 복지산업 창출을 목표로 한국형 웰에이징(well-aging) 모델을 개발하고 사회적 확산을 시도하였다. 총 5년에 걸쳐 위에서 언급한 인문·사회+의료·보건+통계·경영 등의 분야의 연구자들이 융합하여 연구를 진행하였다.

이 연구는 개인의 '죽음'을 사회적·학술적 담론의 장에서 논의하고 연구함으로써 '웰다잉,' 즉 사회적으로 건강한 장수와 행복한 죽음에 대한 가치를 정립하고 확산하였다. 100세 시대가 도래했지만, 2015년 한국은 노인 자살률이 세계 1위를 기록하는 등 노화와 죽음이 전 국민의 삶의 질을 좌우하는 사회적 문제로 등장하였다. 따라서 이 연구의 연구자들은 지역과 대학의 테두리를 벗어나 '죽음'과 '웰다잉'을 국가 수준에서 조사하고 사회적 대안을 제안하기 위해 노력하였다. 이를 위해 1단계(2014. 9.~2017. 8.)에서는 인문·사회와 보건·의료 관점 결합, 융합연구 토대를 구축하여 죽음에 대한 인식이 각기 다른 일반인·의료인·대학생·사회복지사를 대상으로 한 맞춤형 '죽음교육프로그램'과 '죽음교육교재'를 개발하였다. 이를 활용하여 건양사이버대와 건양대 교양과목, 복지관, 노인대학 등을 통한 맞춤형 교육을 추진하였다. 또한 병원, 학교, 공공기관 등에서 필요로 하는 죽음 관련 전문가를 양성하였다.

2단계(2017. 9.~2019. 8.)에서는 '한국인의 삶의 질 향상'을 화두로 죽음과 웰다잉에 대한 교육목표를 국가 단위로 확장하여 전국규모의 죽음과 웰다잉 인식조사 및 웰다잉 사례연구를 통해 지역별 웰다잉 현황과 취약 부분, 특징 및 우수 사례를 추출한 국가 단위 웰다잉 지도를 작성하였다. 또한 모든 국민이 접근할 수 있으며 각각의 필요에 따라 교육받을 수 있는 웰다잉 교육체계를 제안하고 확산할 수 있는 기반을 제안하였다. 그리고 웰다잉 정책과 문화에 대한 국제 사례연구를 통해 한국형 웰다잉 모형과 정책을 제안하였다. 즉 서유럽 선진국들은 웰빙과 웰다잉을 복지정책의 일환으로 제도화한 반면, 동남아 국가들은 사회시스템보다는 전통을 통해 웰다잉 문화를 유지하고 있는 것을 확인하였다. 이러한 연구를 바탕으로 전국 시도에 복지와 행복을 위한 정책자료를 제시하여 개인의 영역에 머물던 죽음을 사회적으로 공론화하였다. 그 결과, 2015년에는 죽음교육프로그램 강의계획서를 출간하였고, 2018년에는 〈국민 웰다잉 인식구조 검사도구 개발 및 실태조사 보고서〉와 장례문화로 알아보는 세계인의 삶과 죽음에 관한 〈세계의 장례와 문화〉를 출간하였다.

아홉 번째 사례는 아주대 이상국 교수(사학과)와 박만규 교수(불문학과, 언어전산학과), 신현정(산업공학과, 데이터마이닝), 예홍진 교수(사이버보안학과, 전산학), 한성대 권기중 교수(역사문화콘텐츠 학부, 역사학), 고려대 송양섭 교수(한국사학과, 역사학) 카이스트 이원재 교수(문화융합대학원, 사회학) 등이 5년 동안 수행한 '빅데이터 분석' 기반 한국사 권력 메커니즘이라는 융복합연구이다. 이 연구는 전근대~근대 시기 한국 지배 엘리트의 권력 유지 및 계승 메커니즘을 분석하였다. 융합 분야는 역사학, 언어학, 전산학, 통계학, 데이터마이닝, 시각화 등이다.

이 연구는 국제적 정세, 국내 정치권력의 변동, 사회적·문화적 변화 등의 다양한 요소가 복잡하게 얽혀있는 역사의 흐름을 빅데이터로 분석하였다. 빅데이터와 인공지능(AI) 등 첨단과학기술을 다양한 분야에 접목하여 빅데이터로 역사를 새롭게 분석하였다.

그림 6-15 ▌'빅데이터' 분석기반 한국사 권력 메커니즘

이 연구는 한국사 변곡점의 '권력 메커니즘'을 빅데이터로 분석하여 역사에서 큰 변곡점을 가져온 학연·혈연·지연' 등 지배 엘리트 사회적 관계망에 주목하여 한국 역사의 정치권력구조를 대립적으로 분석한 기존 연구에서 벗어나 권력구조 속에 있는 협치의 가능성을 규명하였다. 특히 현대 한국사회의 갈등을 해결하는 단서를 전통과 근대의 '맞물림'과 '장기지속'의 관점에서 분석하고 해석하였다. 그리고 역사적 전환과정에서 지배 엘리트들의 정치적 선택을 견인한 혈연, 혼인, 학맥 등 사회관계망에 주목하여 지배 엘리트의 정치·사회적 성공과 권력 유지 및 권력 재생산, 권력 이동에 사회관계망이 어떤 영향을 미쳤는지 추적해 그들의 정치적 선택 패턴과 권력 계승의 메커니즘을 분석하였다. 구체적으로 역사적 전환이 이루어진 3개 시기에 대해 연구를 진행하였다.

먼저 제1기 고려에서 조선의 왕조 교체기를 분석하였다. 둘째, 제2기 중앙에서 지방 엘리트로 전환이 이루어지는 17~18세기를 분석하였다. 셋째, 제3기 일본에 의한 식민지 조선 지배기 등을 분석하였다. 이를 위해 다면적이고 연속적인 복잡계 네트워크의 특성을 보이는 사회관계망을 분석하기 위해 4개 분야를 나누었다. 첫째, 역사학 전문가를 중심으로 방대한 역사 빅데이터 생산을 담당하는 역사팀, 둘째, 텍스트 마이닝 분석방법으로 역사 빅데이터에서 필요한 정보를 수집하는 언어・전산팀, 셋째, 통계적 검증과 분석으로 예측 모델링 실시, 역사적 질문의 답을 찾는 데이터 마이닝・통계팀, 넷째, 이러한 과정을 거쳐 도출된 자료의 의미를 직관적・통시적으로 보여주는 시각화팀 등으로 나누어 분석을 진행하였다.

이 연구를 통해 역사학 데이터에 데이터기술을 융합하여 다음과 같이 디지털 역사학의 장을 열었다. 첫째, 2000년 이래 한국사 사료의 디지털화가 본격화됨에 따라 역사 데이터의 특성을 이해하는 한국사 연구자들 중심으로 '한국사 빅데이터'를 분석하는 융합연구 모델을 제시하였다. 둘째, 디지털화된 '한국사 빅데이터'가 인터넷상에 공개되며 다양한 분야의 연구자들이 '한국사 빅데이터'에 접근했지만, 데이터 과학 관점으로만 결과를 도출하는 경우가 많았다. 셋째, 한국사 전근대 시기를 이해하는 틀로서 권력 간의 이항대립적인 시각에 이의를 제기하고, 이를 분석하는 네트워크 시각화기법을 역사학연구에 적용하였다. 넷째, 한국 전근대사의 권력 재생산구조에 대한 통시적・융합적 연구를 통해 현대 한국사회의 불평등의 기원에 대한 새로운 연구 패러다임을 제시하였다. 다섯째, 역사학 연구자는 한국사 빅데이터의 특성과 역사적 배경을 제공, 통계학과 데이터 마이닝 연구자는 추출한 정보의 분석과 검증을 바탕으로 예측 모델링을 실시, 시각화 연구자는 추출된 정보의 특성을 파악하기 위한 시각화분석 및 시각화를 수행하여 융복합적인 협력연구의 모델을 보여주었다.

열 번째 사례는 가천대 이은석, 최미리, 김지연 교수(운동재활복지학과), 심재양 교수(의과대학 정형외과), 이병문 교수(컴퓨터공학과), 조성보 교수(의용생체공학과), 최원호 교수(물리치료학과), 한국체대 장익영 교수(경기지도학과), 부산대 조건상 교수(체육교육학과), 대구한의대 권구명 교수(실버스포츠 복지학과) 등의 연구자들이 5년 동안 '지원사업 환자중심형 SMASH Care Movement 플랫폼 개발: 프로그램, 공간, 도구를 중심으로'라는 주제로 융합연구를 진행하였다. 이 연구는 병원 입원환자의 자발적 움직임을 유도해 질병을 극복하고 예방하는 '환자중심형 SMASH Care Movement 플랫폼' 개발을 목표로 체육학, 의학, 보건과학, IT(컴퓨터공학), 의용생체공학 등의 전공 연구자들이 융합하도록 연구하였다.

이 연구는 체육・의학・보건과학・공학 융합으로 '움직임'의 가치를 구현하였으며, 환자의 움직임을 촉진하기 위해 체육과 의학, 디지털기술을 융합적으로 적용하였다. 특히 인문사회 분야(체육) 연구자들은 양적·질적 연구방법을 통한 환자들의 움직임 제약요인 및 움직임 욕구조사를 수행하였다. 구체적으로 4개 병원에 의뢰하여 일반환자 및 암환자 300명 대상 설문조사, 분석결과에 근거하여 연구진과 전문가의 의견수렴을 통해 운동재활프로그램을 개발하였다. 그리고 의학이공학 분야 연구자들은 환자의 질환별 특성을 고려하여 임상실험을 진행하였다. 컴퓨터공학(IT) 연구자들은 동작인식기기 및 플랫폼 서버시스템을 개발하였다. 이러한 연구를 바탕으로 병원 입원환자의 자발적 움직임을 유도해 질병을 극복하고 예방하는 '환자중심형 SMASH Care Movement 플랫폼'을 개발하였다.

이 연구는 병상에서 가정으로, 환자의 회복을 돕고 힐링 라이프를 완성하는 데 기여하였다. 연차별 구체적인 내용은 다음과 같다. 1단계(2016. 9.~2019. 8.)에서는 SMASH 프로그램의 가치를 증명하고 SMASH CM 플랫폼의 근간이 될 운동프로그램뿐만 아니라 병원에서의 환경적·도구적 융합의 필요성을 확인하고 탐색하였다. IT·사회복지·의료·간호·물리치료 등 각 영역에서 "병원 환자들이 왜 움직이지 않는가?"에 대한 원인을 분석하였다. 그리고 인문사회학적 관점에서 움직임의 가치를 파악한 후 운동재활을 위한 환자의 요구조사 및 문제점을 도출하였다. 이에 근거하여 연구자들은 운동재활프로그램 개발과 임상을 진행하였으며, IT 분야 연구자들은 환자의 움직임을 감지하는 스마트 헬스기기 개발 및 플랫폼 서버를 구축하였다.

2단계(2019. 9.~2021. 8.) 연구에서는 퇴원 후 환자의 규칙적인 운동프로그램 참여를 통해 심리적·신체적 활력에 영향을 주는 힐링 라이프 프로그램을 완성하였다. 병원시설과 프로그램, 도구 등 측정지표를 개발하여 서울대병원, 연세세브란스, 고대안암병원, 중앙 아산병원, 삼성서울병원 등 국내 대형 병원 다섯 곳의 운동환경을 분석하였다. 근골격계, 뇌졸중 환자 60명을 대상으로 모션센싱 기구를 이용한 운동재활의 효과성을 검증하며 병원 내 운동재활환경 조성의 필요성을 입증하였다. 자체 진행한 병원환경 조사서를 바탕으로 재활병원, 노인전문병원, 차병원을 방문조사하여 각 병원에 특성에 맞는 재활환경 이미지를 설계하였다. 이 연구는 병원이라는 제한된 공간을 극복할 수 있는 서비스 플랫폼 개발에 있어 새로운 시각을 제시한 데 연구의 의의가 있다고 할 수 있다([그림 6-16] 참조).

그림 6-16 SMASH 케어 무브먼트 Active Life 일상화 프로그램

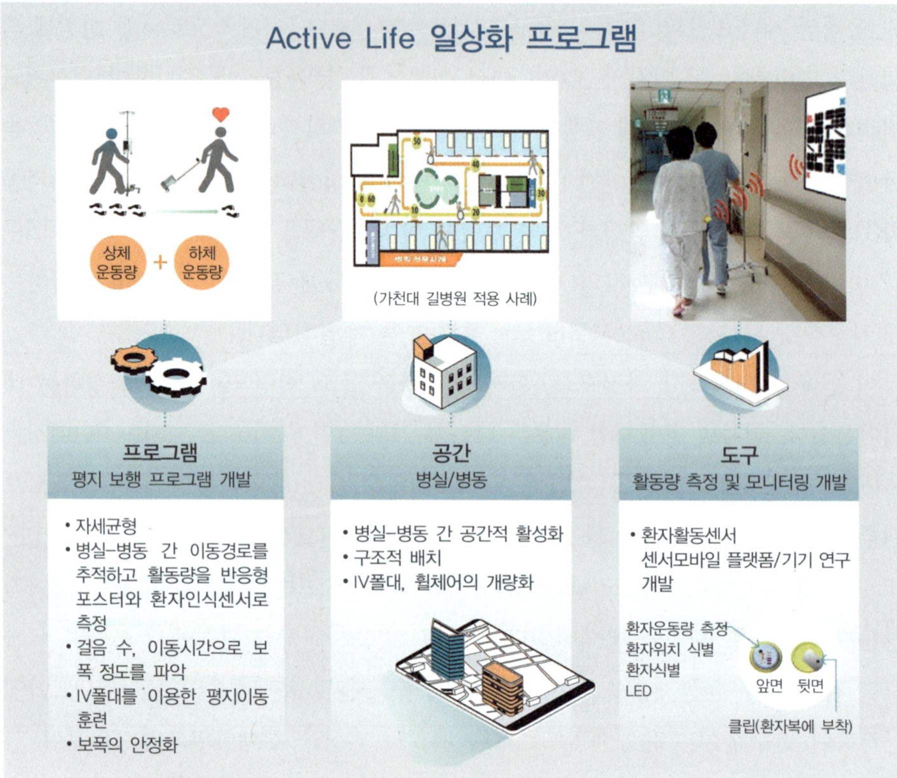

출처: 이은석. (2021).

이 연구는 환자 중심형 의료서비스라는 새로운 학문 탄생에 기여한 것으로 판단된다. 지금까지 의료서비스가 환자의 치료효과 검증에 집중되어 왔다면, 인문사회학적 지식과 기술, 그리고 서비스 디자인을 도입하고 융합적으로 발전시킴으로써 환자 중심형 의료서비스라는 새로운 학문을 확립하였다. 이 연구는 사회적으로 의료서비스 질 향상과 의료비 절감 등 환자의 삶의 질 향상에 기여하였다. 병원 환자들이 병원에서부터 운동재활을 할 수 있는 여건 마련의 필요성과 가치를 입증하였다.

2.2 학문 간 연계와 협력 활성화 방향[3)]

2.2.1 연구 분야 특성 고려 및 다년기간 연구지원을 위한 제도 개선

연구 분야별 특성 등을 고려하여 다년기간에 대한 지원율이 높아지도록 최대 7년까지 지원할 수 있도록 제도를 개선할 필요가 있다. 또한 연구비 확대를 위해 장기 연구의 지원을 확대해야 한다. 중기 연구는 기수행한 연구를 심화·발전시킬 수 있도록 최대 5년까지 후속 연구를 추가적으로 지원해야 한다. 또한 사회문제에 있어 인간 중심의 종합적 해결방안을 탐색하고 대안을 제시하기 위해 인문사회 중심의 중장기 융합연구사업을 신설할 필요가 있다.

2.2.2 융합학의 균형적 발전, 인문사회 분야 소외 연구 지원 확대

융합학의 균형적인 발전을 위해 소외 분야 연구를 지속적으로 지원하기 위해 다음과 같은 지원이 필요하다. 첫째, 희랍어, 아랍어, 아프리카, 개발도상국에 관한 연구 및 한국사 내 고대, 상고사, 종교학 등의 연구를 지원해야 한다. 둘째, 인문사회 내 소외 연구 분야를 활성화하기 위해 융합 포럼을 개최하도록 지원할 필요가 있다. 셋째, 사회문제에 대한 새로운 해결방안을 모색하기 위해 기존 소외 분야 중심의 연구를 신설하고 지원을 강화할 필요가 있다. 넷째, 기존 형식적인 융합의 틀을 깨고 실질적인 융합 및 융화가 이루어질 수 있도록 연구 지원체계를 다양화할 필요가 있다.

2.2.3 국외와 차별화된 한국형 융합연구체계 구현

한국의 사회적·문화적 특성을 고려한 융합연구를 체계적으로 구현하기 위해 다음과 같은 방안이 필요하다. 첫째, 한국의 특성에 맞는 한국형 리빙랩(Living Lab)사업을 추진하고 체계화할 필요가 있다. 둘째, 한국적인 연구 활성화를 위해 지원 분야를 세분화하고 특성을 고려하여 차별성 있는 심사모델을 구축할 필요가

3) 한국연구재단. (2022). 인문사회기반 융합연구의 현재와 미래, NRF Issue Report, ISSN 2586-1131.

있다. 셋째, 한국형 사회문제에 기반하여 기존 연구와 차별화된 연구주제를 발굴하고 운영하도록 융합연구에 대해 차별적으로 지원을 강화할 필요가 있다.

2.2.4 인문사회 분야 센터급 융합연구 지원사업 신설

인문사회 분야의 융합연구 지원을 활성화하기 위해 다음과 같은 방안이 필요하다. 첫째, 과학기술과 연관된 인문사회기반을 통한 사회문제 해결을 위해 융합연구센터를 설치 운영하고, 기술의 도입과 활용에서 발생하는 사회·기술적 문제를 해결하기 위해 인문사회과학자와 과학기술자가 공동연구를 수행할 수 있는 센터급 연구소를 설립할 필요가 있다. 둘째, 인문사회 분야 융합연구를 체계화하고 고도화하기 위해 다음과 같은 방안이 필요하다. 복잡한 사회문제 해결을 위한 인문학기반의 융합연구 지원을 확대하여 인문학 진흥을 위한 국가기관을 설립하고, 대통령 직속 자문회의와 국무총리 산하 정책연구원을 설립하며 부처 소속의 인문 진흥원을 설립할 필요가 있다. 셋째, 인력양성을 위한 교육프로그램을 개발하고 운영하기 위해 초등학교, 중등학교, 고등학교부터 인문학적 상상력을 갖출 수 있는 창의융합형 인재를 양성하고, 인문학적 상상력을 강조한 창의융합형 인재상을 정립한다. 또한 주입식 암기보다 사고의 확장을 위한 사회현상에 관한 토론 및 토의 위주의 교육을 활성화하고, 교육과 연계하여 융합연구 활동, 방과 후 활동 등을 통한 인문사회학적 융합역량을 강화하며, 초·중·고등학교와 대학과의 업무협약을 통해 융합교육의 연계 및 협력체제를 구축할 필요가 있다.

2.2.5 인문사회기반 융합연구 예산 지원 확대 및 지속

인문사회기반 융합연구를 활성화하기 위해 다음과 같은 예산 지원방안이 필요하다.

첫째, 융합지식을 활용한 사회문제 해결 경연대회 및 아이디어 교류전을 개최하고, 경연대회 및 아이디어 교류전에서 사회현상에 맞는 아젠다를 발굴하고 국가전략 아젠다로 선정할 필요가 있다. 그리고 각 연구기관에서 온·오프라인 환경 활용, 같은 전공 분야의 사회문제 해결이 아닌 다양한 전공들이 융합하여 사회문제를 해결할 수 있는 컨퍼런스 대회를 확대하고 지속적으로 지원할 필요가 있다. 또한 융합연구 활성화를 위한 교육-연구-개발이 긴밀하게 연결되어 시너지효과를 창출할 수 있도록 정기적 교류의 장을 마련하고, 융합연구 챌린지를 통해 현장의 다양한 융합연구 아이디어를 발굴하고 이를 R&D 과제로 연계할 필요가 있다.

둘째, 인문사회 및 기술융합형 비즈니스 모델을 발굴하고 사업을 확대하기 위해 대학의 아이디어 및 인적자원, 기업의 기술력, 정부의 지원을 연계하여 신제품 기획 및 비즈니스 마케팅 모델 개발이 필요하다. 그리고 인문학뿐만 아니라 이공학 등 타 분야 연구자와 공동연구를 할 수 있도록 지원체계를 마련하여야 한다.

셋째, 창의적 리더 양성 트랙을 개발하고 창업을 지원하기 위해 국가 차원의 창의적 리더 양성사업을 추진하고, 현장체험 활동을 중심으로 자발적 융합연구 활동 참여를 지원할 필요가 있다. 또한 대학 내 인문사회기반의 창의적 리더를 양성하기 위한 통합 및 연계 융합교육과정을 개발하고, 융합교육을 바탕으로 풍부하고 다양한 지식을 제공하는 것은 물론 다양한 창업이 가능하도록 창업교육프로그램도 개발하고 제공할 필요가 있다. 예를 들어, 서울대, 울산대, 조선대 등은 창업교육프로그램을 운영하여 체계적인 창업기반을 조성하였다. 또한 해외 연구기관과 네트워크를 구축하여 연구자 간 협력프로그램을 확대할 필요가 있다.

넷째, 인문사회 전공의 융합인력 양성체계를 구축하기 위해 인문사회 전공의 융합 석·박사 과정생 지원규모를 확대하고, 인문사회기반 융합연구의 발전을 위한 각 대학연구소의 학위과정 및 학위프로그램을 인정할 필요가 있다. 예를 들어, 성균관대학교의 동아시아학술원의 경우, 대학연구소임에도 독자적인 학위프로그램을 갖추고 있으며 연구개발 활동, 인력양성 프로그램 등 우수한 업적을 갖추고 있다.

다섯째, 인문사회 융합연구 성과 DB를 확충하여 디지털 융합학 연구를 지원하기 위해서 융합 자산 원스톱 포털서비스를 구축하고, 기초학문 자료센터를 확대 및 개편하여 국내 융합학 관련 정보를 통합한 종합 포털서비스를 구축할 필요가 있다. 그리고 교육부·문화체육관광부 소관 출연-유관기관과 연계하여 우리나라 융합연구 성과 정보를 수집 및 구축하고, 우리나라 전체 디지털 인문학 자료를 집대성한 인문학 DB를 구축할 필요가 있다. 또한 각 정부부처에서 마련한 데이터 제공 서버를 통합할 필요가 있다. 예를 들어 인문지식 정보 허브 구축 및 데이터 제공 서버를 통합하고, 범부처 통합연구지원시스템(PMS)의 구축 및 운영을 통해 정부가 보유하게 될 방대한 양의 R&D 기본정보를 민간이 비즈니스 등으로 활용할 수 있도록 적극적으로 개방할 수 있는 연계시스템을 마련할 필요가 있다. 그러나 개인정보가 유출되지 않도록 데이터 개방과 관련된 명확한 가이드를 마련해야 한다. 그리고 ICT기반의 빅데이터를 활용한 새로운 연구과제를 개발하기 위해 융합연구 활성화를 위한 정보공유 확산 플랫폼을 강화하며, 융합연구 전문가 네트워트를 통한 융합 미개척 영역 발굴 및 미래사회를 선도하는 연구과제를 분석하여 연구자들에게 제공하고, 인문사회 융합연구소 간 네트워크 구축 및 기술융합을 통해 자발적 기술・지식 교류 및 협력문화를 확산시킬 필요가 있다. 또한 국내외 융합연구에 관한 DB를 구축하기 위해 국내외 인문사회 융합연구 현황을 분석하고, 글로벌 경쟁력을 갖출 수 있도록 데이터기반의 실증적이고 체계적인 맞춤형 지원사업을 추진할 필요가 있다. 또한 미래 융합연구 수요 예측의 신뢰도를 제고하고, 국내외 융합연구의 변화 예측을 통한 정책 및 산업으로의 활용 가능성을 제고할 필요가 있다.

3 융합연구 활성화제도 개선 방향[4)]

3.1 융합연구 활성화 법제도 개선 필요성

융합연구를 활성화하기 위한 법제도 개선 필요성은 다음 두 가지로 요약할 수 있다.

① 인문사회 기반의 지속적 투자를 위한 법률의 제・개정을 추진할 필요가 있다. 예를 들어, 첫째, 기초 융합학 연구를 지원 육성하여 국가 융합학 경쟁력의 강화와 사회・경제 발전을 도모하는 법령에서의 인문사회 융합연구 사업

4) 최종화, 진성만, 양승우, 박정호. (2020). 융합연구개발 활성화를 위한 관련 법제 정비방안, STEPI Insight, Vol. 250.

화 정의가 필요하다. 둘째, 우수한 융합연구 인력을 육성하여 국가 융합연구 경쟁력 향상과 국민경제 발전을 도모하는 인문사회 융합연구 사업화 촉진에 관한 법률의 제정을 추진할 필요가 있다. 셋째, 융합학 진흥 관련 기구의 설치와 운영에 관한 규정을 마련할 필요가 있다. 넷째, 사회적 문제해결을 위한 미래지향적인 수요변화와 함께 조직을 개편할 필요가 있다.

② 인문사회기반의 지속적 투자를 위한 재원의 법제화가 필요하다. 첫째, 장기적으로 안정적인 재원 확보방안 마련이 필요하다. 둘째, 각 기관별 예산 분배와 사용내역에 관한 분석 및 검토를 통한 예산의 재분배가 필요하다. 셋째, 사회문제 해결형 인문사회 융합연구의 성과에 근거한 예산 지원 확대가 필요하다. 넷째, 다양한 기관 및 시민사회의 의견을 모아 지속적이고 올바른 투자를 위한 법제화가 필요하다.

3.2 융합연구 활성화 법제도 개선 방향

융합연구 활성화를 위한 법제도 개선 방향은 다음과 같다. 융합연구개발촉진법(가칭) 제정, 협동연구개발촉진법 전면 개정, 융합연구 관련 법률 개정 등이 필요하다. 구체적인 내용은 다음과 같다.

3.2.1 「융합연구개발촉진법」(가칭) 제정

융합연구개발을 촉진하기 위해 상위법인 「과학기술기본법」의 입법체계에 따라 '협동·융합연구개발' 및 '융합연구개발'에 관한 사항은 별도로 입법하여 다룰 사항은 아니라고 판단된다. 왜냐하면 「융합연구개발촉진법」(가칭) 제정은 관련 법령의 해석상 상위법과의 충돌 및 과잉·중복 입법의 소지가 있기 때문이다. 다만 법률의 제정, 전면개정, 개정 등을 위한 입법 작업의 소요 및 절차가 완전히 동일하다는 점을 고려할 때, 기존 「협동연구개발촉진법」을 폐지한 후 「협동–융합연구개발촉진법」(가칭)을 새로 제정하는 방안을 고려해 볼 수는 있을 것으로 판단된다.

3.2.2 「협동연구개발촉진법」 전면개정

위에서 언급한 기존 「협동연구개발촉진법」을 폐지하는 것보다 전면적으로 개정할 필요도 있다. 즉 조문 이름의 변화, 조항의 개정 연혁 등을 종합적으로 살펴볼 때 「과학기술기본법」 제17조는 협동·융합연구개발의 촉진을 위한 정책적 선언을 담은 구조라고 할 수 있다. 연혁적으로 볼 때 「과학기술기본법」 제17조는 최초 입법 당시 '협동연구개발'만을 포함하였는데 2010년에 개정하면서 '협동·융합연구개발'과 '융합연구개발'을 포괄하여 다루고 있다. 이는 「과학기술기본법」 제17조가 우선 '협동연구개발'의 적용대상 또는 적용범위를 포괄적으로 제시하였다가 이후 개정에 의해 그것의 적용대상 내지 적용범위를 확대하고자 하는 정책적 선언을 담는 방식으로 보인다.[5] 따라서 '협동연구개발'과 '융합연구개발'은 '협동·융합연구개발'이라고 하는 하나의 법령문하에 구성하는 것이 법형식의 일관성·총괄성·통일성 측면에서 바람직한 것으로 보인다.

「협동연구개발촉진법」은 기본적으로 협동연구개발의 촉진에 관한 사항을 규율하는 집행규범적 성격의 법률이므로 상위법에서의 개념이 확장되었다면 반영이 필요하다. "이 법은 대학·기업·연구소 및 외국연구개발관련 기관 사이의 협동연구개발의 촉진에 관한 사항을 정하여 연구개발 자원을 효율적으로 활용하도록 하고, 연구개발의 성공 가능성을 향상시키도록 함으로써 과학기술의 혁신과 국민경제의 발전에 이바지함을 목적으로 한다(「협동연구개발촉진법」 제1조(목적))." 위 목적조항에 따르면 「협동연구개발촉진법」은 「과학기술기본법」 제17조 정책적 판단에 대한 구체적인 집행규정을 마련하고 있다. 그러나 앞서 언급한 것처럼 2010년 「과학기술기본법」 제17조의 개정으로 '협동연구개발'에서 '협동·융합연구개발'로 규율의 대상이 늘어나게 되었다. 이때 별도의 특수한 입법적 소요[6]가 발생하지 않는 한 「협동연구개발촉진법」은 '협동·융합 연구개발' 및 '융합연구개발'에 관한 규율

5) 2001년에 최초로 제정된 「과학기술기본법」은 1994년에 제정된 「협동연구개발촉진법」의 실효적 · 집행적 효과를 인정하여 동법 제17조 '협동연구개발'만을 규정한 것으로, 「과학기술기본법」은 국가과학기술정책 총괄규범적 역할을 수행하고, 「협동연구개발촉진법」은 집행규범적 역할을 수행하도록 한 것이라고 볼 수 있다.

6) 민 · 군 협동연구개발(제2항) 등은 국가안보 및 국가기밀의 유출방지 등 입법의 필요성이 예외적으로 인정되는 분야라고 할 수 있다.

을 포함하여 규율하는 것이 행위의 요건과 효과를 일원적으로 규율한다는 차원에서 당위적이라고 할 수 있다.

3.2.3 관련 법률의 개정(「과학기술기본법」 및 동법 시행령 개정)

「과학기술기본법」은 국가과학기술정책 총괄규범적 성격을 가지고 있어서 집행규범적 조항들을 구체화하기는 어려운 면이 있다(양승우, 2012). 즉 「과학기술기본법」 개정에 관하여는 총괄규범적 내용만 남기고, 나머지 집행규범적 내용은 관련 법의 적재적소로 이관하자는 주장이 있다. 따라서 융합연구개발 관련 조항을 「과학기술기본법」 및 시행령(「과학기술기본법」 또는 공동관리규정)에 포함하는 것은 입법체계 부조화를 심화시키는 결과를 초래할 수 있다. 예를 들어 「산업융합 촉진법」, 「ICT 특별법」을 통해 융합연구개발의 일반·포괄조항을 마련하기가 불가능하다고 할 수 있다. 위 법률은 융합연구개발을 일반·포괄하는 법률이 아니고, 일부의 분야에 한정하여 융합연구개발을 촉진 및 활성화하는 법률이므로 위 법률에는 융합의 개념을 확장하여 주체 간 협력을 증진하고, 융합연구개발 전 범위를 아우르는 국가전략의 수립 및 추진체계의 정비와 관련된 내용을 포함하기 어렵다고 할 수 있다.

3.2.4 입법대안: 「협동연구개발촉진법」의 전면개정

최종화 등(2021, STEPI 보고서)은 융합연구개발 활성화를 위한 입법대안으로서 「협동연구개발촉진법」의 전면개정 및 동법 시행령 그리고 관련 운영지침의 개정이 필요하다고 주장한다. 즉 위 연구진은 「협동연구개발촉진법」 전면개정에 의한 융합연구개발 관련 법체계의 정비는 「과학기술기본법」 제17조의 입법 취지 및 내용에 부합하며, 입법의 구조, 개정 연혁 등을 종합적으로 고려할 때, 「협동연구개발촉진법」을 전면개정한다는 것은 과잉·중복 입법 혹은 빈번한 개정 가능성의 축소를 통한 법적 안정성을 확보할 수 있는 최적·필요최소의 입법대안으로 판단하고 있다.

위에서 검토한 입법 관련 사항들을 정리하면 [그림 6-17]과 같다. 「협동연구개발촉진법」을 전면개정함으로써 융합연구 사이클을 정상화할 수 있다. 또한 위 법안을 전면개정함으로써 법체계상 필요한 규율('협동·융합연구개발' 및 '융합연구개발'에 관한 규율)을 도입할 수 있게 되어 「과학기술기본법」의 입법목적을 달성할 수 있다고 판단된다. 「협동연구개발촉진법」 전면개정(안)에 포함할 내용으로는 융합연구개발 관련 추진체계, 지원, 기반 구축 등 각종 촉진규정이 있다. 이들 규정을 구체적으로 명시함으로써 융합연구개발 활성화에 기여할 수 있다. 이를 통해 합목적적이고 효율적인 융합연구개발 사업수행을 위한 실행규범(조직, 절차 등의 규정)을 구체화할 수 있을 것으로 보인다. 또한 부처·과 간의 칸막이식 융합연구개발사업 추진방식을 통합함으로써 융합연구개발 관련 정책 전반의 효율성을 강화할 수 있다. 즉, 융합연구개발의 지원 강화 → 산업 간·기술 간·기술과 산업 간 융합의 기반 구축 → 사업화로 이어지는 융합 사이클을 정상화할 수 있다.

그림 6-17 ❙ 융합연구개발 관련 입법대안 분석

	방식	분석내용	비고
제정	「융합연구개발촉진법(가칭)」 제정	관련 법령의 해석 및 입법체계상 「과학기술기본법」(상위법)과의 충돌 혹은 과잉·중복 입법의 소지가 있음	채택 불가
전면 개정	「협동연구개발촉진법」 전면 개정	「과학기술기본법」에서 규율대상을 '협동·융합연구개발'로 확장한 것을 고려할 때, 「협동연구개발촉진법」에서 '융합'연구개발에 관한 규율을 포함하는 것이 일원적으로 규율한다는 점에서 당위적이라고 볼 수 있음	채택
개정	「과학기술기본법」 및 동법 시행령 개정	국가과학기술정책 총괄규범 성격을 갖는 「과학기술기본법」과 그 시행령을 개정하는 것은 입법체계상의 부조화를 심화함	채택 불가
개정	「산업융합 촉진법」 혹은 「정보통신융합법」 개정	일부 분야에 대한 규율에, 국가적 전략 차원에서 융합연구개발의 전 범위를 아우르는 일반적·포괄적 규율을 포함하기는 어려움	채택 불가

출처: 최종화 등. (2020).

3.3 개정 법률의 추가 반영사항

최종화 등(2021, STEPI 보고서)은 위에서 언급한 법률 개정안에 추가할 사항에 대해 다음과 같이 제시하였다.

첫째, 기본적 추가사항으로서 융합연구개발계획의 수립・시행 등 추진체계에 관한 사항 및 추진주체의 법정화를 들고 있다. 즉 「협동연구개발촉진법」에 「과학기술기본법」상 융합연구개발계획의 수립・시행 등 추진체계에 관한 명시적 규정을 마련할 것을 제안하고 있다. 왜냐하면 「과학기술기본법」상 융합연구개발 조항의 구체성 미흡으로 융합연구개발 추진체계 운영상 한계가 있어 명확한 추진체계 조항이 필요하기 때문이다. 즉 현행 「과학기술기본법」상 융합연구개발 조항은 1개 조문, 1개 항(제17조 제4항)으로 구성되어 있어 융합의 정의, 융합연구개발계획의 수립・시행 등 추진체계를 구체적으로 규정하고 있지 않기 때문이다. 제안 사항의 구체적인 내용은 다음과 같다.

① 정부는 기업, 교육기관, 연구기관 및 과학기술 관련 기관・단체 간 또는 이들 상호 간의 협동연구개발을 촉진하고 북돋우기 위한 시책을 세우고 추진하여야 한다.

② 정부는 민・군 간의 협동연구개발을 장려하고 민・군 기술협력을 촉진하기 위한 시책을 세우고 추진하여야 한다.

③ 과학기술정보통신부 장관은 국가적으로 중요한 연구개발과제의 협동・융합연구개발을 위하여 필요하다고 인정하면 관련 기관의 장의 요청에 따라 협동・융합연구개발 관련 기관 간에 과학기술인이 서로 교류하는 것을 권고하거나 알선할 수 있다.

④ 정부는 신기술 상호 간 또는 신기술과 학문・문화・예술 및 산업 간의 융합연구개발을 촉진하기 위한 시책을 세우고 추진하여야 한다.

둘째, 융합연구개발 추진주체 법정화에 관한 내용이다. 융합연구개발 추진주체의 법적 근거가 부재하여 융합연구개발정책의 추진력이 부족하게 되어 추진주체를 명확하게 하기 위해 관련 근거조항을 마련할 필요가 있다. 왜냐하면 융합연구개발

계획은 빈약한 법적 근거하에서 추진되고 있을 뿐만 아니라 추진체계에 대한 법적 근거가 부재하여 융합연구개발정책의 지속적·안정적 추진력이 부족하기 때문이다. 또한 융합연구정책센터, 검토·심의위원회[7] 등의 법적 근거가 부재하다는 비판이 지속적으로 제기되고 있기 때문이다. 따라서 다음과 같은 내용을 포함할 필요가 있다.

그 예로 「협동연구개발촉진법」의 융합연구개발 전담기관의 설치 및 운영 개정안을 들 수 있다.

[예시] 「협동연구개발촉진법」 개정안(융합연구개발 전담기관의 설치 및 운영)

① 전담기관은 다음 각 호의 사업을 수행한다.

1. 융합연구개발 기본계획 수립 지원에 관한 사항
2. 융합기술 수요조사 및 과제 발굴, 동향분석 등에 관한 사항
3. 그 밖에 과학기술정보통신부 장관이 융합연구개발 활성화를 위하여 필요하다고 인정하는 사항

셋째, 융합연구개발 지원 및 기반 구축을 위한 구체적인 조항체계에 대한 내용이다. 융합연구개발 협력을 촉진하기 위한 일반조항의 신설 필요성은 다음과 같다. 첫째, 융합연구개발 현장에 곧바로 적용 가능한 맞춤형 지원 및 정책을 설계하기 위한 기반법과 그의 하위지침들이 신속히 마련될 필요가 있다. 둘째, 일반조항에서는 연구자 간 교류 활성화(연구행정체계, 국제연구협력 포함)와 이를 수행하는 과정상의 협력방식의 확대(파견 등의 규정개선 및 시스템 지원 등), 협력활동 지원을 위한 예산(Grant형 예산 등) 마련의 근거 등을 포함할 필요가 있다. 그 예로 「협동연구개발촉진법」 융합연구개발 활성화 추진 관련 개정안을 들 수 있다. 특히 융합연구개발은 R&D 주체 간 긴밀한 협력이 요구되는 분야이기 때문에 융합연구개발의 특성을 고려한 고유한 평가제도를 마련하기 위한 근거를 검토할 필요가 있다(최종화 외, 2021),

---

7) (현재) 융합연구개발계획 수립·시행과정에서 내부적인 검토·심의위원회가 이루어지고 있으나, 그에 대한 명확한 법적 근거가 부재한 상황이다.
(타법 사례) 「산업융합촉진법」 산업융합 규제특례심의위원회(제8조), 「ICT 특별법」 정보통신전략위원회의 설치(제7조)

[예시]「협동연구개발촉진법」 개정안(융합연구개발 활성화 추진)
① 과학기술정보통신부 장관은 융합연구개발을 활성화하기 위하여 다음의 사항을 추진할 수 있다.
1. 융합연구개발을 활성화하기 위한 전문인력 양성과 연구 활성화 지원
2. 융합연구개발을 활성화하기 위한 정보시스템의 구축과 활용 지원
3. 융합연구개발을 활성화하기 위한 국제협력
4. 이종(異種) 분야, 연구기관 간 파견 등 교류의 촉진
5. 융합연구개발을 수행하는 자에 대한 출연 또는 보조 및 융자
6. 융합연구개발 성과의 배분 및 지식침해 분쟁의 조정
7. 그 밖에 융합을 활성화하기 위하여 필요한 지원

또한 이러한 특성을 고려한 평가제도의 도입에 관해 구체적인 논의가 필요하다. 따라서 다음과 같은 융합연구개발 평가 관련 내용을 담은 개정안이 필요하다.

[예시]「협동연구개발촉진법」 개정안(융합연구개발의 평가)
① 정부는 관계 법령에 따라 융합연구개발사업을 실시함에 있어 융합연구개발 분야의 특성을 감안하여 지원체계 및 평가방법을 별도로 정할 수 있다.
② 제1항에 따른 지원체계 및 평가방법은 대통령령으로 정한다.

[예시]「협동연구개발촉진법」 개정안(융합연구개발 평가방법)
① 관계 중앙행정기관의 장은 융합연구개발의 평가방법을 정하는 경우에는 다음 각 호의 사항을 고려하여야 한다.
1. 연구개발 목표의 도전성 및 연구개발 방법의 창의성
2. 연구개발 단계를 고려한 품질의 적정성
3. 연구개발 결과물의 혁신성 및 사업화 가능성
4. 그 밖에 관계 중앙행정기관의 장이 평가방법 및 결과의 신뢰성을 높이기 위하여 필요하다고 인정하는 사항
② 관계 중앙행정기관의 장은 제1항과 제2항에 따른 지원체계 및 평가방법에 관한 세부사항을 정할 수 있다. 이 경우 융합연구개발이 지적 · 인적요소에 따라 결정됨을 고려하여 실질적인 연구활동을 지원하는 데 필요한 사항을 반영하여야 한다.

다만 평가제도의 법제화는 공동관리규정에 의한 국가연구개발의 일원화된 관리·평가제도를 훼손할 우려가 있으므로 향후 심층연구를 통해 신중한 검토·분석이 이루어져야 할 것이다. 그 외 융합연구개발 협력 촉진을 위한 인프라 지원제도의 도입·설계를 고려할 필요가 있다.

생각하고 나눠 보기

본 장에서는 대중적 유용성이 높은 융합연구와 국내외 융합연구정책에 대하여 살펴보았습니다. 다음 토의문제에 대해 고민해 보고 함께 이야기해 봅시다.

01 우리나라 융합연구의 유용성에 대해 논의해 보고 해결책을 생각해 봅시다.

02 유용성이 높은 융합연구 주제를 발굴해 봅시다.

03 융합연구정책 실현에 영향을 미치는 핵심동인이 무엇인지 생각해 봅시다.

04 융합연구 관련 법률을 살펴보고, 향후 융합연구 분야의 확장을 위해 법률 개정에 필요한 내용이 무엇인지 토의해 봅시다.

PART 4

융합연구 실제

07 Chapter 융합연구 계획단계의 실제

이현진

1 융합연구 준비단계

오늘날 융합적 연구는 점점 더 보편적인 연구방식으로 인식되고 있다. 앞서 2장에서도 말했듯이 이제 대부분의 사람들은 실제 우리 삶 속에서 해결하고 성찰해 가야 할 문제들이 더 이상 하나의 혹은 한두 개의 학문 분야적 관점으로만 접근하기 힘들다는 것을 안다. 가령 자율주행자동차에 대하여 논할 때 기술적 관점에서는 물론이고 법과 윤리의 관점까지 함께 접근되는 종합적 접근을 필요로 한다는 점을 잘 안다. 인공지능도 컴퓨터 기술을 포함하여 데이터 사이언스, 인지심리학, 언어학, 음성학 및 시지각 인지 등 다양한 영역이 함께 어우러져 논의되고 있다. 블록체인에 대한 이슈 역시 암호화페나 가상화페 논의로 발전하며, 기술 논의에서 확장되어 점차, 금융, 상업을 포함한 산업, 경제, 정치적 논의가 한데 어우러져 서로 개입해 간다. 얼마전 암호화폐에 대한 TV 토론회에서 유시민과 정재승의 치열한 논의는 하나의 대상에 대한 각 분야의 관점이 어떻게 다를 수 있는지를 잘 보여주었다.

이는 각 문제에 대한 분야 간의 이해가 서로를 필요로 함은 물론, 우리 사회가 당면하고 있는 이슈에 대하여 얼마나 다각도의 종합적인 관점에서 접근이 이루어져야 하는가를 잘 보여주는 예가 되었다. 이처럼 융합연구는 더 이상 새로이 등장하는 연구방식이기보다는 우리가 마주하는 얽히고설킨 문제를 구체적으로 해결해 나가기 위해 어쩔 수 없이 선택할 수밖에 없는 연구방식이 되어가고 있다.

이러한 융합연구를 시작하기 위해서는 본격적인 연구에 앞서 몇 가지 준비가 필요하다. 융합연구를 위한 준비는 어떻게 시작하는 게 좋을까?

일반적으로 가장 먼저 어떤 연구를 할 것인가의 연구과제를 정해야 할 것이다. 연구과제는 해결해야 하는 혹은 해결하고 싶은 이슈나 문제점을 떠올리고 구체화시켜 가며 접근하는 것이 좋다. 해결해야 할 구체적이며 흥미로운 문제가 있다면, 그리고 그것이 한 영역에서 해결할 수 있는 문제가 아니라 서로 다른 영역의 접근이 필요하다면 이는 융합연구의 과제가 된다. 연구문제가 정해졌으면 그 이후는 연구진행을 함께 할 공동연구자를 구성해야 할 것이다. 연구팀 내지는 연구자 간 협력체계를 구축하는 과정이 될 것이다. 방금 과제를 도출한 후 협력체계를 구성하라고 했으나, 사실 이 순서가 바뀌어도 상관없다. 해결하고자 하는 문제가 바로 떠오르거나 눈앞에 놓인 경우가 아니지만, 융합연구에 관심 있는 연구자들끼리 모여 함께 해결할 과제를 논의를 통해 도출해 보는 접근도 가능할 것이다. 훌륭하고 의미 있는 연구과제를 뽑기 위해서 구성원이 함께 난상토론을 벌이는 것도 좋은 연구과제를 찾아나가는 일반적인 방식이 될 수 있다.

하지만 이때 구성원 모두가 적극적인 참여를 할 수 있을 만한 흥미롭고 의미 있는 연구과제를 뽑아 내기 위해서는 연구과제 도출을 위한 브레인스토밍(brainstorming)의 과정에 상당 수준의 노력과 시간을 투자할 필요도 있다. 우리가 사는 세상에 산적해 있는 셀 수 없이 많은 문제 중 미래의 우리 삶에 도움이 될 주제를 하나 선정하는 것은 크게 어렵지 않을 것이다. 단 어떤 주제를 얼마나 새롭고 참신한 관점에서 접근해 갈 수 있는가가 중요할 것이다. 따라서 연구과제 도출과 연구진 구성의 순서는 연구를 준비하는 과정에서 크게 중요하지는 않다.

이에 더해 어떤 방식이건 무엇보다 중요한 것은 융합연구를 시도해 본 경험이라 말하고 싶다. 해결하고 싶은 문제 혹은 기존에 없었던 창의적 주제의 연구를 직접 수행해 나가는 경험은 그 다음의 융합연구를 위한 소중한 밑거름이 된다. 따라서 어찌 보면 보다 의미 있는 융합연구를 위해서는 융합연구의 경험을 많이 축적하는 것이 그 다음 연구를 위한 준비가 될 것이다. 경험이 쌓이면 다음 융합연구를 계획하고 준비하는 데 도움이 되는데, 이제 한 번 경험을 시작하고자 한다면 다음의 구체적 접근을 읽어보아도 도움이 될 것이다.

2 융합연구 과제 도출

모든 학문적이며 실천적인 연구가 그러하겠지만, 좋은 과제를 계획하려면 좋은 질문 만들기부터 시작해 보자. 먼저 좋은 질문이란 무엇일까? 이는 아마 이 작은 지면에서 논하기는 쉽지 않을 것이다. 일반적으로 좋은 질문이란 실제적으로 문제해결에 기여할 수 있는 창의적이며 새로운 관점을 유도하는 질문일 것이다. 또한 이는 주제적인 측면에서 새로운 접근이 될 수도 있고, 아니면 방법론적인 과정상에서의 새로운 접근을 유도하는 질문일 수도 있다. 좋은 질문은 너무 범위가 크지 않으며, 단계적으로 구체성을 가지고 접근할 수 있는 연구과정으로 이끌 수 있으면 좋다.

그렇다면 이러한 좋은 질문 만들기는 어떻게 가능한가? 과연 어떤 준비를 통해 가능해질까?

2.1 질문거리를 어디서 얻을까

김용찬 교수는 〈논문, 쓰다〉에서 좋은 질문을 만들기 위해 질문거리를 어디서 얻어야 할지 소개한다(김용찬, 2020, pp.65~78). 좋은 질문은 우연히 하늘에서 떨어지는 것이 아니다. 그는 내가 어떤 질문을 할지, 어떤 질문을 중요히 여길지, 어떤 질문을 우선시할지 등을 생각하라고 한다. 그리고 이는 내가 어떤 사회에서 살고 있는지에서부터 찾아나갈 수 있다고 말한다. 이는 곧 내가 어떤 학문적 공동체에 속해 있는지 파악하라는 길이다. 내가 속한 학문적 공동체를 파악하고 나면, 그 속에서 학문적 패러다임을 갖고자 노력해 갈 수 있다.

이어서 김용찬 교수는 좋은 질문을 얻기 위한 구체적인 방법도 소개한다. 먼저 그는 다른 사람들의 논문이나 책에서 질문을 찾거나 대중매체나 예술작품 등에서 질문을 찾아보라고 추천한다. SF소설과 영화 혹은 미술관 탐방 등이 그러한 좋은 노력이 될 것이다. 필자의 경우도 실제로 가족들과 함께한 여행 중 과학관, 박물관 등을 방문한 경험이 있는데, 이는 예상치 못하게 추후에 실제 융합연구에 적용할 수 있는 크고 작은 영감이 되어주었다. 또 김 교수는 평소 남들과의 대화나 토론에서 질문을 찾거나 실제 경험에서 질문을 찾으라고도 제안한다.

혹시 이 대목에서 누군가는 일반적인 논문의 주제를 잡는 것과 융합연구의 주제를 잡는 것은 다르지 않는가 반문할 수 있다. 그렇다면 여기에 몇 가지를 추가해 보자. 필자는 융합연구의 주제를 잘 잡기 위해서는 평소 다양한 분야에 대해, 세상에 대해 안테나를 계속 켜고 있으라 말하고 싶다. 이는 크게 어렵지 않게 실천할 수 있다. 매일 아침 침대에서 일어나기 전, 아니면 밤에 잠에 들기 위해 몸을 뒤척이면서 혹은 오고가는 지하철 속에서 신문기사 등을 꾸준히 읽는 방법도 좋다. 이때 여러 분야에서 올라오는 기사들을 허투루 지나치지 않으면 그것이 쌓여서 어느 순간 많은 영역의 지식이 얽히고설키는 경험을 하게 될 것이다.

실제로 우리 사회는 많은 사람과 많은 이슈들이 얽히고설켜 움직인다. 과거에는 중고등학교 때 공부하던 물리학과 생물학, 수학이 전공하고자 한 분야와 무슨 관련이 있을까 싶었다. 그러나 필자가 문화예술 영역에 있고, 특히 미디어아트 영역에 있어서일지는 몰라도, 영화, 드라마에서만 보더라도 인문학적 담론, 기술적 담론이 끼어들고 섞임을 발견할 수 있다.

화가 세잔이 마주한 자연과 그가 그린 회화는 미학뿐 아니라 철학에서도 생각할 거리를 준다. 그런데 이는 세상을 인지하는 새로운 방법을 보여주기에 뇌과학 분야에서도 세잔의 그림(있는 그대로가 아닌 세잔의 뇌와 신경이 해석해서 그린)은 관심 있게 연구되고 있다. 또 오늘날 의생명과학이나 자연과학과 인문사회 분야의 문제는 예상치 못한 부분에서 생각보다 폭넓게 만난다. 인류세시대 우리는 자연과 더불어 인간이 어떻게 살아가야 하는지 고민하게 된다. 이러한 고민 앞에서 다양한 문제들은 서로 끊임없이 교차한다. 몇 개의 예를 들었지만, 신문과 정기적으로 간행되는 학술지나 잡지, 책 등은 다양한 우리 사회의 모습들을 새로이 알게 해주는 재료를 제공한다.

세상을 향해 다양한 분야로 레이더를 켜는 것은 SNS를 통해서도 가능하다. 많은 이들은 SNS을 통해 자신이 관심을 가지는 영역에서 비슷한 관심을 공유하는 주변인들, 여러 관련 그룹들의 소식과 정보를 자연스럽게 주고받고 있다. 이들의 관심은 나의 관심이 되기도 하며, 내 관심사를 좀 더 넓고 깊게 확장시키게 만든다. 따라서 오늘날과 같은 정보기술시대에 단지 SNS에 꾸준히 들어가 보고 읽는 것으로도 다양한 분야를 레이더로 감지할 수 있다.

이에 더해 의미 있는 융합연구를 위한 질문을 찾고자 한다면 연구재단이나 융합연구총괄센터 등이 제공하는 다양한 인프라를 활용하는 것도 추천한다. 어떤 주제의 융합연구들이 어떻게 진행되고 있는지, 올해 새로이 선정된 연구는 어떤 문제를 다루는지 등도 지속적으로 살펴보고 관련 정보들을 업데이트해 볼 수 있을 것이다. 이러한 노력을 꾸준히 기울인다면 융합연구를 위한 좋은 질문을 싹 틔우는 출발이 될 수 있다. 필자는 특히 이러한 노력을 기울이며 각자 스스로 관심을 갖게 되는 문제적 공간(problem space), 곧 질문의 공간을 잘 찾으라 권고하고 싶다. 또한 이러한 질문의 공간을 찾고 나면 그 접근을 어떻게 해나갈지 구체화해 볼 수 있을 것이다. 이는 질문에 답하고 문제를 해결하는 방안, 즉 솔루션(solution)을 찾아가는 방식이 될 것이다. '문제적 공간'과 '솔루션'을 구체화하는 접근은 좋은 연구를 출발할 수 있는 기반이 된다.

2.2 연구주제 분야 트렌드 파악하기

위에서 책과 잡지, SNS의 정보에 대한 꾸준한 업데이트를 말했지만, 세상을 향해 레이더를 유지하는 방법은 우리가 사는 오늘의 사상과 기술 등이 변화, 발전해 가는 트렌드를 읽는 노력과 연결되기도 하다. 다시 말해 연구주제를 구상할 때는 변화하는 세상의 트렌드를 적극적으로 반영할 수 있다면 좋을 것이다. 물론 모든 경우가 그러한 것은 아니지만, 각 시대마다 그 시대만의 고유한 흐름과 정서가 있다. 그리고 그 시대가 당면한 해결해야 할 문제들이 있다. 사실 그 흐름을 잘 읽는 것만으로도 미래를 읽어나가는 힘이 될 때가 많고 좋은 연구문제를 찾아가는 방식이 된다.

이는 연구주제 영역과 분야의 트렌드를 파악하는 방식이기도 하지만, 관심 있는 주제가 있다면 관련한 연구자들의 연구 동향을 꾸준히 업데이트하는 것도 좋을 것이다. 이들의 연구가 어떻게 흘러가는지는 곧 내가 관심을 가지고 세상이 요청하는 문제에 접근하는 길과 맞닿아 있을 가능성이 크기 때문이다. 주목하는 연구자들이 있다면, 그들에 대한 정보를 꾸준히 업데이트하기 위해 노력하라. 더욱이 요즘과 같은 글로벌 네트워크 시대에는 외국과 정보의 시차와 간극은 없다. 외국 저자들의 책이 나오면 한두 주 차이는 있을지라도 국내 서점에서도 바로 온라인으로 구입하여 읽을 수 있다. 6개월 정도만 지나도 그 번역서가 국내 서점에 등장하는 시대다. 더욱이 지난 몇 년 간은 팬데믹으로 인해 그 어느 때보다도 온라인 화상회의 및 온갖 종류의 온라인 강연에 익숙해졌다. 유튜브와 인터넷을 통해 해외 유수기관에서 진행된 다양한 강연들은 더욱 다양한 시청자와 독자들을 위해 공개되고 있다. 이제는 이러한 강연과 세미나 등이 점차 시공간의 경계 없이 공유되는 시대가 된 것이다. 이는 독점하는 정보보다는 널리 공유하는 정보가 더욱 영향력을 가질 수 있는 정보이기 때문인 것 같다.

따라서 비록 모든 연구가 그럴 필요가 있다는 것은 아니지만, 현재의 학문적 트렌드 및 관심 분야 트렌드를 쫓고자 노력하라. 이를 읽지 않고 연구를 시작한다는 것은 연구준비가 게으르다는 소리이다. 새로운 연구를 준비한다면 부지런히 세상을 향해 눈과 귀를 열고 있어야 한다.

2.3 현재 변화하는 기술에 대한 고려도 필요

연구 분야 트렌드에는 기술적 트렌드에 대한 파악도 포함된다. 가상현실(VR)이나 인공지능(AI)연구와 같이 기술이 많이 개입되거나 활용되는 연구의 경우, 향후 나올 기술에 대해서도 가능한 한 자세히 파악하고 있으면 좋다. 기술의 변화 흐름은 연구계획단계에서도 잘 고려할 필요가 있으며, 연구과정 중에도 계속 업데이트할 필요가 있다.

가령 VR의 경우 어느 회사에서 어떤 제품을 출시할 예정이라는 소문이 미리 도는 경우가 있다. 필자의 연구팀은 VR 관련 연구를 지난 5년 여간 진행하였는데, 이런 소문이 들리면 가급적 새로이 출시되는 제품을 기준으로 연구를 업데이트하고자 했다. 이는 애써 연구한 내용이 시대에 뒤떨어지는 의도치 않은 결과를 예방하기 위한 노력이기도 하였다. 그럼에도 불구하고 예상치 못한 또 다른 새로운 기술은 계속하여 등장한다. 필자의 연구팀이 VR로 개발을 한창 진행하는 가운데 메타버스 기술이 등장하면서, 연구팀 연구를 메타버스에 접목하라는 주변의 권고도 많이 받았다. 필자의 연구팀은 그러한 권고를 따를 필요는 없다고 판단하였으나, 때로는 지속적으로 업데이트되고 변화하는 기술을 활용해 프로젝트를 유연하게 변화시켜 나가야 할 필요가 생기기도 한다. 따라서 이러한 변화하는 기술에 대하여 민감한 태도를 유지하는 것도 준비단계에서부터 좋은 전략이 될 것이다.

한편 시장 상황에 따라 원하는 제품이 연구자가 기대한 시기, 기대한 일정으로 출시되는 것이 아닐 때도 있다. 또 원하는 연구장비나 기기가 기대하는 시기에 도착하지 않을 수도 있다. 필자의 연구팀에서는 코로나19로 인해 연구개발 장비가 무한정 늦어지게 된 경우도 있었고, 러시아-우크라이나 전쟁으로 인해 외국에서 구입한 장비의 배송이 하염없이 늦어지기도 했다. 이 같은 전쟁과 팬데믹 상황은 연구에서 여러 변수를 만든다. 따라서 연구를 진행하며 기술적 활용이 있는 경우 기술적 트렌드 변화에 민감하되, 또한 여러 의도치 않은 변수도 고려하여 유연한 접근을 하는 것이 좋다.

2.4 생각하는 연구주제와 관련된 선행연구 조사

막연하게나마 하고자 하는 연구가 있다면, 구상하고 있는 연구주제 영역과 범위 내에서 관련된 선행연구 사례들을 찾아보는 것도 큰 도움이 된다. 그것이 범용적인 주제라면 국내뿐만 아니라 외국의 사례들을 찾으며 연구동향을 파악해 볼 수 있다. 이를 통해 연구자가 구상하는 연구문제들과 유사한 연구를 진행하고 있는 연구자들이 있는지, 그들과 내 문제는 서로 어떻게 같고 어떻게 차별화되는지 살펴볼 수 있다. 또한 생각하는 연구대상과 주제가 공간적으로나 시간적으로 독창적인 주제나 대상일 경우, 해당 시공간의 범주 안에서 다양한 유사 주제의 연구를 살펴볼 수 있을 것이다.

필자가 진행한 '성학십도 VR' 연구는 연구대상이 고전(古典) 작품에서 출발하여 가상현실(Virtual Reality: VR)이라는 오늘날 시대의 기술로 재해석하는 연구이다. 조금 뒤에 좀 더 본 연구에 대하여 자세히 설명하겠지만, 이 연구를 구상하던 시기, 필자 역시 선행연구를 찾아 검토했다. 우리의 연구는 '성학십도(聖學十圖)'라는 특정 작업에서 출발했으므로 제일 먼저 성학십도와 관련된 연구를 찾아보아야 했다. 우리의 연구는 단지 철학적 접근만을 추구하는 연구는 아니므로 철학적 의미가 시각적 정보화 혹은 미디어아트적 접근과 연결되는 융합적 특징의 연구들을 보다 중점적으로 찾아보려 했다. 그 결과 성학십도와 관련된 디자인 쪽 국내 연구 등을 한두 개 발견했고 그 밖에 동양철학 범위에서의 텍스트인 '주역(I Ching)'을 미디어아트 작품화한 예도 찾을 수 있었다.

그러나 생각보다 철학적 고전 작품이나 추상적이고 관념적인 철학적 내용을 시각화하거나 미디어아트 작업, 특히 현대기술과 연결시켜 작업한 예들을 찾기는 쉽지 않았다. 또 당시는 아니었으나, 그 후 얼마 지나지 않아 싱가포르에서 셰익스피어 희곡 작업을 VR로 만나면서 우리와 같이 고전이나 문학 작업을 새로운 기술로 재해석하거나 각색하는 작업에 대한 선행연구도 추가되었다. 또 문화유산과 관련한 여러 연구들로도 선행연구를 발견하였다. 사원이나 탑 등 건축 유산을 체험형 콘텐츠로 바꾸는 예들이 그러했다. 이렇게 선행연구를 조사하고 또한 관련 연구들의 리스트를 추가하는 과정은 필자의 연구팀에서 접근하고자 하는 연구가 어떠한 학문적이고 산업적인 지형 안에 위치되는가 좀 더 깊게 이해해 보는 데 큰 도움이 되었다. 또 국내외 사례들을 찾으며 그 틈새에서 전에 생각하지 못했던 새로운 아이디어도 얻을 수 있었다. 선행연구는 추후 연구가 진행되며 점차 관련 연구들로 확대되기 마련인데, 이러한 유사 연구와 관련 연구들의 범위를 계속 확대하여 나가는 것도 융합연구를 진행하며 지속적으로 도움이 된다.

2.5 학제간의 틈에서 생각하기

융합연구에서 좋은 질문은 대체로 학제간 틈에서 찾기 수월할 수 있다. 바로 이 틈이 융합연구를 필요로 하는 부분이기 때문이다. 가령 한 전공 영역에서는 당연하게 받아들이는 지점이 다른 영역의 시선에서는 불편하고 안타깝게 보이는 경우가 있다.

한 사례로 과거 필자가 아트 디자인 전공학생들과 함께 진행했던 융합연구 중 의대 랩에서 단백질체학(proteomics) 연구자들과 함께 진행했던 연구 프로젝트가 있었다. 이 의대 랩은 수백 명의 환자의 수백만 개의 단백질을 빅데이터화하여 이들의 변이과정을 정상인의 데이터와 비교하는 연구를 진행하고 있었다. 이들과 아트 디자인 학생들은 이 프로젝트를 위해 처음 만난 관계였다. 따라서 융합연구를 위한 주제가 정해져 있지 않은 상태에서 연구문제 도출이 선행되어야 했다. 이들은 문제를 찾기 위해 몇 차례의 논의 기회를 가지며, 서로가 함께할 수 있는 부분이 무엇일지 이야기 나누었다. 논의 중 의대 랩의 연구원들은 그들의 연구가 많은 시간 단백질 네트워크 및 단백질 상호작용을 효율적으로 시각화해 주는 사이토 스케이프(cytoscape) 소프트웨어 플랫폼을 통해 진행되고 있다고 알려주었다. 단백질 변이과정에 대한 복잡한 데이터 분석이 이 플랫폼을 경유해 이루어지는 것이었다.

그러나 이 소프트웨어는 한 세포 내에 수많은 단백질 간의 복잡한 상호작용을 데이터 간의 관계에 의존해 시각화하는 문제점이 있다는 점도 논의되었다. 또 단백질 구조의 여러 관계들이 노드와 엣지 집합으로만 레이아웃되고 있는 한계도 있었다. 이를 듣고 있던 아트 디자인 학생들은 이러한 문제를 그들이 가진 시지각적 사고력과 관련 소프트웨어 경험을 통해 접근해 가기 시작했다. 그들은 많은 시간 포토샵 및 각종 2D와 Maya, Cinema 4D 등의 3D 소프트웨어, 그리고 프리미어 및 Final Cut, After Effect 등의 영상 편집 소프트웨어프로그램을 다루는 이들이었다.

이들의 작업적 경험은 시지각적 데이터가 어떻게 표현되고 소프트웨어상에서 연출될 수 있을지 다양한 아이디어를 낼 수 있는 배경이 되었다. 그리하여 의대 연구원들이 느끼는 소프트웨어 이용에서의 불편함을 해결하기 위한 새로운 기능을 구상하는 과제로 연결되었다. 이렇듯 서로 다른 영역의 연구자들이 가지는 전문적 관점이 만나면 현재 상황의 한계를 극복하는 새로운 아이디어를 낼 수 있는 기회가 마련될 수 있다. 이것이 바로 스파크가 튀는 순간들이며 융합연구의 묘미가 발현되는 순간이다.

위에서 말한 학제간의 틈에서 도출된 융합연구 과제는 하나의 소프트웨어가 개선될 수 있는 방안을 모색하였다는 데서 그리 크지 않은 범위의 문제를 해결하기 위한 연구로 진행된 사례라 볼 수 있다. 비록 그 이후 이렇다 할 연구가 본격적으로 이루어지지는 않았으나, 이러한 학제적 틈은 시너지를 가져올 수 있는 보다 확장될 수 있는 연구 아이디어를 끊임없이 생산하는 보고이다.

연구의 범위의 규모와 해결할 문제의 시급성은 처음 시작하는 연구자라면 크게 중요치 않다. 하나의 문제를 해결한 경험은 또 다른 확장된 문제를 바라볼 수 있는 능력을 키워주기 마련이기 때문이다. 세상은 넓고 할일은 많다. 곳곳에 밝혀지지 않은 문제들, 세심한 시선을 필요로 하는 연구 영역들이 널려 있다.

2.6 융합연구를 위한 현장에서 경험하기

단지 학제간 틈에서 연구주제에 대한 인식이 바로 발견되는 것은 아닐 것이다. 이는 다양한 현장 경험이 동반될 때 더욱 가속화될 수 있다. 융합연구를 위한 좋은 질문도 바로 구할 수 있다면 좋겠지만 혹여 주제를 도출하였다 하더라도 각론으로 들어가 구체적 연구방식에 대해 계획할 때, 선행되는 융합적 현장에서의 경험과 지식, 지혜는 많으면 많을수록 도움이 된다. 따라서 김용찬 교수도 말했듯이 직접 융합연구가 이루어질 수 있는 현장에 뛰어들어가 보고 경험해 보는 것도 소중하다.

필자는 그러한 융합연구의 현장 경험 가운데서도 현장에 한쪽 발만 살짝 담가보는 정도가 아니라, 깊숙이 침투해 실제 프로젝트들을 다수 진행하며 경험하는 이해와 실천이 수반되면 더 좋다고 말하고 싶다. 이는 언어학습으로 말하자면, 단순히 언어를 교과서나 하나의 학습서로 배우는 데 그치는 게 아니라 그 언어권 국가에 가서 일정기간 살아보며 삶의 현장에서 그 언어를 사용하는 사람들과 실제 접촉하고 일하며 경험하는 것과 같다. 이때 비로소 그 언어를 보다 깊이 있게 알게 될 테니 말이다. 그리고 이 현장 경험의 과정은 서로의 사고체계가 다름을 인지하는 정도를 넘어 아예 상대의 관점으로 자신을 이동시킬 수 있는 능력을 갖추어 가는 길이기도 하다.

2장에서도 말했지만, 학부를 미대를 졸업한 필자는 과거 공대 랩실에 들어가 생활한 적이 있다. 처음 그곳에 들어가서 한동안 필자는 공대생의 학습내용이나 용어를 익히고, 시시때때로 펼쳐지는 그들의 농담까지 이해하고 따라가면서 서서히 그들의 관심사를 파악하기 위해 인고의 세월을 보냈던 적이 있다. 이러한 첫 단계가 타자를 이해하기 위한 단계에 머물렀다면, 그 다음은 나만의 프로젝트를 수행하기 위한 협력자를 구하는 단계이다. 그 속에서 그들도 관심을 가질 만한 나만의 목소리를 찾아가기까지의 시간인 것이다. 이 내용은 필자가 쓴 "융합을 위한 장님 삼년, 벙어리 삼년, 귀머거리 삼년"(이현진, 2020)이란 글에 보다 자세히 기술했는데 제목으로 쓴 이 문구는 한국전통사회에서 한(恨)을 안고 살아가는 여성의 삶, 친정을 떠나 시집이라는 새 공간에서 새 가족의 일원이 되고 새 삶을 일궈내는 과정이 얼마나 어려운지 표현한 이야기로 널리 알려져 있다. 사실 이 시간들을 모두 합치면 십 년에 가까운 시간이다. 그리고 십 년이면 강산도 변한다는 세월이다. 즉 이는 한 인물이 이미 구성된 어떤 가족의 새로운 구성원이 되려면, 강산이 변하는 시간만큼의 노력이 필요함을 은유적으로 말하는 것이리라.

그런데 이 십 년이란 시간은 말콤 글래드웰이 〈아웃라이어(*Outliers*)〉에서 말한 1만 시간과도 연결되는 상징적 시간이다. 이 책 역시 한 분야에서 일정 수준 이상의 성과를 만들어 내기 위해 '1만 시간의 법칙,' 즉 1만 시간 동안의 학습과 경험을 통한 준비와 훈련이 필요하다고 주장한다. 이쯤 되면 동서양을 불문하고, 새로운 세계에 들어가 잘 적응된 일원이 되고, 사고체계를 새로이 장착한 융합적 인물이 되기 위해서는 이렇듯 오랜 시간을 투자할 수밖에 없다는 생각이 든다. 필자가 말한 공대 랩실에서의 융합적 연구경험은 현재도 예술과 공학은 물론, 그 외의 분야까지 아우르는 융합연구를 가능하게 만들어 주는 소중한 자산을 싹 틔운 시간이었다. 바로 이러한 경험에 힘입어 지난 수년간 다수의 융합연구를 진행할 수 있었다.

다시 논의로 돌아가 정리하면, 융합연구 문제를 도출하려면, 학제간의 틈을 잘 파악해 보는 것이 좋다. 그러기 위해서는 먼저 융합연구 기회가 마련될 수 있는 현장에 뛰어들어가 보고 그 속에서 여러 타자를 파악하고 타자의 시선을 통해 세상을 바라보는 안목을 쌓는 것이 중요하다. 그들의 언어와 사고방식, 태도와 농담까지 맞추어 가는 노력은 동시에 그 안에서 자신이 그들과 어떻게 다른 관점을 가지고 있고, 다른 방식으로 사고하는지를 자기반영적으로 파악해 보는 경험이 될 것이다. 이러한 가운데 학문과 전공 영역 간의 생각의 방식의 차이를 이해해 보는 것은 융합연구 문제 도출은 물론이고, 이후 본격적인 연구를 수행하여 나가는 데 있어서도 매우 중요한 역할을 할 것이다.

3 융합연구 연구자 간 협력체계 구성

융합연구 연구자 간 협력체계 구성은 사실 바로 위에서 소개한 '융합연구 과제 도출'과 순서상 앞설 수도 있고 서로 뒤바뀔 수도 있다. 다시 말해, 융합연구 과제를 한 명 혹은 소수의 연구자가 먼저 도출한 후, 그 주제를 실현시키기 위해 적합한 협력자를 모으고 협력체계를 구성할 수도 있으며 혹은 이미 친밀하고 어느 정도의 돈독한 관계가 맺어진 구성원들이 하나의 연구팀이 되어 함께 연구할 프로젝트의 주제를 논의하고 선정할 수도 있다. 따라서 이 순서가 크게 중요하지는 않다.

다만 연구자 간의 협력체계를 구성하는 데 신뢰할 수 있는 관계가 마련되는 것은 어느 경우이든 매우 중요하다. 사실 연구가 구성되고 시작될 때는 모든 팀이 매우 의욕적이고 돈독하다. 그러나 연구가 진행되면서 그러한 돈독한 관계에도 조금씩 변화가 생기기 마련이다. 먼저 공동연구원의 개인적인 차원에서의 변화가 있을 수 있다. 졸업 혹은 취업, 이직 등의 개인적 이유로 신분과 소속이 변화될 수도 있으며, 결혼하여 가정을 꾸리거나 아이를 낳거나 하는 가정상의 변화도 있을 수 있다. 소속과 신분의 변화는 생각보다 큰 변화이다. 한 개인의 삶이 매우 급변할 수 있기 때문이다. 갑자기 삶에서 중요하게 처리해야 할 일이 많이 생기기도 하고, 일 처리의 경중이 달라지고 일의 순서가 바뀌기도 한다. 이런 변화 때문에 이사하여 외국에 나가기도 하고 지방으로 거처를 옮기기도 한다. 때때로 구성원 사이의 시공간상의 삶의 변화는 공동연구에서 무시할 수 없는 변화로 이어지기도 한다. 이는 연구팀 지형에도 예상치 못한 큰 변화를 가져올 수도 있다. 또한 본인이 병이 나기도 하고, 가족 구성원을 돌봐야 하는 상황에 처하는 가정상의 변화가 생길 수도 있다. 이럴 경우, 연구원의 딱한 사정 앞에서 연구책임자는 해당 연구원이 맡은 연구의 진행을 종용하기 어렵다.

한편 연구그룹 내에서도, 연구가 진행되며 연구과정에서 발생한 혹은 외부에서 개입된 여러 상황과 사건들로 미묘한 감정이 뒤섞이며 관계에서의 정서적 거리가 격변하는 경우도 있다. 이런 정서적 거리의 변화는 연구원들이 연구에 임하는 자세를 소극적으로 변화시키기도 하고, 간혹 어떤 이들은 아예 전체의 상황에서 벗어나고자 연구팀에서 서서히 사라지기도 한다. 연구팀 내에서도 이렇듯 여러 관계적 구성이 알게 모르게 작동한다.

이런 내용을 자세히 적은 이유는 지난 5년간 융합연구를 공동연구로 진행해 온 필자에게도 여러 연구원들과 함께 일하며 경험하게 된 여러 가지 뼈아픈 일들이 있기 때문이다. 지난 몇 년간 코로나로 인해 연구팀 정규회의마저 온라인으로 진행하면서 밥을 함께 먹고, 수다를 떨던 시기를 갖지 못한 게 큰 이유일 수 있다. 만나고 대면하면 해결될 일들이 그렇지 못해 문제를 만드는 경우도 많았다고 생각된다. 위와 같은 변화는 예상치 못한 변화이기에 미리 대응할 수 있는 방안을 마련하는 것은 쉽지 않다. 하지만 이러한 경우를 제외하고는 많은 경우 발생할 수 있는 예상되는 문제를 미리 파악하고 사전에 방지하도록 노력한다면 도움이 될 수 있다. 그리고 꼭 기억할 것은 아무리 작은 연구팀이라도 하나의 소규모 사회라는 사실이다.

그 외에 연구자 간의 협력체계를 구성할 때 연구자 간의 능력과 관점의 차이를 인정하는 것도 중요하다. 또 개별 연구자의 관심사의 범위와 성장 방향도 연구가 장기화될 때 파악해 볼 중요한 고려사항이다.

잘 모르는 연구자와 공동연구를 시작하고자 할 때는 절대 해당 연구자의 전공 영역만을 보지 말고, 그 영역 안에서의 관심 분야 등까지 면밀히 살필 필요가 있다. 이는 해당 연구자의 논문들을 읽고 전체 논문 리스트들을 파악하거나 몇몇 발표된 내용을 찾아보면 금세 파악된다. 설령 잘 모르는 연구자라도 이러한 접근을 통해 보다 융합연구 프로젝트 주제와 방법론에 적합할 인물을 찾아나갈 수 있다.

한편 연구팀 내에서 원만한 연구관계를 유지해 가기 위해서는 때로는 소정의 융합연구의 결과가 논문으로 정리되거나 발표될 때, 협력연구자들 간의 저자성을 잘 정리하는 것도 중요하다. 이는 매우 민감한 문제일 수 있으며 많은 경우 이러한 과정에서 크고 작은 갈등이 생기기도 한다. 연구자 간의 저자성에 대한 사전 논의가 미비하고, 그로 인해 사소한 오해와 갈등, 불만이 생길 경우 가깝고 긴밀한 관계가 급격히 소원해질 수 있다. 또 연구자 간의 신뢰는 급격하게 무너지기 마련이다. 그리고 이는 연구팀의 팀워크를 상실하게 만든다. 이는 어디서나 매우 민감한 문제이기 때문에 늘 조심하고 미리 공동체 안에서 논의되는 것이 좋다.

한편 이때 따로 명확한 기준이 있으면 좋겠지만 일괄적으로 적용할 수 있는 기준이 있는 것은 아니기에 어려움이 생긴다. 각 분야마다 역할이나 연구의 기여도 측면에서의 저자성을 부여하는 관습적인 기준이나 체계가 있을 것이기 때문에 이를 잘 고려하거나 파악하기도 쉽지 않다. 연구팀원들 사이에는 융합연구가 처음인 구성원도 있다. 이들에게는 이러한 갈등의 상황이 처음 마주하는 경험이 되기도 한다. 그러나 한 가지 확실한 것은 연구팀 내에서 미리 체계를 세워 두고 관련 상황이 불거질 때, 논의의 기준으로 삼을 수 있다면 도움이 될 것이다.

따라서 관련된 룰을 미리 세우고 공유하고 중간중간 빈번하게 논의하면 좋을 것이다. 필자의 경우 이에 대하여는 연구재단이나 소속 대학교 등에서 여러 평등한 협력관계에 대해 안내해 주는 동영상도 초기 그 어려움을 파악하거나 공동연구원들에게 관련 어려움을 상기시키는 데 도움이 되었다. 만일 당신이 연구책임자라면 특히 이러한 가이드라인을 미리 듣고 잘 정리하여, 적시에 올바르게 대응하는 것이 좋다. 때에 따라서는 연구책임자의 중재가 절실한 순간이 나타나기 때문이다.

3.1 연구 범위 설정과 계획

융합연구를 잘 진행하기 위해서는 연구 범위와 한계설정도 체계적으로 잘 마련해야 한다. 보통 연구 계획단계에서부터 연구가 진행될 범위에 대해 미리 잘 가늠할 필요가 있다는 이야기이다. 과제 도출 시 연차별로 혹은 단계별로 주어진 기간 내에 가능한 범위 안에서 계획을 짜는 경우가 많다. 너무 의욕이 앞선 나머지 크게 무리한 계획을 세우는 것은 추천하지 않는다. 그러나 그렇다고 너무 축소하면 연구를 지원하는 평가자나 심사위원에게 소극적으로 비추어질 수도 있다. 따라서 무리하지는 않되 소극적일 필요는 없이 잘 계획하여야 한다.

방금 말한 이 대목은 다소 모순되게 들릴 수 있는데, 무리하지 말라는 것은 융합연구에는 항상 연구 초반에 예상치 못한 지연을 예상하고 가정해야 하기 때문이다. 이미 공동연구원들 사이에 관계가 끈끈하게 쌓여 있다면, 본격적인 융합연구에 바로 도입될 수도 있다. 그러나 연구를 위해 새로이 조직된 구성원들이 모여 있다면 서로 간에 라포(rapport) 형성을 위한 시간은 물론, 이를 바탕으로 유대관계와 신뢰관계를 구축해 가는 시간이 필수적으로 연구 초반에 포함되어야 한다. 따라서 이러한 연구 초반에는 서서히 진행하되, 구체적이고 단단한 출발을 시도하는 계획을 세워야 한다. 또한 앞서 말했듯이 기술적으로나 연구팀 내에서의 인력 간의 역할과 사정이 변화할 수 있기에, 유동적으로 대응할 수 있는 방안과 여유도 사전에 계획할 수 있으면 좋다.

때때로 연구기간은 3년에서 5년 혹은 그 이상 긴 시간으로 계획되는 경우도 있다. 이럴 경우, 초반에 너무 과도한 계획을 세우면 연구원들이 지칠 수 있다. 따라서 전체 연구원들이 장기간의 연구에서 서로 건강하고 화목하게 연구를 진행할 수 있도록 기간별·단계별 연구범위 설정에도 신경을 써서 계획한다.

3.2 융합연구 계획단계의 실제 사례('성학십도 VR' 연구 사례)

그렇다면 융합연구 계획단계의 실제 사례를 들어본다. 앞서 제시한 것처럼 아트디자인 학생들과 의대 랩의 연구원들이 만나 진행한 연구 역시 이러한 사례이다. 그 밖에 필자에게 현재 이 순간에도 진행 중인 연구인 '성학십도 VR'이 어떻게 계획되었는지 그 당시로 돌아가 좀 더 자세히 소개하고자 한다.

필자는 "퇴계 성학십도 VR: 동양철학개념의 체험적 시공간화 연구(VR for Toegye's Ten Diagrams on Sage Learning: A Project of Creating Experiential Space-Time based on the Concept of Eastern Philosophy)"를 지난 5년간 진행했다. 이 연구는 한국연구재단 인문사회 분야 학제간 융합연구 지원을 받아 2017년 9월부터 시작되었다. 이 연구가 싹을 틔우게 된 과정을 짧게 소개하는 것은 융합연구가 어떻게 계획되고 준비될 수 있는지 소개할 수 있는 하나의 사례가 될 것이다. 필자는 미디어아트 분야 연구자이자 작가이다.

본 연구과제는 필자가 동서양비교철학 연구자인 이원진 교수와 함께 나눴던 가벼운 대화에서 구체화되기 시작했다. 이 교수는 퇴계 성학십도의 X자 구도 및 규방원 등의 구조적인 문제로 박사학위를 받았다. 2017년 어느 날 카페에서 만난 이 박사는 필자에게 16살에 왕에 즉위한 선조 임금에게 성군(聖君)이 되라고 올린 상소문인 '성학십도(聖學十圖)'가 가지는 흥미로움과 훌륭함에 대하여 말해주었다. 그에게 퇴계는 세상의 근원이자 이치와 현실적 삶, 리(理)와 기(氣) 사이에 끊임없는 균형을 맞추려고 평생 노력해 온 존경하는 연구자이기도 했다. 이 교수는 퇴계의 관점이 시대를 초월하여 오늘날까지도 의미를 가진다고 말해주었다. 성학십도에 대하여 단지 중고등학교 시절 교과서에서 본 내용 정도로만 기억하던 필자에게 이러한 이야기는 단순히 조금씩 귀동냥하는 수준으로 이해되었다.

그런데 그날 카페에서 나눈 대화는 이 교수가 필자에게 성학십도 하나하나의 그림을 눈앞에서 보여주면서 급변했다. 미디어아트 연구자이자 시각예술가인 필자에게 열 개의 그림은 구조적인 동시에 인포그래픽적으로 보였다. 이는 이 성학십도의 기호들과 그림들이 때때로 매우 입체적이기도 하고 움직이는 듯 보이기도 하지 않나는 질문으로부터 더욱 흥미로워졌다. 우리의 논의는 성학십도의 도상과 기호들이 만약 동영상이나 3D로 구현된다면 어떨까에 대한 논의로 흘러갔다. 오늘날과 같이 동영상 미디어 기술이 퇴계 선생에게도 제공되었다면, 분명 성학십도 병풍은 다른 모습이었을 것이다. 필자는 이에 오늘날의 영상기술로 이들을 영상화하고 입체화할 수 있음은 물론이고, 한걸음 더 나가 보는 사람을 그 입체화된 콘텐츠 속에 위치시키면 어떨까 제안했다. 가상현실기술을 적용한다면 가능할 수 있기 때문이다. VR로 만들어진 성학십도는 그 관람자를 그림 내부로 들어가 구조를 바라보게 만들 수 있고, 정보의 흐름을 보다 거시적으로 지켜볼 수 있게 해줄 것이다.

한편 성학십도 VR 프로젝트가 기존 VR의 수많은 형태인 재현 혹은 시뮬레이션이 아닌, 철학적이고 개념적이며, 때로는 명상적(meditative)이며 성찰적이고(reflective) 정신적(spiritual)인 공간으로 만들어질 수 있다면, 그리하여 만약 VR 안에 개념적이고 정신적인 모델을 구축하고, 그 개념적이고 구조적인 세계를 관객이 탐험하고 체험할 수 있게 할 수만 있다면 이는 현재 VR의 모습에서 분명 한걸음 더 나아가는, 매체적으로도 새로운 시도가 될 수 있으리라 상상하게 되었다.

'성학십도 VR'이라는 연구주제는 위와 같은 과정을 통해 출발하게 된 것이다. 우리는 며칠 후 이러한 꿈과 공상들을 곧바로 실현시키기로 마음먹었다. 때마침 한국연구재단의 학제간 융합연구 프로그램의 지원이 가능한 기간이어서 그 준비는 더욱 구체적으로 계획되어야 했다. 당시 정말 우리의 가능성을 누군가가 알아봐 주었으면 하는 간절한 마음이 가득했다. 또한 융합연구를 온전하게 진행하기 위해서는 연구진을 구성해야 했다. 그리하여 필자는 인지과학과 예술 연구자, 성리학 및 동양철학 연구자, 인지과학 및 VR 기술공학 연구자, 빅데이터 연구자 및 감성과학 연구자, 그리고 컴퓨터 공학의 HCI(Human Computer Interface) 전문연구자들을 찾아다녔다. 당시 필자가 만난 연구진들 중에는 이 연구를 위해 새롭게 만나게 된 연구진도 여럿 있었다. 촉박한 시간에도 연구팀 구성은 한 명씩 연구자가 늘어나며 이들을 통해 좀 더 새롭고 우리 연구에 필요한 또 다른 연구자들을 물색할 수 있었다. 다행히 소개로 만나게 된 연구자들은 우리의 계획에 관심을 가져주고 흔쾌히 협력에 동의해 주었다. 지금 생각해 보면 운도 크게 따랐고, 석사과정 때부터 융합연구를 하기 좋은 환경에서 오랫동안 공부했던 경험도 도움이 되었다.

이렇게 계획된 연구는 2017년 가을에 시작되어 3년간의 1단계 연구, 2년간의 2단계 연구로 시작되었다. 그리고 '성학십도 VR' 연구는 2020년 여름 연구재단의 단계평가를 통과하여 2단계 연구로 진행되었다. 이 글을 쓰고 있는 2022년 현재는 총 5년간의 연구가 마무리되는 단계이다.

지금까지 융합연구가 어떻게 기획될 수 있는지에 대하여 설명했다. 융합연구는 수없이 다양할 수 있고, 그러한 다양성이 융합연구의 매력이 될 수 있다. 따라서 이 글에서 제시한 한두 개의 사례들을 융합연구의 전형으로 제시할 수는 없겠지만, 만일 융합연구를 처음으로 시작하고자 하는 독자가 있다면, 먼저 열린 마음을 가지고 접근하면서 하나둘씩 경험을 쌓아 나갈 것을 제안한다. 융합연구는 쉽지 않다. 그러나 분명 고생한 만큼 보람도 크다. 또한 연구가 잘 진행되었을 때 그 결과물에서의 만족감도 크다. 이는 또 다른 융합연구를 새로이 시도하거나, 진행하는 융합연구를 계속 발전시켜 가는 동기로 작용한다.

생각하고 나눠 보기

본 장에서는 융합연구 계획 시 연구자들이 참고할 수 있는 준비단계, 과제 도출방법, 융합연구 연구자 간 협력체계 구성방법 등을 제시하고, '성학십도 VR' 연구 사례를 통한 실제 계획단계 운영 사례를 살펴보았습니다. 다음 토의문제에 대해 고민해 보고 함께 이야기해 봅시다.

01 융합연구를 시작하기 위한 준비단계를 살펴보고, 준비단계에 필요한 나만의 생각을 공유해 봅시다.

02 융합연구 과제 도출과 연구자 간 협력체계 구성에 대해 살펴보고, 과제 도출 및 협력체계를 해본 나만의 경험을 이야기해 봅시다.

08 Chapter 융합연구 진행단계의 실제

노영희

복잡해지는 사회·경제·문화 현상속에서 빠르게 진행되는 기술의 개발과 진보로 인간의 삶은 점점 더 편리해지는 듯하다. 하지만 빠르게 변화한다는 것이 마냥 유익한 것만은 아니다. 기술의 진보와는 별개로 양극화와 사회적 불평등은 더욱 심화되고 있다. 이처럼 빠르게 변화하는 기술환경은 다양한 사회문제를 만들어 내고 이러한 문제들을 해결하기 위해 일각에서는 기술적 개선과 제도적 개선을 게을리하지 않는다. 하지만 문제요인들이 복잡해지고 편리한 삶을 약속하는 기술들마저도 문제 요인들과 얽히면서 근래의 사회문제들은 한 가지 방법론으로 해결할 수 있는 범주를 벗어났다고 보는 것이 마땅하다. 이러한 복잡한 문제들을 해결하기 위한 시도를 융복합연구에서 찾아볼 수 있다. 융합연구는 근본적으로 복잡한 사회적 문제의 본질을 다양한 관점에서 파악하고 해결하는 데 있어 단순히 학술적인 노력에서 그치는 것이 아니라 그 과정에서 혁신을 추구한다(노영희·박민수, 2020).

융합연구의 역사를 보면, 17세기 과학혁명 이후 19세기 후반까지 이루어진 개별 학문들 및 과학기술들의 특수화, 세분화, 그리고 전문화를 배경으로 하고 있으며, 학문 분야들은 서로 독립적으로 문화적·관념적·철학적 관점이 상이하게 발전해 오면서 서로 다른 학문적 배경을 가진 연구자들 간에 상호 지식을 공유하기 어려운 많은 장애요인을 내포하고 있다. 이러한 이유로 융합연구 수행과정에 연구자들 간의 협력을 위한 의사소통의 시간을 별도로 가져야 한다는 필요성이 제기되었다(강남준, 2008; 한승환·경정운, 2010).

학제의 경계를 넘어 혁신을 추구하며 개척자로서 평가받아야 할 융합연구자들의 노력이 그 가능성과 잠재력을 인정받고 다음 단계로 도약하기 위해서는 융합연구를 수행함에 있어 적절한 융합연구 방법론을 사용해야 하고, 이에 연구자가 추구하는 융합연구에 맞는 방법론을 도출하고, 적절한 방식을 활용한 자료수집을 행해야 할 것이다. 따라서 본 장에서는 융합연구의 도출과 자료수집에 있어 분야 간 소통을 위한 다양한 방법을 활용하여야 한다. 이때 도출을 위한 방법론은 어떤 것이 있고, 연구현장에서는 어떻게 방법론을 활용하여 구성하는지 실제적인 사례를 중심으로 제시함으로써 융합연구에 대한 이해를 돕고자 한다.

1 융합연구방법론은 어떻게 만들어지는가?

1.1 공동의 기반 구축을 위한 연구방법론

연구방법론의 주요 기능은 어떤 공통 경험을 공유하기를 원하는 연구자들 사이에 의사소통을 원활하게 해주는 것이며, 과학적 방법론은 추론된 지식의 논리적 기초를 명백하게 밝혀 준다. 융합연구는 공동의 기반 구축이 중요하다. 이는 연구에 참여한 학문 분야 간의 차이를 극복하기 위한 노력으로, 연구문제에 대한 핵심개념을 이해하고, 다른 학문 분야와 지식을 배우며, 자신의 학문 분야에서 사용하는 전문용어를 탈피하여 연구자들이 공동으로 사용할 수 있는 언어의 기반을 구축하는 것을 포함한다. 학문 분야에 따라 적용하는 연구방법론은 매우 다양하며 차이 또한 존재한다. 따라서 실질적으로 융합연구를 진행하기 위해서는 어떤 연구방법론을 사용할 것인가에 대하여 연구진 간 깊이 있는 논의가 필요하다.

이에 대한 예시로 ICT에 기반한 노년 활력지수와 노년 활력 증진프로그램의 개발을 진행하고 있는 최기홍 교수 연구팀은 두 가지 연구목표를 설정하고 문헌리뷰를 통하여 적용 가능한 연구방법을 도출하였다. 이를 위해 연구주제 및 연구문제를 주도적으로 담당한 팀에서는 Top-down방식으로 연구의 방향성과 관련한 연구방법론을 제안하고, 각 융합연구팀에서는 Bottom-up방식으로 실질적으로 적용할 수 있는 연구방법론을 검토하였다.

노년 인구가 다양한 삶의 영역에서 삶의 활력을 갖고 살아나갈 수 있도록 돕기 위해 본 연구팀은 '노년 활력 지수(Senior Vitality Quotient: SVQ)의 개발'과 '노년 활력 증진프로그램의 개발'이라는 연구문제를 도출하였다. 연구문제를 도출하기 위해 우선 노년의 '활력'이라는 개념을 정의할 필요가 있었다. 성공적인 노년에 대한 문헌 리뷰를 통하여 노년 활력의 구성요소로 생리학적 요인, 인지신경학적 요인, 사회 인지・정서적 요인, 행동적 요인, 환경적 요인이 중요한 구성요소로 생리학적 요인, 인지신경학적 요인, 사회 인지・정서적 요인, 행동적 요인, 환경적 요인이 중요한 구성 개념임을 도출하고 이를 객관적으로 측정하고 증진할 수 있도록 연구방법을 도출하였다. 본 연구에서는 Top-down방식과 Bottom-up방식을 동시에 적용함으로써 연구방법을 도출하였다. Top-down방식은 사업주제 및 연구문제를 도출한 심리학연구팀에서 연구의 큰 방향성과 진행 방향을 설명하고 필요한 요소들에 대해서는 세부 과제 연구팀과 논의를 통하여 도출하였다. 특히, Bottom-up방식으로 다른 융합 분야에서 해당 방향성을 달성할 수 있는 실질적인 방법론을 검토하였다.

– ICT에 기반한 노년 활력지수와 노년 활력 증진프로그램의 개발(2017~2022) 연구팀

1.2 단계별 과정을 통한 연구방법론

연구방법론의 설정에 있어 전체와 부분의 상관성을 동시에 조망할 수 있는 방법론의 도출을 위해 노력한다. 수직적이면서 수평적인 시각과 미시적이면서 거시적인 시각을 결합하여 연구방법론을 검토하여야 한다.

'동해와 환동해지역의 자원과 환경에 대한 학제간 융합연구'를 진행한 한철호 교수 연구팀은 연구방법론의 설정에 있어 전체와 부분의 상관성을 동시에 조망할 수 있는 방법론의 도출을 위해 노력하였다. 이를 위해 수직적이면서 수평적인 시각과 미시적이면서 거시적인 시각을 결합하여 검토하였다. 또한 소통 → 종합 → 융합의 3단계 과정을 통해 연구방법론을 고안하였다.

이 연구는 바다와 육지, 환경과 인간이 상호 밀접하게 연관되어 있다는 인식에서 출발하였다. 과학기술의 발달에 따라 해양에 대한 과학적 탐사와 연구는 새로운 사실을 밝혀 준다. 이런 새로운 사실 때문에 해양이 인간의 삶에 미치는 영향과 그 반대의 영향 모두 연구의 대상이 되어야 한다. 하지만 자연과학과 인문사회과학은 각각의 분야에서 이미 확립된 고유의 연구주제와 방법론을 가지고 있다. 이러한 학문 간 경계설정에 따른 연구의 한계를 극복하기 위하여 본 연구 수행과정에서는 주요 연구대상인 동해 바다에 대하여 공유된 인식을 형성하고자 하였다.

본 연구 수행과정을 통하여 융합적 연구시각 형성을 위해서는 각 개별 학문이 고유한 것으로 여기는 연구대상에 대한 경계를 넘어서는 것과 함께 연구방법론에 있어서도 미시적-거시적 시각의 결합, 수평적-수직적 시각의 결합이 필요하다고 인식하였다. 미시적-거시적 시각의 결합은 전체와 개별적 단위, 또는 전체와 부분의 상관성을 동시에 조망하여 현상 전체에 대한 이해에 유용하다. 수평적-수직적 시각의 결합은 해류순환처럼 수직적 순환과 수평적 순환의 역동성에 대한 이해, 또 시간적 변화 속에서의 전체와 개별 단위의 변화 등에 대한 이해에 기여한다.

동해와 환동해지역의 시공간을 대상으로 선택한 융합연구 주제는 학문 간 다양한 형태의 소통과정을 거친다. 소통을 통해 주어진 대상은 학제간 접합점을 찾아 융합연구로 나아간다. 종합과정은 융합연구 주제에 대한 학문의 물리적 통합과정이다. 각 학문 분야가 주제에 대한 연구시각을 제기하고 접합변수를 탐색한다. 종합과정을 통해 나온 결과를 통하여 다시 융합연구 주제에 대한 화학적 융합을 하게 된다.

첫 번째로 소통단계에서는 연구참여자 및 외부전문가들의 협의와 연구활동을 통하여 상이한 학문 분야 연구자들이 주제와 관련하여 상호 인식의 폭을 넓혀 융합적 인식 틀을 모색하는 노력을 계속하였다. 이는 자연과학과 인문사회과학의 차이점을 인식하는 것에서 출발하였다.

두 번째로 종합단계에서는 동해와 환동해지역에 대한 인식 및 접근방식에서 인문사회과학 분야와 자연과학 분야가 내용상으로는 상이하지만 구조적으로 유사성이 나타난다는 것을 파악하였다. 예를 들면, 전체와 부분의 관계, 동해의 중요성에 대한 재인식, 통합적 시각의 필요성 이렇게 세 측면에서 인식의 유사성이 나타났다. 이러한 인식의 구조적 유사성은 바다를 중심으로 보는 자연과학과 인간을 중심으로 보는 인문사회과학이 융합적인 인식의 틀을 형성할 수 있도록 하는 데 중요한 바탕을 제공하였다.

마지막으로 융합단계에서는 학문별로 역할분담을 하는 것이다. 융합적 인식의 틀에서 각 학문 분과가 동일한 기능을 하지는 않는다. 본 연구의 주제와 관련하여 자연과학과 인문사회과학이 각각 가지는 중요성과 역할은 다음과 같다. 자연과학연구는 연구대상에 포함되는 현상에 대한 원인을 설명하고 자료를 분석하여 현상에 대한 과학적 설명의 근거를 제공하는 역할을 주로 한다. 반면 인문사회과학연구는 현상이 초래하는 사회적 영향 및 결과를 평가하고 그 과정에서 제기되는 문제의 해결과 관리방안을 수립하는 역할을 한다.

– 동해와 환동해지역의 자원과 환경에 대한 학제간 융합연구(2011) 연구팀

1.3 1차 연구결과를 기반으로 한 연구방법론

융합연구를 진행하다 보면 1차적 연구결과를 토대로 새로운 연구방법론이 필요할 수 있다. 인문사회기반 융합연구팀 또는 융합연구자들은 한국연구재단에서 지원하는 일반공동연구지원사업(전, 학제간 융합연구지원사업)을 통해 융합연구 과제를 수행하여 1차적인 기반 연구를 다져, 이를 확장하여 연구를 수행한다. 1단계 연구와의 연장선상에서 다양한 융합연구를 폭넓게 수행하여야 한다.

'노인 암환자의 삶의 질 향상을 위한 학제간 융합종단연구'를 진행한 윤현숙 · 김여진 교수 연구팀은 삶의 질 향상을 위한 방법을 도출함에 있어 개입조사가 필요함을 인지하고, 이를 위해 기존에 계획되지 않았던 새로운 연구방법론을 도입하여 적용하였다.

새싹형 2단계 연구의 목표는 씨앗형과 새싹형 1단계 연구와의 연장선상에서 삶의 질을 향상시킬 수 있는 다양한 개입방법을 폭넓게 개발하는 것이다. 이를 위해 프로그램의 개발부터 보급까지의 전 과정을 과학적으로 연구하며 실천하는 것이 가능한 개입조사(Intervention Research)를 연구 틀로 하여 프로그램 개입을 할 것이다.

– 노인 암환자의 삶의 질 향상을 위한 학제간 융합종단연구(2011) 연구팀

2 융합연구를 위한 자료는 어떻게 수집되는가?

2.1 융합연구 문헌조사

모든 연구의 기초는 문헌조사로부터 시작한다. 해당 주제에 대해 어떤 연구가 진행되었는지를 살펴보는 것으로 기존에 발간된 관련 분야의 각종 문헌을 조사하는 것이다. 문헌조사를 통해서는 연구의 범위를 결정할 수 있으며, 연구에 사용될 주요 용어를 조작적 정의를 통해 규정할 수 있고, 해당 분야에 대한 데이터의 해석 방법 등 다양한 측면에서 도움을 받을 수 있다.

2.1.1 융합된 분야만큼 넓어지는 문헌조사 영역

융합연구는 다양한 분야의 연구가 집합되어 있어 문헌조사의 과정이 개인연구보다 복잡한 과정을 거치게 된다. 특히 관련 분야의 문헌들을 모두 검토하고, 타 분야의 용어를 배우고, 논의의 과정도 거쳐야 하므로 훨씬 더 많은 시간이 소요된다. 이는 문헌조사과정에서 연구자들은 연구 분야에 따라 서로 다른 개념적 패러다임 및 기준을 적용하여 기수행된 연구들을 분석할 가능성이 높기 때문에 문헌을 바탕으로 주요 용어를 규정하는 일은 융합연구에서 가장 중요한 과정 중의 하나라고 할 수 있으며, 서로 다른 학제적 관점들이 뒤섞이기 때문에 매우 어려운 과정이다.

교육프로그램 관련 문헌 고찰을 고찰하여, 국내외 죽음교육 관련 문헌 및 논문 요약정리 후 선행연구를 분석한다.

또 죽음교육과 웰다잉을 위한 전국규모 연구 및 교육기반 구축을 위해 국가 단위 죽음 및 웰다잉 조사 및 모니터링을 진행하였다. 국가 단위의 죽음 및 웰다잉 조사의 목적은 죽음에 대한 대한민국 국민들의 인식 수준과 웰다잉에 방해로 작용하는 요인들을 추출하고 이를 극복하기 위한 정책적 혹은 사회 및 물리적 환경들의 문제점들을 개선하기 위한 방안들을 마련하기 위한 것이다.

– 한국인의 사회적 삶의 질 향상을 위한 의료인문학기반 완성적 죽음교육프로그램 개발 (2017~2019) 연구팀

따라서 조사된 문헌을 하나로 통합하는 과정에서 주요 용어에 대하여 서로 다른 연구 분야 간 공통된 개념의 정립은 반드시 이루어져야 한다.

2.1.2 융합연구의 시작은 개념 정립

연구 초기단계에서 실시하는 문헌조사는 융합연구를 위한 개념 정립의 단계를 거치게 된다. 개념 정립의 단계에서는 문헌조사 및 분석을 통해 연구의 범위를 설정하고, 개념에 대한 다각적 접근을 수행하여야 한다. 이를 통해 이들 개념을 확대・심화하여 통합적이고 종합적인 융합적 관점에서 공통된 개념을 정립하여야 한다.

'심신치유의 프로토콜 구축을 위한 불교와 사상의학(四象醫學)의 융합연구'를 진행한 박성식 교수 연구팀은 문헌조사를 통해 불교와 사상의학에서 포함된 의철학 및 의학론을 검토하고, 이들 개념을 확대・심화하여 융합적 관점에서 공통된 개념을 정립하였다.

본 연구는 불교의 교의에 나타나는 다양한 의학이론과 한의학의 '사상의학'을 융합연구하여 각각의 영역을 확대 및 심화시키고자 하였다. 즉 불교와 사상의학의 공통된 개념을 정립하였다. 첫째, 불교가 지니고 있는 역대의 다양한 교의 체계로부터 의철학과 관련된 부분을 도출하여 사상의학이 보유한 의철학을 융합하였다. 또한 한국불교사와 한의학사에서의 인간론 변용비교 관련 연구, 불교와 사상의학의 '의(醫)' 개념 비교 고찰 관련 연구와 그 과제 관련 연구 등을 검토하였다. 둘째, 불교의 의학론과 사상의학의 의학론을 검토하고, 의학론을 통한 심신치유기법의 모색을 위한 이론을 정리하였다. 더 나아가서 치유와 지병의 개념에 있어 불교와 한의학을 비교연구하는 등 다양한 측면에서 두 체계의 이론적 배경을 심리치료적 관점으로 검토하였다.

– 심신치유의 프로토콜 구축을 위한 불교와 사상의학(四象醫學)의 융합연구(2011) 연구팀

'기독교 문해력'에 기초한 기독교 교양: 콘텐츠 개발과 플랫폼 구축'을 진행한 김학철 교수 연구팀은 문헌조사를 통해 기독교 교양 개념을 정립하였다. '종교 문해력(religious literacy)'의 중요성을 강조하며, 이 개념을 응용 및 심화하여 '기독교 문해력'(Christian literacy) 개념을 새롭게 정의하고 이를 토대로 기독교 교양의 의

미와 역할을 제안하였다.

> 이 연구는 '기독교 문해력'이라는 새로운 개념 위에 기독교 교양의 의미와 가치를 정립하고 기독교 교양을 대학 교양 교육과정에 구현하기 위한 콘텐츠 개발과 교육 플랫폼 구축방안을 제안하는 연구이다.
>
> …
>
> 첫째, 기독교 교양 개념의 정립이다. 우리나라 근대 고등교육의 역사는 기독교 대학의 역사와 궤를 같이하며, 2021년 3월 현재 기독교 설립이념을 표방하는 종립 대학은 전국 4년제 대학의 27%(33/144개교)에 달한다. 대학의 학문연구와 교육에서 기독교 정신의 구현은 어떤 구체적 목표를 가지고 어떤 방식으로 행해져야 하는가? 전통적인 '종교의 교육' 모델, 즉 개종을 목표로 한 선교와 신앙교육은 급속한 탈기독교, 탈종교 시대에 더 이상 정당하지도 효과적이지도 않다. 기독교 교양의 개념, 목표, 가치에 대한 분명한 이론적 정립 없이 '기독교 정신의 구현'은 막연한 구호일 뿐이다.
>
> 21세기 들어 서구 종교 교육학계에서는 "종교와 사회적 · 정치적 · 문화적 삶 사이의 근원적인 교차점을 중층적인 렌즈를 통해 분별하고 분석하는 능력," 곧 '종교 문해력(religious literacy)'의 중요성을 강조해 왔다. 이 연구는 이 개념을 응용 및 심화하여 '기독교 문해력(Christian literacy)' 개념을 새롭게 정의하고 이를 토대로 기독교 교양의 의미와 역할을 제안할 것이다. 기독교 문해력은 기독교를 통시적 · 공시적 차원에서 이해하는 능력이다. 통시적 차원은 기독교가 세계의 정치, 경제, 사회, 문화, 다른 종교와의 상호작용 속에서 형성한 역사를 의미하고, 공시적 차원은 기독교가 현대사회의 여러 영역에서 제반 주체들과 상호작용하는 다층적 관계를 뜻한다.
>
> – '기독교 문해력'에 기초한 기독교 교양: 콘텐츠 개발과 플랫폼 구축(2021~2024) 연구팀

2.2 데이터 수집

2.2.1 데이터베이스 구축

융합연구에 필요한 데이터를 수집하는 방법에 있어 융합연구만을 위한 특별한 방법은 없다. 다만 사회문제의 해결이라는 연구목적을 달성하기 위한 데이터 수집

에 적합한 연구방법을 선택하여 사용하면 된다. 즉 전통적인 양적 방법론을 사용하거나 질적 방법론을 사용할 수 있으며, 패러다임의 관점이 동일한 두 개 이상의 방법론을 사용하거나, 양적 연구방법과 질적 연구방법의 혼합을 통해 데이터를 수집하는 방법 등 어떤 방법론을 사용하느냐, 어떻게 조합하느냐에 대한 제한은 없다. 많은 학자들의 연구에 따르면 융합연구를 진행하는 데 있어 같은 연구방법을 적용한다 하더라도 융합연구는 이러한 방법론 사이에서 새로운 통찰을 통해 혁신이 가능하다고 이야기한다(Nicolescu, 2002; Hesse-Biber & Leavy, 2006; Leavy, 2009; Van Manen, 2001). 융합연구를 시행한다는 것은 새롭고 혁신적인 융합연구 방법을 만들어 내는 과정이라고도 할 수 있다.

일반적으로 융합연구의 경우 단일한 방법론을 사용하여 연구가 진행되는 경우는 거의 찾아보기 어렵다. 특히 인문기반 융합연구의 경우 인문사회적 연구방법론과 과학적 연구방법론이 함께 이루어지게 되기 때문이다.

의학과 인문학의 융합을 통해 '의료인문학연구: 전통 및 근현대 의학에 대한 인문학적 성찰과 소통'(2010)을 진행한 황상익 교수 연구팀은 문헌 및 자료 DB 구축이라는 목표를 두고 연구를 진행하였다. 이를 위해 의학에 대하여 각 학문 분야별 선행연구를 기반으로 학제간 의미를 분류하고 이를 기반으로 학제간 메타적 이해 및 고찰을 하였다. 이후 통계자료, 신문자료, 잡지, 소설, 수기 등을 통해 분야별 자료를 수집하였다. 이러한 데이터베이스 구축에서도 설문조사, 채록, 인터뷰 등에 양적 방법론과 질적 방법론이 함께 사용되었다.

> 본 연구에서는 의료인문학 데이터베이스를 구축하였다. 수집대상은 국내 신문, 영화 등 미디어에 드러난 노년의 이미지이다. 즉 국내 신문과 일간지에 드러난 노년의 이미지, 노년과 관련된 영화를 수집하였다. 홈페이지 주소는 medhum.org이고 2010년 기준으로 5,919건을 수록하였다.
>
> 데이터베이스의 주요 내용은 첫 번째로 의학과 관련된 문학 및 작가 자료, 그리고 의학과 문학 관련 문헌이다. 두 번째로 의학과 관련된 회화, 영화내용, 세 번째로 서양의학 및 전통의학 관련 고대-근대 원전, 한국 근현대 의학사 원전 정보, 한국 근현대 의학 관련 문헌 및 의학사 도해 등이다. 네 번째로 생명윤리, 임상윤리,

> 연구윤리 관련 주요 문헌이고, 다섯 번째로 사회와 의학 주제에 관한 주요 단체기관 및 관련 문헌이다. 여섯 번째로 북한 의학 관련 1차 문헌 및 관련 연구물, 그리고 주요 연구기관 사이트이고, 일곱 번째로 서사와 의학 관련 주요 연구문헌, 국내 투병기 내용이다. 여덟 번째로 죽음과 의학 관련 주요 자료 및 문헌, 전통문헌 속 죽음에 관한 내용이다.
>
> – 의료인문학연구: 전통 및 근현대 의학에 대한 인문학적 성찰과 소통(2010) 연구팀

'아동 말 데이터베이스 구축 및 딥러닝 자동음성인식 기반 말소리 평가 시스템 개발' 연구를 진행한 하승희 교수 연구팀에서는 연구책임자가 보유한 1,500명(100,000 발화 이상)의 일반 및 말소리 장애아동 음성 데이터에 연구기간 중 1,500명의 음성 데이터를 추가 수집하여 한국 아동 음성 데이터베이스를 구축하여, 수집한 음성 데이터가 음성인식 및 말소리 평가를 위한 딥러닝 모델의 학습 데이터로 활용될 수 있도록 아동 연령 정보, 말 발달 수준, 병리적인 문제에 대한 레이블링(labeling)과 어노테이션(annotation), 음성전사 작업을 수행하였다.

> 본 연구에서는 일반 및 말소리 장애아동 음성 데이터베이스를 구축하였다. 첫째, Korean Children's Speech Archive 이름으로 웹기반 플랫폼을 구현하고자 하였다. 둘째, 웹 기반 플랫폼은 데이터베이스와의 연동이 수월하고, 파이썬 기반으로 만들어진 보안과 관리가 어렵지 않은 오픈소스 웹 애플리케이션 프레임워크를 기반으로 개발할 계획을 세웠다. 셋째, 기존에 보유하고 있는 한국 아동 약 1,500명, 약 100,000 발화 이상의 자료에 대해서 연령, 성, 말 발달 수준, 말소리 장애 유형 정보를 담는 레이블링과 어노테이션 및 음성전사 작업을 수행하고자 하였다. 넷째, 1~3차년도에 걸쳐서 만 2세부터 7세까지 1,500명 이상 아동의 음성자료를 추가로 확보할 예정이다. 다섯째, 정상 발달과정에서 보이는 발음 변이형뿐만 아니라 병리적인 발음문제로 인한 변이형까지 포함하는 체계적이고 정교화된 아동 음성 데이터베이스를 구축하고자 하였다. 여섯째, 4차년도에 일반 및 말소리 장애아동 데이터베이스 완료 및 오픈 리소스로 전환하고자 하는 것을 목표로 연구를 수행하고 있다.
>
> – 아동 말 데이터베이스 구축 및 딥러닝 자동음성인식 기반 말소리 평가 시스템 개발(2021~2024) 연구팀

2.2.2 결과분석을 위한 데이터베이스화

융합연구자는 연구주제 관련 '빅데이터'의 특성과 배경을 다른 분야의 연구자에게 제공하며, 분석결과에 대해 해석한다. 융합연구를 수행하는 연구자는 관련 '빅데이터'에서 텍스트 마이닝을 통해 의미분석을 시행함으로써 관련 정보를 마이닝하여 데이터베이스화를 하기도 한다. 또 빅데이터 분석 등을 통해 연구결과를 분석하고 해석하기 위하여 다양한 데이터를 구축하거나 구축되어 있는 데이터를 데이터베이스(DB) 형식으로 통합하는 자료수집방법도 사용하고 있다.

"'빅데이터' 분석 기반 한국사 권력 메커니즘'을 진행한 이상국 교수 연구팀은 연구주제 관련 '역사 빅데이터'의 특성과 역사적 배경을 다른 분야의 연구자에게 제공하며, 분석결과에 대해 해석하고자 하였다. 이를 위해 관련 '역사 빅데이터'에서 텍스트 마이닝을 통해 의미분석을 시행함으로써 관련 정보를 마이닝하여 데이터베이스화하였다. 1단계에서 입력한 다양한 데이터를 데이터베이스 형식으로 통합하고, 이를 바탕으로 권력 가문의 장기적인 관직 데이터를 각 시기별로 추출하는 연구방법론을 적용하였다.

연구는 크게 2단계로 진행되었다. 2015년~2018년까지 수행된 1단계 연구에서는 연구목적에 도달하기 위한 융합연구방법론의 토대를 구축하고, 각 시기별로 팀별 선행연구와 팀 간 융합연구를 수행했다. 2018년부터 2020년까지 2단계 연구에서는 1단계 연구를 통해 구축된 '역사 빅데이터'에 1단계 연구에서 검증된 융합연구방법론을 적용했다. 일례로 1단계에서 입력한 다양한 데이터를 데이터베이스(DB) 형식으로 통합하고, 이를 바탕으로 권력 가문의 장기적인 관직 데이터를 각 시기별로 추출했다. 각 가문의 관직 데이터는 가문 구성원의 관직과 혈연관계, 가문 간 혼인관계, 학맥관계 등이 포함되어 있다.

…

본 연구팀은 구체적이고 실제적인 학제 간 융합연구를 수행하는데 족보, '조선왕조실록,' 문집, 호적 등 디지털화된 '역사 빅데이터'를 활용한다. '역사 빅데이터'는 사회적 행위자들의 다양하고 방대한 관계망, 즉 혈연관계, 혼인관계, 학맥관계, 권력관계 등에 걸맞게 난마처럼 복잡하게 얽혀있다는 사실과, 전근대~근대 한국의 역사적 전환기에 개인과 개인, 개인과 그가 속한 집단, 그리고 집단과 집단 간의 사회적 연결망을 보여줄 것이다. 역사학 연구자는 매 차년도 연구주제 관련 '역사 빅데이터'의 특성과 역사적 배경을 다른 분야의 연구자에게 제공하며, 분석결과에 대해 해석한다. 언어학/전산학(text mining) 연구자는 관련 '역사 빅데이터'에서 텍스트 마이닝을 통해 의미분석을 시행함으로써 관련 정보를 마이닝하여 데이터베이스화한다.

– '빅데이터' 분석 기반 한국사 권력 메커니즘(2015~2020) 연구팀

2.3 설문조사와 심층인터뷰

문헌조사 후, 융합연구 시 필요한 탐색 및 조사연구를 수행하거나 개발에 가능성을 조사하고, 수치를 측정하는 등을 위하여 설문조사와 심층인터뷰를 각각 수행하거나 병행하여 지표를 만드는 방식으로 융합연구를 수행할 수 있다.

2.3.1 설문조사

설문조사를 수행하기 위해서 본격적으로 설문을 배포하기 전에 설문은 사전조사를 통해 완성하는 것이 바람직하다. 특히 비연속 설문의 경우 대상자가 질문내용을 이해하는지, 제시된 카테고리(category)는 충분하며 상호 배타성 등 특이한 문제가 없는지를 사전조사를 통해 검토해야 한다. 설문내용은 정했으나 카테고리를 결정하지 못할 경우 전체 조사규모의 5~10% 정도를 하는 것이 좋다. 사전조사 결과를 바탕으로 설문 문항을 최종적으로 점검하면서 설문의 추가 및 삭제와 수정을 결정할 수 있다.

또한 사전조사를 통해 본 조사결과를 사전 예측할 수 있다. 조사대상자 선정은 신중하게 이루어져야 하며, 조사자 선정 시 사전조사계획, 설문방식, 거절자에 대한 대응양식, 응답자 구성계획 등 각종 본 조사의 구체적인 계획과 결과제공양식 등을 충분히 제공받고 이를 검토한 후 결정해야 한다. 융합연구를 수행하는 연구팀은 설문내용과 이미 조사된 결과를 충분히 숙지하여야 융합연구에 필요한 타당성과 신뢰

성을 갖춘 조사결과를 얻을 수 있을 것이다(한국원자력연구원, 2010).

'환자중심형 SMASH Care Movement 플랫폼 개발' 연구를 진행한 이은석 교수 연구팀에서는 각 병원의 특성에 맞는 재활환경 이미지를 설계하기 위하여 암환자 등 병원입원환자 300명의 운동(신체활동)에 대한 제약요인 및 요구를 분석하였으며, 조사분석을 통해 운동환경 조성에 대한 필요성을 실증적으로 입증할 수 있었다.

연구팀은 2020년에 자체 진행한 병원환경 조사서를 바탕으로 재활병원, 노인전문병원, 차병원을 방문조사하여 각 병원의 특성에 맞는 재활환경 이미지를 설계했다. 특히 암환자 등 병원입원환자 300명의 운동(신체활동)에 대한 제약요인 및 요구를 분석함으로써 병원에서의 운동환경 조성 필요성을 실증적으로 제시하며 인식개선에 나섰다. 궁극적으로 병원이라는 제한된 공간을 극복하기 위해서는 새로운 디자인이 필요하다는 아젠다를 도출하여 병원의 서비스 플랫폼 개발에 새로운 시각을 제시할 수 있었다.

– 환자중심형 SMASH Care Movement 플랫폼 개발: 프로그램, 공간, 도구를 중심으로(2016~2021) 연구팀

2.3.2 심층인터뷰

심층인터뷰 연구방법에서는 적절한 연구대상자를 선정하고 인터뷰 동의를 받아 진솔한 이야기를 끄집어내는 것이 큰 과제다. 그 과정이 조심스럽기도 하고, 일단 이 과정이 끝나 녹취록을 작성하고 나면, 그 녹취록이 문헌자료가 되어 연구목적에 따라 문헌분석을 하는 것과 비슷하다(신혜란, 2007).

'초·중등학생을 위한 리빙랩(Living Lab) 기반 과학기술중심 사회문제해결 교수·학습 모델 구축' 연구를 진행한 김진수 교수 연구팀에서는 설문지와 사후 면담자료를 활용하여 리빙랩 수업에 대한 인식을 조사하는 연구를 수행하였다.

이 연구는 국내 초 · 중등 교육 상황에서 학생들의 학생 주도성, 공공성, 공동체성 역량 강화 방법론으로써, 사회문제 해결 방법론인 리빙랩(Living Lab)을 주목하여, 과학기술중심 사회문제 해결의 개념 정립과 이에 적합한 교수 · 학습 모델을 구축하는 것을 목표로 한다. 1차년도는 조사 및 탐색연구로서, 리빙랩 기반 교수 · 학습 모델을 도출하고 동시에 리빙랩 수업활동의 과정과 특징을 파악하여, 리빙랩 교수 · 학습 프로그램 개발을 위한 방향을 탐색하는 것을 목표로 하였다. 2차년도는 개발 및 적용연구로서, 교과형/융합형 리빙랩 기반 교수 · 학습 프로그램 각 8종을 개발하고 이를 초 · 중등 교육현장에 적용하여 리빙랩 기반 수업의 효과와 리빙랩 수업에서 나타난 언어적 상호작용을 분석하는 것을 목표로 하였다.

1차년도 연구결과, 해외 문헌, 국내 사례, 초 · 중등 수업 상황분석 등을 바탕으로, 리빙랩 기반 교수 · 학습 모델 유형 1(인식개선형), 유형 2(문제 발견 및 해결형)를 도출하고, 각 모델 유형에 대한 리빙랩 기반 교수 · 학습 예비 프로그램(유형 1: 'A4용지 구하기 리빙랩 프로젝트,' 유형 2: '리빙랩 기반 흡연 감지 시스템 개발 프로젝트)을 개발하였다. 이후 개발된 예비 프로그램을 교육현장에 적용한 후, 개발된 설문지와 사후 면담자료를 활용하여 리빙랩 수업에 대한 인식을 학생 및 교사, 지역사회 이해관계자를 대상으로 조사하였다. 또한 리빙랩 기반 수업활동에서 나타나는 특징 및 유용성을 학생과 교사, 지역사회 이해관계자를 대상으로 탐색하였다.

– 초 · 중등학생을 위한 리빙랩(Living Lab) 기반 과학기술중심 사회문제해결 교수 · 학습 모델 구축(2019~2021) 연구팀

2.4 참여관찰과 실험조사

2.4.1 참여관찰

'시민정치 교육 · 연구 · 실천 프로젝트: 지역기반학습과 실천지향연구'를 진행한 김의영 교수 연구팀에서는 대학의 교수자(교수)와 피교수자(학생)가 지역사회를 연구주제와 대상으로 하여 공동으로 참여 관찰하는 방법론을 기반으로 융합연구를 수행하였다.

> 본 연구는 대학의 교수자(교수)와 피교수자(학생)가 지역사회를 연구주제와 대상으로 하여 공동으로 참여 관찰한다. 본 연구는 그동안 정치학의 연구, 교육, 실천이 유기적으로 상호작용을 하지 못한 채 분절적으로 이루어져 왔다는 반성을 공유한다. 정치학 '연구'는 정치적 현상에 대한 과학적 설명과 이론적 일반화를 추구하는 '전문 연구자들'의 전유물로 인식되어 왔으며, 정치학 '교육'은 학제적 전통에 기반을 둔 세부적 전공 수업을 통해 교수자가 피교수자에게 기존의 연구결과를 '전달'하는 방식으로 한정되어 왔다. 한편 정치학 교육방법과 정치학 전공자의 실천 및 사회적 기여에 대한 고민 또한 결여되어 왔으며, 정치학의 시민정치교육은 학제적 연구주제나 관심의 대상으로부터 소외되어 왔다. 그러나 정치학은 본연적으로 사회적인 학문이며, 그렇기에 사회와의 유기적인 관계 속에서만 존재할 수 있고, 성장할 수 있는 학문이다. '교육'을 통한 '실천'이 이루어질 때, '연구'의 폭과 깊이 또한 넓고 깊게 성숙할 수 있을 것이다.
>
> – 시민정치 교육 · 연구 · 실천 프로젝트: 지역기반학습과 실천지향연구(2018~2021) 연구팀

2.4.2 실험조사

'환자중심형 SMASH Care Movement 플랫폼 개발' 연구를 진행한 이은석 교수 연구팀에서는 '환자중심형 SMASH Care Movement 플랫폼' 개발을 목표로 IT · 사회복지 · 의료 · 간호 · 물리치료 등 각 영역에서 "병원환자들이 왜 움직이지 않느냐?"에 대한 원인분석에 나섰다. 인문사회학적 관점에서 움직임의 가치에 접근했으며, 운동재활을 위한 환자의 요구조사 및 문제 도출, 이에 근거한 운동재활프로그램 개발과 임상을 진행하는 실험조사방법을 사용하여 융합연구결과 도출을 수행하였다. 또 연구팀은 2019년부터 2021년까지 2단계 연구를 이어 진행하였다. 2단계 연구에서는 병원시설과 프로그램, 도구 등 측정지표를 개발하여 서울대병원, 연세세브란스, 고대안암병원, 중앙아산병원, 삼성서울병원 등 국내 대형 병원 다섯 곳의 운동환경을 분석했다. 이후 근골격계, 뇌졸중 환자 60명을 대상 모션센싱 기구를 이용한 운동재활의 효과성을 검증하며 병원 내 운동재활환경 조성의 필요성을 입증하는 연구를 진행하는 등 융합연구에 실험조사기법을 도입하여 참여자들을 대상으로 융합연구 효과를 입증하는 데 노력을 기울였다.

> 연구팀은 SMASH CM 플랫폼의 근간이 될 운동프로그램뿐만 아니라 병원에서의 환경적 · 도구적 융합의 필요성을 확인하고 탐색했다. 먼저 IT · 사회복지 · 의료 · 간호 · 물리치료 등 각 영역에서 "병원환자들이 왜 움직이지 않느냐?"에 대한 원인분석에 나섰다.
>
> …
>
> 연구팀은 1단계(2016. 9.~2019. 8.) 연구를 통해 SMASH 프로그램의 가치를 증명한 데 이어 2단계(2019. 9.~2021. 8.) 연구에서는 퇴원 후 환자의 규칙적인 운동프로그램 참여가 심리적 · 신체적 활력에 영향을 주는 힐링 라이프(Healing Life)를 완성했다. 2단계 연구에서는 병원시설과 프로그램, 도구 등 측정지표를 개발하여 서울대병원, 연세세브란스, 고대안암병원, 중앙아산병원, 삼성서울병원 등 국내 대형 병원 다섯 곳의 운동환경을 분석했다. 이후 근골격계, 뇌졸중 환자 60명을 대상으로 모션센싱 기구를 이용한 운동재활의 효과성을 검증하며 병원 내 운동재활환경 조성의 필요성을 입증했다. 운동프로그램을 개발해 입원환자의 일상생활 수행능력 향상 효과를 검증했으며, 감성조명을 이용한 컬러테라피 디자인 가이드라인을 개발하고 가천대 메디컬캠퍼스에 구축한 리빙랩에서 효과성을 검증했다.
>
> – 환자중심형 SMASH Care Movement 플랫폼 개발: 프로그램, 공간, 도구를 중심으로(2016~2021) 연구팀

2.5 혼합방법

앞서 언급한 대로 융합연구에서는 일반적으로 설문조사와 심층인터뷰, 통계적 분석과 질적 인터뷰 등 양적 방법과 질적 방법을 사용하는 경우가 대부분이며, 세 개 이상의 연구방법을 혼합하여 사용하고 있는 경우도 상당수 존재하여 대부분의 연구가 혼합방법을 사용하고 있다고 할 수 있다. 혼합방법은 두 개 이상의 서로 다른 패러다임의 연구방법론인 양적 연구방법론과 질적 연구방법론을 동시에 시행하는 방법이다(Leavy, 2015).

한국형 이주민 건강의료시스템 구축 연구를 시행한 Park Christian Joon 교수 연구팀은 결혼이주민의 건강의료문제에 대한 조사를 위해 융합적 역학조사를 실시하였는데, 설문조사를 통한 양적 연구방법론과 참여관찰법, 개별 면담 및 포커스그룹 인터뷰(FGI) 등 질적 연구방법론을 동시에 실시하여 연구결과를 도출하고자 하였다.

본 연구에서는 결혼이주민의 건강의료문제의 중요한 원인으로 부상하고 있는 차별 경험과 이에 대한 이주민 자신의 사회참여활동에 대해 조사한다. 이주민의 사회참여가 건강불평등 완화에 어떤 효과를 가지는지 규명함으로써 향후 구축될 건강의료지원시스템에서 결혼이주민의 사회참여모델을 제안할 것이다.

본 연구에서는 '차별 경험, 건강과 시민참여'라는 분석 틀 속에서 비한국인 결혼이주여성의 시민참여행동을 질적으로 고찰하였다. 이를 통해 건강불평등의 완화에 기여하는 시민참여의 핵심적 속성이 발견될 수 있을 것으로 보인다. 또한 이와 같은 발견은 이주민의 건강정책을 개발하기 위한 새로운 이론적 관점을 제시할 수 있다.

먼저 양적 연구방법에서는 국내외 이주여성의 건강 관련 연구 사례를 분석하고, 설문조사를 통하여 전국다문화가족실태조사를 수행하였다. 질적 연구방법에서는 참여관찰, 심층면접, 초점집단연구(Focus Group Interview: FGI)를 수행하였다. 연구대상은 결혼이주여성 30명으로 비귀화 외국인이고 연령, 정착기간, 국적별로 가급적 균등하게 섭외하였다. 또한 시민단체에 참여 및 활동한 유경험자를 섭외하였다. 또 다른 연구대상은 시민단체 활동가 5명으로 결혼이주여성 대상활동 유경험자 혹은 다양한 형태와 성격의 결혼이주여성과 단체활동 유경험자이다.

– 한국형 이주민 건강의료시스템 구축(2016~2019) 연구팀

'노인 암환자의 삶의 질 향상을 위한 학제간 융합종단연구'를 수행한 윤현숙·김여진 교수 연구팀의 경우도 혼합 연구방법론을 사용하였는데, 양적 연구방법론으로는 패널조사를 실시하였다. 패널조사는 종단조사와 횡단조사로 나뉘는데, 본 연구에서는 두 가지 모두를 사용하여 연구를 진행하였다. 이와 함께 질적 조사방법론으로 환자, 가족, 전문가 등을 대상으로 심층인터뷰를 진행하였으며, 이를 통해 연구자료를 수집하였다.

본 연구에서는 의학과 사회과학의 융합을 추구하는 기본관점에서 노인 암환자의 삶의 질의 문제에 대한 다각적인 접근을 시도하는 것이다. 노인 암환자의 삶의 질 실태를 의학적인 측면과 아울러 심리·사회적인 측면에서 분석하되 이를 종단적으로 파악하였다. 이러한 조사를 기반으로 노인 암환자의 삶의 질 향상을 도모하기 위한 임상적 차원의 실천적인 개입방법을 의학과 사회과학의 융합을 통해 탐구, 제시하고자 한다.

본 연구는 패널조사와 함께 횡단면조사와 질적 조사를 통합적으로 활용하여 노인 암환자의 삶의 질을 향상시키기 위한 방안을 모색하였다. 이에 따라 다음과 같은 연구방법을 사용하였다.

첫째, 패널조사이다. 패널조사의 대상자는 2011년 1월부터 3월까지 3개월간 암질환으로 진단받은 후 치료를 받고 있는 60세 이상 환자 277명과 이 기간에 암진단을 처음 받은 환자 300명, 그리고 암 진단을 받고 치료를 시작하지 않은 100명을 조사대상으로 한다. 설문조사는 구조화된 설문지를 활용하여 훈련받은 조사원에 의해 실시될 것이며, 조사원이 직접 조사대상자를 방문하여 설문을 실시하였다.

둘째, 횡단 설문조사이다. 횡단 설문조사는 가족수발자 400명, 의사 및 간호사 200명을 대상으로 실시하였다. 의료진에게는 암환자에 대한 태도, 관점에 대해 조사하고, 가족수발자에게는 노인 암환자 돌봄 부담을 조사하였다.

셋째, 질적 조사이다. 노인 암환자의 삶의 질과 큰 관련을 맺고 있는 의료진과 가족수발자의 경험을 심도 깊게 파악하기 위해 심층인터뷰를 통한 질적 조사를 병행하였다. 노인 암환자 5~10명을 개별적으로 심층인터뷰했다. 또한 노인 암환자의 가족수발자 5~10명을 대상으로 암 진단과 치료과정 등 경험에 대해 개별 심층인터뷰를 실시했다. 또한 의사 및 간호사를 대상으로 의사는 주요 정보제공자 조사를, 간호사는 초점집단 인터뷰를 각각 7명씩 실시하여 치료 결정이나 환자와의 의사소통, 치료과정에 대한 전문가의 의견 및 경험을 파악했다.

–노인 암환자의 삶의 질 향상을 위한 학제간 융합종단연구(2011) 연구팀

'심신치유의 프로토콜 구축을 위한 불교와 사상의학의 융합연구'를 실시한 박성식 교수 연구팀은 체질에 따른 명상프로그램의 모델을 구축하기 위해 설문조사와 인터뷰, 임상연구를 진행하였다. 또한 선행연구분석 등 이론적 연구를 병행하여 실시하였으며, 이를 통해 연구목표인 심신치유 프로토콜을 구축하였다.

본 연구팀은 불교와 사상의학의 체질을 융합시켜 실제적인 수행을 통하여 그 정서변화를 통계적 방법으로 측정해 보았다. 이러한 연구수행은 불교와 사상의학을 융합함에 따른 구체적인 프로토콜 구축에 대한 하나의 시도이고 이후 기회가 주어지는 대로 점차 확대, 심화하여 보다 전문적인 영역으로 확대하였다.

연구대상 수행법은 불교의 제반 수행법이고 연구방법은 설문조사와 임상조사를 실시하며, 불교 수행 전과 후에 체질별로 각각 조사를 실시하여 정서의 변화 정도를 측정한다. 연구절차는 1단계 분석 틀 개발 및 측정도구 개발, 2단계 표본설정 및 자료수집(표본집단 내 체질분류 및 설문조사, 3단계 수집자료 분석 및 평가, 4단계 프로그램 개발, 5단계 프로그램 검증 및 활용이다. 3단계까지 수행한 결과는 불교 수행을 통한 체질별 정서변화의 척도를 도출하기 위한 기초적 방법으로, 이것은 불교와 사상의학의 융합을 통해 나타날 수 있는 심신치료의 기법 개발을 위한 것이다. 이를 기초자료로 하여 4단계와 5단계를 수행하게 된다.

– 심신치유의 프로토콜 구축을 위한 불교와 사상의학(四象醫學)의 융합연구(2011) 연구팀

생각하고 나눠 보기

본 장에서는 융합연구를 진행하는 데 있어 연구의 시작단계에서 방법론 설정과 자료 수집 방법을 다양한 연구팀의 사례를 통하여 살펴보았습니다. 다음 토의문제에 대해 고민해 보고 함께 이야기해 봅시다.

01 융합연구방법론은 어떻게 만들어지는가를 이야기해 보고, 내가 희망하는 융합연구방법론을 어떤 식으로 진행하면 좋을지 토의해 봅시다.

02 효과적인 융합연구를 위한 나만의 자료수집방법 및 연구문제분석 노하우를 가지고 있는지 함께 공유해 봅시다.

09 Chapter 융합연구 결과도출 및 완료단계의 실제

노영희

융합연구는 다양한 연구 분야가 결합되어 이루어지기 때문에 연구결과 도출에 많은 시간이 소요된다. 현재 융합연구는 다양한 분야의 기술과 지식을 결합해 새롭게 접근하는 방식으로 문제를 해결하고 있으며, 이러한 학문 간 융합은 창의적이고 혁신적인 지식 창출과 기술 창출을 목표로 하기 때문에 다양한 난관이 존재할 수밖에 없다(오현석 등, 2012). 융합연구는 다양한 분야 연구자들이 서로 다른 학제적 관점들을 가져오기 때문에 결과도출과정에서 연구자 개인 의견 차이로 문제가 발생할 수 있으며, 결과의 분석, 결과 발표 도구의 선택과 발표까지 많은 어려움이 존재한다. 연구자들이 융합연구를 분석함에 있어 하나의 분석방법이 사용되는 경우 완전한 결과를 도출하기 어렵기 때문에, 융합연구에서는 다양한 학제적 역량을 지닌 연구자들이 다양한 분석방법을 통해 연구의 성과물을 도출하고 있다(한승환·경정운, 2011).

융합연구의 특성상 연구의 목적과 기대효과에 비해 실제 연구 진행에 많은 어려움을 내포하고 있다. 이러한 융합연구 특유의 여러 현실적 난제들을 해결하지 않고서는 목표했던 융합연구의 결과를 도출하기 힘들기 때문에, 연구자들은 서로 협력적으로 행동하고 상호작용하며, 연구자원과 정보를 공유하고, 데이터 축적을 위한 사회적 네트워킹을 통해 연구결과를 도출하고 있다(Thurow et al., 1999).

본 장에서는 융합연구현장에서 연구의 결과를 도출함에 있어 나타나는 실제 사례를 중심으로 제시하고자 하였으며, 융합연구를 통해 현실적인 연구결과를 도출하기까지 연구현장에서 진행되는 실제적인 사례를 중심으로 제시하여 융합연구 결과도출 및 완료단계에 대한 이해를 돕고자 하였다.

1 융합연구의 결과분석 및 해석방법은 무엇인가?

1.1 융합연구의 결과분석

융합연구를 분석하고 해석하는 것 역시 단순하지 않다. 다양한 분석방법이 사용되었기 때문에 하나의 관점에서 분석 및 해석이 이루어질 경우 완전한 결과를 도출하기 어렵다. 따라서 융합연구는 방법에 따라 다양한 분석방법을 사용한다. 분석방법으로는 1차 결과에 대하여 연구자들과 교차점검을 실시하기도 하고, 세미나 및 자문을 통해 외부 전문가에게 연구결과에 대한 피드백을 요청하기도 한다. 또한 다양한 이용자 피드백을 통해 연구결과에 대한 점검을 진행하기도 한다. 이러한 행동을 통하여 데이터의 타당성과 신뢰성을 구축하는 상호 주관성(내가 보는 견해와 상대방이 보는 견해가 같아지는 것)을 획득할 수 있다. 융합연구에서 상호 주관성을 획득한다는 것은 다양한 학제적 관점들이 모여 각자의 학제적 역량을 초월했다는 뜻으로 상호 주관성은 융합연구의 주요 성과물 중 하나라고 할 수 있다 (Leavy, 2015).

1.1.1 교차점검에 의한 결과분석

교차점검은 서로 다른 복수의 관점, 방법, 자료를 대조하여 정보를 검사하는 방법으로 융합연구자들이 모여 연구의 결과를 서로 점검하여 오류를 살펴보는 방식으로 이루어진다. 이때 연구의 결과를 다양한 관점에서 바라보고 검증할 수 있어 연구결과의 타당성과 신뢰성이 높아질 수 있다.

'빅데이터 분석' 기반 한국사 권력 메커니즘을 연구한 이상국 교수 연구팀은 연구결과의 분석에 있어 역사팀과 언어・전산팀이 함께 분석을 실시하고, 또한 역사팀과 데이터마이닝・통계팀이 공동으로 연구결과를 분석하여 연구결과의 타당성을 향상했다.

본 연구에서는 한국 역사의 정치권력구조를 이항 대립적으로 분석한 기존 연구에 이의를 제기하고, 권력 구조 속에 함의되어 있는 협치의 가능성을 규명하였다. 이를 위하여 '역사학 빅데이터'에서 지배엘리트 가문에 대한 네트워크와 관련된 양적 데이터를 구축하고 이를 분석하여 한국 전근대에서 근대에 이르는 권력 메커니즘과 다양한 권력관계를 분석하였다. 역사에서의 사회행위는 다면적이고 연속적인 복잡계 네트워크이기 때문에 기존 한계를 극복하기 위해 학문 간 융합연구를 수행하였다.

역사팀과 언어・전산팀은 현재 각 주제시기별 역사적 인물들의 정보를 문장분석을 통하여 찾아내고 데이터베이스화하고 있다. 또한 역사적 인물과 용어를 사전화하는 작업을 지속적으로 수행하고 있다.

역사팀과 데이터마이닝・통계팀은 머신러닝기법을 역사연구에 적용하는 연구를 공동으로 수행하고 있다. 역사적으로 의미 있는 시기와 사건들을 선정하고 각 시기의 타임 마커들과 관련 인물들을 선별하였다. 그리고 이들 역사적 인물들이 각 사건에 어떤 의견을 나타내는가를 파악하여 이들의 정치적 성향에 따라 정치권력 세력을 구분하는 연구를 수행하였다.

역사팀과 시각화팀은 인물들 간의 각종 정보를 시각화의 다양한 툴에 적용하고 시험하여 역사 데이터에 최적화된 툴을 찾는 연구를 공동으로 수행하였다.

–'빅데이터 분석' 기반 한국사 권력 메커니즘(2015) 연구팀

1.1.2 외부전문가 자문을 통한 결과분석

전문가 자문은 어떤 일을 좀 더 효율적이고 바르게 처리하려고 그 방면의 전문가나, 전문가들로 이루어진 기구에 의견을 물어보는 방법으로 융합연구자들은 연구팀이 도출한 연구결과를 특정 전문가 혹은 전문집단에게 전달하여 의견을 물어보거나 세미나, 콜로키움 등을 개최하여 연구결과물을 소개하고 그에 대한 다양한 토론을 통해 연구결과물을 보완하는 방식으로 결과분석을 진행한다.

'이용자 자아상태와 커뮤니케이션 유형을 반영한 맞춤형 인공지능 스피커 시스템 개발 및 검증'을 주제로 연구한 장병희 교수 연구팀은 AI 스피커에 대한 이용분석 데이터를 심리상담가와 대화 전략 전문가와 논의해서 구체적 정보수집 및 서베이 연구에 대한 자문을 얻었다. 또한 '장애인의 환자중심의료 향상을 위한 인문학적 고찰: 새로운 의료기술의 적용 상황을 중심으로' 주제의 박소연 교수 연구팀은

연구의 결과물 중 법과 제도와 관련된 내용을 신의료기술 관련 부처와 의견 교류를 통해 효과적 개선방안을 도출하는 등 전문가 혹은 전문집단을 활용한 자문을 통해 연구의 결과를 분석하고 연구결과물을 보완하는 방법을 사용했다.

본 연구에서는 AI 스피커 이용분석을 통해 다섯 가지 AI 스피커 이용자 유형에 1차년도 연구결과인 설명 변인이 어떠한 영향을 미치는지 살펴보고자 하였으며, 그 과정에서 심리상담가 및 대화 전략 전문가와 논의해서 연구의 결과를 더 구체화시켰다.

– 이용자 자아상태와 커뮤니케이션 유형을 반영한 맞춤형 인공지능 스피커 시스템 개발 및 검증(2019) 연구팀

연구팀은 신의료기술과 관련된 법과 제도를 정비해서 연구의 결과를 정부기관의 정책확대와 연계될 수 있도록 「생명윤리 및 안전에 관한 법률」, 「의료법」, 「개인정보보호법」, 「보건의료기술진흥법」 등 신의료기술과 관련된 개별 법령을 관련 부처와의 적극적 정책 의견교류를 통해 추가적 개선방안을 도출했다.

– 장애인의 환자중심의료 향상을 위한 인문학적 고찰: 새로운 의료기술의 적용 상황을 중심으로(2019) 연구팀

포스트 혼종성 사회의 문화 갈등 극복을 위한 가상현실(VR) 콘텐츠 개발 연구팀은 포스트 혼종성 사회의 문화갈등 핵심 아젠다를 설정하고 환경난민문제 해결을 위한 VR 콘텐츠 시나리오 'Save me' 개발을 완수한 후 시나리오에 근거한 콘텐츠 개발을 진행하기 위해 전문 VR 제작업체 '아나키'와 VR 콘텐츠 제작에 대한 자문 및 업무 협약을 통해 VR 콘텐츠를 개발했다.

– 포스트 혼종성 사회의 문화 갈등 극복을 위한 가상현실(VR) 콘텐츠 개발(2019) 연구팀

반면 '성폭력이 정신건강에 미치는 장단기 영향 연구'를 주제로 연구한 김기현 교수 연구팀은 다양한 세미나를 주기적으로 개최하여, 각 과제의 연구진행 및 분석결과를 연구자들에게 공유하고 상호 피드백을 공유하는 방식을 이용해 결과를 분석했다. 마찬가지로 '위계에서 얽힘으로: 포스트휴먼시대의 인간-동물관계' 주제의 이동신 교수 연구팀 또한 토론회, 웨비나(webinar), 세미나, 워크숍을 통해 연구결과물인 '관계와 경계' 도서를 소개하고 연구결과물을 공유하는 등 다양한 자리를 통해 타 분야 전문가들과 토론하며, 연구의 결과를 수정해 나갔다.

성폭력이 정신건강에 미치는 장단기 영향 연구 연구팀은 총 7회에 걸친 성폭력 연구 융복합 세미나를 통해 연구에 참여 중인 5개 전공 공동연구자들의 각 과제 연구진행 및 분석을 진행하고 연구결과에 대한 상호 피드백을 공유하며 연구결과를 발전시켜 나갔다.

– 성폭력이 정신건강에 미치는 장단기 영향 연구(2019) 연구팀

웨어러블 테크 DIY KIT 개발 및 적용 연구팀은 1년차에 10차례에 걸친 웨어러블 테크 융복합연구 세미나를 통해 연구의 진행 사항 및 성과에 대한 발표를 진행하였으며, 2년차에는 크리에이티브 컨버전스 국제학술대회를 통해 인공지능, 뉴미디어, 데이터 과학 등에 대한 미래의 융합기술 변화를 공유하고, 토론하며 연구결과에 대한 다양한 토론을 이어나갔다.

– 웨어러블 테크 DIY KIT 개발 및 적용(2019) 연구팀

위계에서 얽힘으로: 포스트휴먼시대의 인간-동물관계 연구팀은 '동물, 원' 영화 상영회 및 감독과의 대화 · 토론회를 통해 주제에 대한 다양한 토론 및 감독과 심도 깊은 대화를 통해 연구주제를 공고히 했으며, 총 4차례의 웨비나와 5차례의 세미나, 3차례의 워크숍을 통해 연구의 결과 도출에 대한 많은 내용들을 논의하는 시간을 가졌다.

– 위계에서 얽힘으로: 포스트휴먼시대의 인간-동물관계 연구(2019) 연구팀

1.1.3 이용자 피드백을 통한 결과분석

이용자 피드백은 연구의 결과물에 대한 이용자의 반응 및 결과를 면담 및 설문조사를 통해 살펴보고 연구의 결과를 분석하고 수정하는 방법이다. 주로 융합연구의 결과물이 교육프로그램, 애플리케이션 등 체험적 결과물로 도출되는 경우 주로 사용된다.

'청소년의 정신건강 증진을 위한 모바일 마음챙김 명상 앱 개발 및 적용' 주제의 이우경 교수 연구팀은 연구의 결과물로 개발된 마음챙김 명상 앱을 실제 청소년들에게 적용하고 앱상에서 마음관리와 관련된 질문을 작성하게 하여, 사전-사후 측정치의 변화를 통해 앱프로그램 효과를 검증했다. 또 '확장형 리빙랩을 통한 노인 맞춤형 주거복지 통합서비스 개발' 주제 허연숙 교수 연구팀은 생활실험실 기반

스마트 네트워크 구축 및 운영을 통해 9명의 노인과 김제시 주거복지 관계자 5명, 노인돌봄 제공자 5명을 대상으로 센서 세트 리빙랩을 시범 보이고 그룹 인터뷰 진행을 통해 노인 사용자의 인지 및 반응을 분석했다. 이 밖에도 다양한 연구팀이 이용자 피드백을 통한 결과분석방식으로 연구결과를 분석 및 수정 보완하였다.

개발한 앱에 대해 검수 및 수정 보완을 위해 실제 청소년들에게 마음관리 앱을 적용하고 연구논문을 기술했다. 완성된 앱 프로그램을 자발적인 참여자 혹은 각 학교에 홍보해서 필요한 청소년을 발굴해서 적용하였으며, 앱상에서 마음관리와 관련된 질문을 작성하게 하고 사전-사후 측정치의 변화를 통해 앱프로그램 효과를 검증하는 논문을 작성했다.

– 청소년의 정신건강 증진을 위한 모바일 마음챙김 명상 앱 개발 및 적용(2020~2023) 연구팀

노인 사용자 주거환경 내 센서 세트를 설치 및 경험하게 하였으며, 이를 바탕으로 Focus group interview를 통한 인식 및 반응조사를 진행하였다. 편안함, 유용성, 프라이버시, 이전 네 가지 범주의 분석결과를 반영하여 스마트 홈서비스를 수정 및 보완했다.

– 확장형 리빙랩을 통한 노인 맞춤형 주거복지 통합서비스 개발(2019~2022) 연구팀

이공계 및 과학기술 관련 사범대학 학생들을 대상으로 ENACT 프로젝트를 적용하여 효과를 탐색했다. 총 5개의 학교 146명의 학생에게 ENACT 프로젝트를 적용했으며, 이를 바탕으로 ENACT 프로젝트의 효과성을 검증하고 ENACT 프로젝트의 효과에 대한 논문을 투고했다.

– 첨단 과학기술 사회 문제 해결을 위한 시민 참여형 융합교육프로그램 개발(2019~2022) 연구팀

1.2 학제적 관점의 다양한 연구결과에 대한 해석

데이터의 해석에 대한 융합연구의 접근은 협력적 연구이든 개인적 연구이든 다수의 문헌집단을 사용하게 된다. 초기에 실시한 집중적인 다양한 문헌조사가 해석과정에서도 유용하게 사용된다. 데이터를 이해하기 위해 여러 관련 영역들의 문헌

들을 이용할 수 있다. 이 과정에서 거시적 수준의 이론들을 이용하여 미시적 수준의 데이터를 이해할 수 있다. 데이터를 이해하기 위해서는 서로 다른 학제적 관점들을 가져오기 때문에 연구자들은 각자 자신의 학제적 관점에 대해 성찰적인 태도가 중요하다. 협력적 융합연구에서는 다양한 해석들에 대해 열린 태도가 필요하며, 누구의 의견이 옳다는 것이 아닌 대안적인 해석을 끌어내는 수단으로써 생산적인 논쟁이 필요하다.

'통합전염학의 초학제적 연구: 패러다임 구축에서 응용까지'를 수행한 연구팀은 사회과학, 인문학, 의료보건학, 자연과학 등 분야별로 구성된 연구자들이 전문지식을 공유하고 전염병에 대한 사회적 인식의 지평을 넓히기 위한 연구결과를 위해 다양한 논의를 진행하였다. 각 연구팀이 만나 통합전염학의 인식론, 이론, 방법론을 구축하여, 방법론을 적용한 메르스(MERS) 사태를 분석하여 연구성과를 구체화하였다. 연구수행과 관련된 논의는 사회과학(사회학, 경영학), 인문학(언어학, 문학), 의료보건학(의학, 보건정책, 생명과학), 자연과학(물리학, 정보학) 등 각 분야별 연구팀의 논의를 통해 해석되었으며, 구체적인 형태로 도출하였다.

전염현상은 지역과 문화를 불문하고 인류 역사 전체에 보편적으로 존재하고 있지만, 그것을 어떻게 규정하고, 또 어떻게 다룰지에 대한 학제간 접점을 마련하지 못했던 것이 사실이다. 이에 다층적이고 복합적인 전염을 설명하는 시스템이론과 연구방법론을 고안하기 위해 통합전염학의 초학제적 연구를 진행하였다. 전염현상을 사회 · 문화적 현상으로 확장 · 분석함에 따라 사회, 의료, 보건학에 언어, 물리, 정보학 등 다양한 학제간 융합으로 구성된 연주자들의 논의가 진행되었다. 사회과학 분야에서는 메르스와 코로나19 등 전염병 확산과정에 대한 추적과 사회적인 대응을 분석하였으며, 사회 · 문화적 현상으로서 한류 팬덤 사례 등 사회문화적 확산 사례를 분석하였다. 인문학 분야에서는 전염병의 언어학 · 기호학 · 계보학적으로 아시아 문화를 비교 및 탐색하였으며, 의료 · 보건학 분야에서는 감염, 면역체계, 바이오 영역 등을 탐색하였다. 그리고 자연과학 분야에서는 빅데이터 분석을 통한 통계적 분석방법을 진행하였다. 무엇보다 전염의 역사와 어원, 전염의 물리적, 의학적, 문화적, 정서적 의미 사이의 명백한 구별이 어렵다는 난제를 극복하기 위해 전염에 대한 계보학적 접근은 연구결과의 실마리를 찾을 수 있는 도움을 주었다.

각 분야 연구자들이 참여해 네트워크를 구축하고 학제간 교류와 융합을 통해 연구결과를 각 분야에 맞게 해석하였으며, 통합전염학의 학문적 대중화를 위한 성과 도출을 위한 연구를 진행하였다. 이를 통해 다종다양한 전염현상을 설명하고 예측할 수 있는 모델을 구축하였으며, 연구팀의 연구성과를 단순 지식을 넘어선 정책의 형태로 구체화시킬 수 있었다. 연구기간이 끝날 무렵 전 세계를 강타한 코로나19의 여파로 전염병으로부터의 출구 찾기 전략을 모색하는 데 힘을 모았으며, 연구진들은 연구성과를 바탕으로 각 분야의 영역에서 사회적 논의를 진행하고 있다.

– 통합전염학의 초학제적 연구: 패러다임 구축에서 응용까지(2015~2021) 연구팀

'신기후 시나리오 하에서의 한국 국제경쟁력 제고 전략'을 수행한 연구팀은 경영학, 무역학, 기상학, 기후학, 지리학 등 분야별 구성된 연구자들이 거시적 기후변화 위기를 극복할 지속 가능한 성장 패러다임으로 기후변화의 위기 대응전략을 마련하기 위한 논의를 진행하였다. 지속 가능한 성장을 위해서는 환경뿐 아니라 사회·경제적 요인들이 동시에 고려되어야 하며, 이에 각 연구팀은 상호 유기적으로 연결된 연구주제들을 통해 기후변화와 지속 가능한 성장의 패러다임을 제시하였다. 연구팀은 기후변화 시나리오가 농업과 어업 등 1차 산업과 기업의 경영활동, 국제경쟁력 등에 어떠한 영향을 미치는지 초점을 두고 분석하여 우리나라 산업 분야에서 활용할 수 있는 자체적인 기후 시나리오 지수개발을 통해 확장된 연구를 돌입하였다.

연구팀은 기후변화를 대기과학 등 이공계 분야 연구로 인식하던 풍토를 깨고 사회경제와의 결합을 시도한 논의를 진행하였다. 이공계 분야에서는 기상학과 지리학 연구자들이 기후변화와 관련된 데이터를 추출하고, 우리나라의 기후변화 방향 예측에 집중하였으며, 인문사회 분야에서는 경제 및 경영 연구자들이 기후변화가 관광산업, 기업활동, 기업의 국제경쟁력에 어떠한 영향을 미치는지 분석을 진행하였다. 무엇보다 연구팀은 이공계에서 활용하는 개념과 예측데이터들을 사회과학 분야에 접목하여 해석하고자 하였는데, 대표적으로 기상 분야에서 활용되는 예측 데이터를 바탕으로 우리나라의 기후변화 지수를 개발, 이 지수변화가 관광객의 방문에 어떠한 영향을 미치는지 분석을 진행하였다. UN, 세계은행, 세계무역기구와 같은 국제기구의 지속 가능한 발전과 관련 데이터를 취득하여 이러한 변수들을 반영한 연구모델을 제시하여 인과관계를 해석하였으며, 이를 통해 기후-물-에너지-식량을 연계

하는 통합모델을 구축하여 정부의 정책 수립을 위한 학문적 토대를 마련할 수 있었다.

– 신기후 시나리오 하에서의 한국 국제경쟁력 제고 전략(2013~2018) 연구팀

''빅데이터' 분석 기반 한국사 권력 메커니즘'을 수행한 연구팀은 역사학, 언어학, 전산학, 통계학, 데이터마이닝, 시각화 등 분야별 구성된 연구자들이 한국 역사의 정치권력구조를 대립적으로 분석한 기존 연구에서 벗어나 권력구조 속에 있는 협치의 가능성을 규명하기 위한 논의를 진행하였다. 현대 한국사회의 갈등을 해결하는 단서를 전통과 근대의 맞물림과 장기지속의 관점에서 분석하고 해석하기 위한 정치적 선택 패턴과 권력 계승 메커니즘의 분석을 진행하였다. 역사학 전문가를 중심으로 역사 빅데이터 정보를 생산하는 역사팀, 고도화된 텍스트 마이닝 분석을 통해 역사 빅데이터에서 정보를 수집하는 언어·전산팀, 정량적 데이터로 변형하여 예측 모델링을 실시하는 데이터마이닝·통계팀, 이러한 분석을 통해 도출된 자료를 직관적으로 보여주는 시각화팀이 역할 분담을 통해 연구를 해석하였다.

연구팀이 연구대상으로 삼은 한국사의 시기와 같은 사회관계망은 일면적이기보다 다면적·연속적인 복잡한 관계의 네트워크적 특성을 보이기 때문에 학문 간 융합이 필수적이었다. 이에 역사학, 전산학, 통계학, 데이터마이닝, 시각화 등 다양한 학문 분야의 전문가가 철저한 역할 분담과 상호 협력을 통해 하나로 힘을 합쳤으며, 한국사 빅데이터를 분석하는 융합연구 모델 개발을 진행하였다. 역사팀에서는 한국사 빅데이터의 특성과 역사적 배경을 해석하여 디지털 자료화하기 위한 연구를 진행하였으며, 언어팀과 전산팀 분야에서는 연구팀에서 개발한 AHTA(Ajou History Analyzer)프로그램을 통해 추출한 정보분석과 검증을 바탕으로 예측 모델링을 실시해 역사적 질문에 대한 해석을 찾고자 하였다. 역사팀과 언어전산팀에서 진행한 데이터베이스 및 텍스트 마이닝 분석을 통해 통계데이터마이닝팀에서 종적 사회관계망 분석과 딥러닝 기법을 적용한 대립 양산 추론을 통해 분석된 내용을 시각화팀에서 추출된 정보의 시각화, 권력관계 시각화, 결과를 직관적으로 알 수 있는 시각화를 수행하였다. 이러한 연구방법을 통해 확인되지 않은 역사적 인물의 정보를 추론할 수 있는 실마리를 제공할 수 있게 되었으며, 디지털 역사학의 새로운 연구방법론과 새로운 역사문화 콘텐츠를 창출하는 기반을 마련하였다.

– '빅데이터 분석' 기반 한국사 권력 메커니즘(2015~2020) 연구팀

'다문화가정을 위한 한국어 어휘의미분석 기반 다국어 어휘대역어 제공 서비스 개발 및 활용'을 수행한 연구팀은 IT(자연언어처리), 한국어정보처리, 한국어교육, 사회학, 인류학 등 분야별로 구성된 연구자들이 다문화 가정의 언어 소통문제 해결을 위한 논의를 진행하였다. 외국인을 위한 번역서비스 개발은 확산되고 있지만, 현재 번역기술은 영어를 중심으로 개발되어 동남아, 특수어 등의 지역사회와의 소통에는 한계가 있었다. 이에 연구팀에서는 '한통이(HanTongE)' 애플리케이션이라는 결과물을 도출한 뒤 수요자들의 의견을 수렴하여 기능을 점진적으로 개선하는 리빙랩 방식으로 연구를 진행하였다. 애플리케이션은 하나의 결과물로 보이지만 이를 운영・구현하기 위한 다양한 기술과 콘텐츠가 결집되어 있으며, 연구팀에서는 애플리케이션의 완성도를 높이기 위해 연구 내부의 융합뿐 아니라 외부와의 협력을 통해 연구를 강구했다.

융합연구 분야에서는 다양한 연구자들이 공통으로 이해할 수 있도록 문제를 정의하고 중요성을 설명하는 과정이 필요하며, 여러 연구자들을 쉽게 설득하기 위한 구체적인 결과물을 제시하는 것이 중요하다. 연구팀에서는 자연언어처리, 한국어정보처리, 한국어교육, 사회학, 인문학 등 다양한 학문 분야의 전문가가 다문화 가정의 언어 소통문제 해결을 위해 초학제적 연구를 진행하였다. 연구팀의 결과물인 '한통이' 애플리케이션에서는 한국어 문장의 의미를 보다 쉽게 이해할 수 있도록 한국어 어휘의 의미를 실시간 분석하고 모국어 어휘 대역어를 자동으로 제시하도록 구현하였다. 원하는 문장, 음성, 이미지를 입력하면 문장, 어휘, 단어까지 상세하게 설명되며, 11개국의 언어를 번역할 수 있는 기능을 개발하였다. 외국인 또는 다문화 가정의 구성원 등 사용자들의 편의성을 높이기 위해 인공지능 API(응용프로그램 인터페이스), 구글 음성인식/자동번역 API를 활용하였으며, 정량적 방법 대신 FGI 형식의 정성적 평가방법론을 적용하여 연구결과물의 사회적 가치를 해석하였다.

– 다문화가정을 위한 한국어 어휘의미분석 기반 다국어 어휘대역어 제공 서비스 개발 및 활용 (2016~2021) 연구팀

2 융합연구의 결과 발표는 어떻게 이루어지는가?

2.1 융합연구의 결과 발표 형식의 다양화

융합연구는 다양한 연구 분야와 연구자가 결합하여 이루어지기 때문에 융합연구의 결과를 도출하기까지 많은 시간이 걸린다. 또한 다양한 분야의 연구자들이 모여 있기 때문에 도출된 결과를 발표하는 부분에 있어서도 개별적 의견의 차이로 문제가 나타난다. 결과 발표의 도구인 학술지에서도 융합연구로 인하여 선택 및 발표까지 많은 어려움이 존재한다(한승환 · 경정운, 2010). 하지만 융합연구의 실질적 목적이 현실세계의 다양한 문제를 해결하기 위함임을 볼 때, 연구결과가 단순히 학술논문 및 전문저널 등 학술적 목적에만 국한되어서는 안 될 것이다. 매우 제한적인 독자들이 읽고, 고도로 전문화된 저널에만 출판하는 통상적인 학술출판 관행에서 벗어나는 것이 필수적이다. 따라서 융합연구결과에 대해 연구자들은 해당 연구결과가 누구에게 가장 필요할 것인지를 파악하고 그와 함께 어떤 형식으로 발표되는 것이 가장 효과적일지를 고려해야 할 것이다. 일반적 성과인 학술논문 및 전문자료를 넘어 신문기사, 방송매체, 콘텐츠, 대중강연, 작품 전시, 영화, 시스템 개발 등 다양하고 새로운 발표 양식 및 경로를 개발해야 한다.

2.2 콘텐츠와 방송매체의 융합연구성과

연구의 파급력을 높이고 학문적 대중화를 불러오기 위해 텍스트, 이미지, 영상 등으로 다양하게 제작된 콘텐츠들은 서적, 논문, 방송, 인터넷 등의 여러 매체를 통해 연구성과와 결과를 가시적으로 전달하고 있다. 융합연구의 성과는 유튜브 영상 콘텐츠, 교육프로그램 동영상 콘텐츠, 애플리케이션 콘텐츠, 가상 · 증강(VR/AR) 콘텐츠, 음악 콘텐츠 등으로 개발되어 다양한 매체를 통해 연구의 결과의 활용가치를 높이는 데 기여하고 있다.

'통합전염학의 초학제적 연구'를 수행한 박길성 교수 연구팀은 전염병이 의료 ·

보건 영역에 국한되지 않고 사회적 · 정치적 · 문화적 · 정서적 문제와 복잡하게 얽혀있다는 사실을 확인하였다. 통합전염융합연구팀에서는 연구의 결과를 학술적 연구성과에 한정하지 않고, 백서, 언론기사, SNS, 대담방송 등 다양한 콘텐츠와 매체를 통해 통합전염학의 학문적 대중화를 이끌었다.

통합전염융합연구팀의 공동연구원으로 참여한 김우주 교수는 'EBS 초대석' 프로그램에 참여하여 '바이러스와 끝나지 않은 전쟁'의 주제로 진화하는 바이러스와 이에 대응하는 사회구조의 한계와 관련해 대담을 나누는 등 여러 방송매체를 통해 통합전염학을 알렸다.

통합전염융합연구팀의 연구책임자인 박길성 교수는 한류 확산과 코로나19 출구 찾기 등과 관련한 사회적 논의의 장을 지속해서 만들고 있으며, 다학제적 대중서적('전염의 상상력')을 출간하여 '전염'을 키워드로 다양한 분야의 전문가들과 담론을 이어가고 있다.

– 통합전염학의 초학제적연구: 패러다임 구축에서 응용까지(2015~2021) 연구팀

2.3 다목적 미디어 공간 전시의 융합연구성과

전시를 통한 연구결과 발표는 연구자의 의도에 따라 학술적 전시, 교육적 전시 등의 특징을 지니며, 대부분의 연구결과 발표는 전시물과 주제, 전시공간의 물리적 특성(시간성, 공간성 등)으로도 구분될 수 있다. 이러한 전시를 통한 연구성과는 관람자들이 직접 경험하고 정보를 제공받을 수 있으며, 많은 인원이 접할 수 있기 때문에 효율적이다.

'스마트쉘터 공간 구축을 위한 철학 · 건축 · 문화 · 공학에 대한 융합연구'를 수행한 고경호 교수 연구팀은 학술대회 및 논문 게재, 저서, 쉘터 제작 및 전시, 국제협력 전시, 강의 등의 연구결과를 이끌었다. 연구결과의 학술적 접근뿐 아니라, 연구결과물인 스마트 쉘터를 국내에 실제 전시하여 일반인과의 접점을 마련하였으며, 연구과정 국제전시를 통해 스마트 쉘터 연구가 사회문제 해결을 위해 응용 · 확장되고 국제적으로 확산될 수 있다는 실제적 가능성에 공감대를 형성했다.

융합예술연구센터에서는 2019년 광주디자인비엔날레에서 사용자의 생체리듬을 체크할 수 있는 IoT 기술을 접목한 길이 7m, 폭 7m의 '구독형 쉘터'를 전시하였으며, 첨단 주거모델을 제안하여 주거문제 해결의 단초를 제공하였다. 또한 2021년 제작된 DMZ 쉘터는 평화생태적이며, 관광, 체험예술, 교육의 다목적 미디어 공간으로 연출해 관심을 모았다.

2019년 베니스비엔날레에서 개최된 '리서치 파빌리온'에 참여하여 스마트 쉘터 계획안과 연구과정을 전시하여 국제적으로 응용 · 확장될 수 있는 실제적 가능성을 확인하였으며, 2020년에는 한국 · 라오스 · 말레이시아 3개국이 참여한 온라인 국제학술대회 '2020 Korea Association for History of Modern Art: Smart Shelter for Urban Refugees'를 개최하여 스마트 쉘터의 개념과 확장 가능성을 알렸다. 홍익대 융합예술연구센터는 '스마트 쉘터'의 후속연구로 2021년 7월 'DMZ 스마트 폴리 구축을 위한 건축 · 예술 · 공학 융복합연구'사업을 개시하여 일반공동연구의 융복합과제를 추진 중이다.

– 스마트쉘터 공간 구축을 위한 철학 · 건축 · 문화 · 공학에 대한 융합연구(2015~2021) 연구팀

2.4 시스템 및 프로그램 개발의 융합연구성과

융합연구의 목적과 결과를 도출하기 위해 이론과 연구방법론을 구축하고 이를 실질적으로 적용할 수 있는 모델, 시스템 구축, 응용프로그램 개발 등을 통해 연구결과를 형태로 구체화시키고 있다. 지정된 정보처리기능을 수행하기 위한 상호작용시스템, IT 기술 또는 빅데이터를 접목시킨 시스템 개발, 데이터 기반 분석 프로그램, 애플리케이션, 플랫폼 개발 등 다양한 시스템 및 프로그램들이 융합연구를 통해 연구결과로 도출되고 있다.

'스마트 문화요소 추출시스템을 활용한 한·중·일 문화이미지 프레임 대조연구와 구현'을 수행하고 있는 이준서 교수 연구팀은 국내 학술논문 및 국제학술대회 발표, 저서 등의 학술적 연구성과뿐 아니라, 웹기반 한·중·일 문화요소시스템(CEMS) 개발, 한·중·일 문화이미지프레임망(CIFN) 플랫폼 구축, 문화이미지프레임(CIF) 제작 및 확장 등 클라우드컴퓨팅 기반 데이터베이스 구축과 시스템 개발 등의 연구결과를 이끌었다. 문화프레임빅데이터연구소는 텍스트와 이미지를 통해

문화요소를 발견하는 연구에 주력해 의미 있는 연구결과를 도출하고 있다.

문화프레임빅데이터연구소에서는 선행연구를 통해 개발된 한 · 일 텍스트 문화요소추출시스템(CEMS) 프로토타입을 중국어로 확장하였으며, 기존 데스크탑에서만 작동하던 시스템을 애플리케이션 형태로 추가 개발하여 연구와 교육 편의성과 접근성을 확장하였다. 이어서 한 · 중 · 일 CEMS의 안정화와 인터페이스 개선 등을 통해 사용자의 편의성을 단계적으로 향상시켰으며, 동시에 문화이미지프레임망(CIFN) 플랫폼을 구축하였다. 또한 2021년에는 일반인과 학생들을 위한 교양도서 'R컬처 마이닝'을 출판하였다.

문화프레임빅데이터연구소에서는 현재 3차년도 연구를 진행 중에 있으며, 다중언어, 다중문화로의 DB 확장과 동시에 메타버스에서의 컬처마이닝 연구적 · 교육적 · 실용적 발전 가능성을 모색하고 있다.

–스마트 문화요소 추출시스템을 활용한 한 · 중 · 일 문화이미지 프레임 대조연구와 구현 (2019~2022) 연구팀

''빅데이터 분석' 기반 한국사 권력 메커니즘'을 수행한 이상국 교수 연구팀은 국내외 학술논문 및 학술대회, 연구팀 주관 발표회, 저역서 등의 학술적 연구성과를 바탕으로 특허출원, 산업화 실적, 연구용 프로그램 및 서버 개발과 국내외 연구기관과의 협정체결 등의 다양한 연구결과를 이끌었다. 빅데이터를 생산하고 고도화된 텍스트 마이닝 분석방법을 통해 필요한 정보를 수집하고, 이를 정량적인 데이터로 바꿔 모델링을 실시하는 등의 연구과정을 거쳐 탄생한 디지털 역사학의 새로운 연구방법론이 새로운 역사문화 콘텐츠 창출의 기반을 마련하였다.

한국사 빅데이터의 특성과 역사적 배경을 연구팀에서 개발한 AHTA 프로그램을 통해 관련 정보를 추출하고, 이를 데이터셋으로 구축하였으며, 예측 모델링을 통해 추출된 정보를 직관적으로 볼 수 있도록 시각화로 도출하였다.

이러한 연구방법은 확인되지 않은 역사적 인물 정보를 확인 가능한 주변 인물의 정보를 통해 추론할 수 있는 실마리를 제공하였으며, 디지털 역사학의 새로운 지평을 열었다는 평가를 받고 있으며, 개발된 연구방법과 분석결과가 단순히 학술적 영역에 그치지 않고 우리 사회와 실생활에 직접적인 미친다는 결과를 보여줌으로써

새로운 역사문화 콘텐츠를 창출하는 기반을 마련하였다.

– '빅데이터 분석' 기반 한국사 권력 메커니즘(2012~2020) 연구팀

'환자중심형 SMASH Care Movement 플랫폼 개발: 프로그램, 공간, 도구를 중심으로'를 수행한 이은석 교수 연구팀은 학술논문, 국내외 학술대회 발표, 저역서, 학술연구상, 우수연구 교육부 장관상 등의 다양한 학술적 연구성과를 이루었으며, 지식재산권(특허)과 운동프로그램 개발, 스마트 헬스기기 개발과 플랫폼 서버를 구축하는 등의 다양한 연구결과를 만들었다. 인문사회학적 지식과 기술, 서비스 디자인을 도입하고 융합적으로 발전시켜 환자중심형 의료서비스라는 새로운 학문을 확립하였으며, 사회적으로 의료서비스 질 향상, 의료비 절감 등 환자의 삶의 질 향상에 기여할 수 있는 연구결과를 도출하였다.

운동재활융합연구소에서는 움직임 프로그램 및 시각적 교육자료를 개발하고 측정도구인 원격관리시스템을 구현하고자 하였다. 환자의 움직임을 감지하는 스마트 헬스 기기 및 플랫폼 서버를 구축하였으며, 환자의 규칙적인 운동프로그램 참여가 심리적 · 신체적 활력에 영향을 주는 힐링 라이프를 완성하였다. 병원시설과 프로그램, 도구 등 측정지표를 개발하여 근골격계, 뇌졸중 환자 모션센싱 기구를 이용한 운동재활의 효과성을 검증하며 병원 내 운동재활환경 조성에 필요성을 입증하였으며, 감성조명을 이용한 컬러테라피 디자인 가이드라인 개발, 각 병원 특성에 맞는 재활환경 이미지 설계 등 병원이라는 제한적 공간을 극복하기 위한 디자인이 필요하다는 아젠다를 도출하여 병원 서비스 플랫폼 개발에 새로운 시각을 구축하였다.

– 환자중심형 SMASH Care Movement 플랫폼 개발(2016~2021) 연구팀

2.5 교육프로그램 개발과 후학양성의 융합연구성과

융합연구의 과정에서 축적된 데이터, 시나리오, 연구성과 등은 학술적 측면은 물론 실용적 측면에서도 효과가 크다. 융합연구의 결과는 연구의 저변 확대에 따른 새로운 학문 분야를 개척하고 있으며, 무엇보다 관련 분야의 후학들을 양성시

키며, 연구진, 대학(원)생 등을 성장시키고 확장시키는 결과를 가져오고 있다.

'한국인의 사회적 삶의 질 향상을 위한 의료인문학 기반 완성적 죽음교육프로그램 개발'을 수행한 김광환 교수 연구팀은 학술논문, 국내외 학술대회 발표, 저서 등의 학술적 연구성과를 바탕으로, 웹 웰다잉 및 죽음교육프로그램 및 교육서 개발, 국가 단위 죽음 및 웰다잉 조사 및 모니터링, 국민 웰다잉 인식 및 실태조사 보고서 등의 다양한 연구결과를 이끌었다.

> 웰다잉융합연구소에서는 죽음과 웰다잉을 중심으로 인문 · 사회 · 보건 · 의료 등을 결합한 행복한 죽음의 사회적 수용이라는 연구결과를 구현하고자 하였다. 죽음에 대한 인식이 각기 다른 일반인, 의료인, 대학생, 사회복지사를 대상으로 한 맞춤형 죽음교육프로그램 개발과 죽음교육 교재를 개발하였으며, 기존 죽음교육프로그램의 분석, 대상별 죽음교육의 필요성 및 교육의 타당성조사를 바탕으로 죽음교육프로그램을 완성시켰다. 더불어 건양사이버대와 건양대 교양과목 개설, 복지관 및 노인대학 등에 맞춤형 교육을 추진하였으며, 병원, 학교, 공공기관 등에서 필요로 하는 죽음 관련 전문가를 양성하고 있다.
>
> – 한국인의 사회적 삶의 질 향상을 위한 의료인문학 기반 완성적 죽음교육프로그램 개발 (2014~2019) 연구팀

본 절에서는 융합연구의 결과를 도출하는 일련의 과정 속에서 나타날 수 있는 다양한 융합연구의 문제에 대해 융합연구를 진행했던 연구팀들의 사례를 제시함으로써 융합연구에 대한 이해를 돕고자 하였다. 다음 절에서는 실제적으로 융합연구를 진행하면서 완료시점에서 연구의 운영과 융합연구 지원 협조의 개선점에 대해 살펴보도록 한다.

3 융합연구자들이 말하는 융합연구 개선점

지금부터는 인문사회기반 학제간 융합연구를 진행하면서 연구자 혹은 연구책임자들이 느끼는 융합연구 중 개선이 필요한 사항에 대해 이야기하고자 한다. 2009년 처음으로 시작된 인문사회기반 융합연구사업은 짧은 역사를 가졌지만 2021년까지 465개의 연구과제가 시행되는 등 많은 과제들이 배출되었다. 그 사이 운영과 지원에 있어 많은 개선점들이 논의되고, 이들이 조금씩 정책적으로 반영되어 왔다. 필자는 지난 기간 동안 융합연구사업을 지원하고 융합연구총괄센터사업을 진행하며 만난 인문사회기반 학제간 융합연구자들과의 대화를 통해 공유한 생각들을 소개하고 이야기하고자 한다. 이를 통해 우리 사회에서 융합연구에 대한 인식과 주변 지원기관들이 어떤 방식으로 개선될 필요가 있을지 몇몇 논점들을 제기해 볼 것이다.

3.1 융합연구 지속의 어려움

융합연구자에게 융합연구의 어려움을 물었을 때 가장 많이 언급되는 것은 융합연구 지속의 어려움이다. 한국연구재단 인문사회연구본부에서 2022년 제시한 융합연구 지원사업 방침에 따르면, 융합연구의 지원기간은 최대 3년으로 구성되어 있다. 하지만 융합연구자들은 다양한 분야의 학자들과 가치관 공유에만 1년 넘게 소요되며, 제대로 된 연구를 진행하려고 하면 이제 연구기간이 끝나 제대로 된 연구가 어렵다고 한다. "융합연구가 무르익으려면 구성원들이 서로 이해하고 신뢰를 쌓을 시간이 필요하다. 융합연구 활성화를 위해 최소 3년 이상 연구기간의 보장이 필요하다." 2021년 연구를 마친 연구책임자는 인터뷰에서 이렇게 말하며, 융합연구의 연구기간이 끝났을 때 융합연구의 성과가 그대로 사장될 수 있어 아쉬움이 남는다고 이야기한다. 이러한 문제는 비단 연구기간만의 문제는 아니다. 2022년 교수신문의 융합연구 시리즈 기사를 살펴보면 연구기간보다는 후속연구의 불확실성이 더 큰 아쉬움으로 남는 것으로 보인다. "중견연구자들이 지속적으로 연구를 심화, 확대 진행할 수 있는 후속연구의 기회가 미흡하다. 융합과학의 발전을 위해 융합연구 결과를 확대 진행할 수 있는 인문사회기반 연구사업의 개발과 융합연구자 양성사업의 신설 등 인문사회과학의 학문적 토대에 근거한 연구환경 조성이 시급하다." 교수신문의 융합 시리즈 기사에 참여한 한 책임연구자의 말이다. 이렇듯 3년간 융합연구를 진행한 후 도출한 결과를 통해 이를 발전시키는 더 큰 후속 과제를 받아 그동안 손발을 맞춘 연구팀과 지속적인 연구가 이루어져야 하는데, 후속 기회를 얻기 어려워 그동안 손발을 맞춘 연구팀이 그대로 무너진다는 것이다. 특히 융합연구팀은 다른 연구팀보다 손발을 맞추기 어렵다는 점에서 융합연구자들이 느끼는 상실감은 더 큰 것으로 보인다. 이러한 문제를 해결하기 위해 융합연구자들은 기존 융합연구 지원사업의 기간 확장과 융합연구 지원프로그램의 지속성 담보 등 해결책이 필요하다고 촉구하고 있다.

3.2 융합연구 예산규모 및 지원의 문제

융합연구자들이 생각하는 또 다른 어려움은 융합연구 예산규모와 지원의 미흡으로 인한 어려움이다. 김미혜 한국연구재단 문화융복합단장은 2022년 교수신문과의 인터뷰에서 "이·공계와 비교했을 때 전반적 지원규모가 저조하고 민간투자 역시 미미하여 어려움이 있다"고 말했다. 이처럼 이공계열이나 의생명, 자연과학 분야에 비해 인문사회 분야의 연구비 지원범위와 규모는 크게 차이가 난다. 이는 연구비 지원주체의 다양성의 문제뿐 아니라 연구비 지원규모에도 영향을 주며, 내부 인건비 산정에도 큰 차이를 가져와 간단한 문제가 아니라고 생각된다.

> 융합연구는 학문의 언어도 다르고, 문제에 접근하는 방식과 관점도 달라 소통이 쉽지 않다. 더군다나 연구원에게 줄 수 있는 인센티브가 제한적이어서 적극적인 참여를 독려하는 데 제약도 많았다.
>
> – 신기후 시나리오 하에서의 한국 국제경쟁력 제고 전략(2018) 연구팀

연구자들도 언급하듯이 이러한 연구비의 차이는 가장 먼저 인문사회 분야와 이공 분야와의 연구비 차이는 이공 분야 연구자들의 참여율을 저조하게 이끄는 문제로 연결된다. 각자 분야의 연구관습과 풍토에 익숙한 두 분야 연구자들은 그들의 연구 분야에 준하는 연구환경 조성과 인건비 지원 및 보상에 대한 기대를 갖는다. 그러나 인문사회기반 융합연구는 인문사회 분야의 관습과 풍토를 답습하는 연구비 규모로 구성된다. 인문학 기반 융합연구에 참여한 이공 분야 연구자는 인문학 분야 연구자의 연구비 규모와 인건비 산정 그리고 연구결과물 등의 업적 산정에 대한 관습에서 한두 가지 차이를 체감하는 것이 아니다. 이는 자연스럽게 이공계 연구자들이 인문학기반 융합연구를 기피하게 만들며, 인문학기반 융합연구가 확산되는 것을 저해하고 있다.

한편 연구비 활용에도 많은 연구자들이 어려움을 겪고 있다. 가장 큰 문제는 연구자들이 연구비 활용 어려움을 해결할 수 있는 근원적 방법이 제시되지 않고 있다는 점이다. 한 융합연구 책임연구자는 융합연구총괄센터 논의에서 연구비 활용에 대한 사항을 석사과정 연구보조원에게 일임하지만 회계업무가 익숙해지기 전 졸업하기 때문에 회계업무가 계속 마비된다고 한다.

> 융합연구의 특성상 서로 다른 연구자들의 소통과 논의 및 연구방법론에 대한 논의기간이 길어 연구비를 연구의 마지막 부분에 집중적으로 활용하는 경우가 많다. 하지만 연구비 활용 시 연구비 이월이 자유롭지 않아 자칫 연구비를 반드시 필요하지 않은 부분에 활용하게 될까 봐 염려된다. 그 밖에도 연구비 카드 발급 문제, 외부업체 활용 시 비용 제한 등 연구비를 활용하는 데 어려움이 있다.
>
> – 2021년 11월 내일신문

이처럼 융합연구자들은 연구비의 규모와 활용문제로 큰 어려움을 겪고 있었으며, 연구자들은 이에 대한 해결책으로 융합연구 연구비 규모 확장, 한국연구재단의 연구비 활용 관련 Q&A 진행 등 문제해결을 위해 다양한 해결책 마련이 필요하다고 응답한다.

3.3 융합연구자의 소통에 대한 문제

정근하와 노영희(2019a)에 따르면 융합연구는 주변 연구자들과의 네트워크를 통한 우연한 계기로 시작되며, 우연한 계기는 타인과의 대화를 통해 얻어지기에 HubCon 컨퍼런스라든지 세미나, 콜로키움 등 참석이 융합연구의 새로운 출발의 계기가 된다고 한다. 하지만 융합연구총괄센터에서 융합연구자들을 대상으로 융합연구자의 모임이 있냐는 질문에 34.4%의 연구자가 없다고 답변했으며, 56.3%의 연구자가 모른다고 답변해 총 91%의 융합연구자들이 별다른 모임 없이 연구를 진행하고 있는 것으로 나타났다(정근하 · 노영희, 2019b). 이는 현재 융합연구자들 간 소통의 창구가 부족하다는 의미이며, 융합연구의 확장에 적신호로 작용할 수 있다.

이와 관련하여 융합연구자들은 2020년, 2021년 융합연구총괄센터의 융합연구 협의체 논의에서도 비슷한 반응을 보였다. 협의체 논의를 진행한 융합연구팀들은 이런 소통 및 논의 자리가 추가로 필요하다고 응답했다. 특히 노인과 소통 관련 주제를 연구하는 융합연구자들은 적극적으로 자리 주선을 요청하여 실제로 2020년, 2021년 융합연구총괄센터의 협조를 통해 추가로 소통하는 자리를 마련했다. 이러한 사례를 통해 융합연구자들이 다른 연구자들과 소통할 수 있는 자리에 대한 갈증을 느끼고 있는 것을 다시 한번 알 수 있었다. 이러한 소통 문제는 융합연구총괄센터가 나서서 HubCon 컨퍼런스 및 세미나를 개최하는 등 해소하려고 노력하고 있지만 부족한 상황이며, 특히 융합연구를 진행하지 않거나 융합연구가 끝난 연구자들은 융합연구총괄센터가 관리하지 못하기 때문에 소통의 자리를 마련하지 못하고 있는 것도 문제 중 하나이다.

생각하고 나눠 보기

본 장에서는 융합연구의 결과분석과 해석방법, 결과 발표를 다양한 연구팀의 사례를 통해 살펴보았습니다. 다음 토의문제에 대해 고민해 보고 함께 이야기해 봅시다.

01 융합연구 결과분석 및 해석방법은 어떻게 진행되는지 살펴보고, 나만의 연구결과 분석 및 해석방법의 노하우를 가지고 있는지 함께 공유해 봅시다.

02 융합연구 결과 발표는 어떻게 진행되는지 살펴보고, 어떤 결과 발표방식이 나의 연구에 적합할지 고민해 봅시다.

03 융합연구를 어렵게 하는 장애요인 및 갈등요인이 무엇인지 이야기해 보고 이를 효과적으로 해결할 수 있는 방법을 토의해 봅시다.

10 Chapter 융합연구 실제 - 웰다잉 융합연구

김광환, 박아르마

1 웰다잉(well-dying) 융합연구의 출발점

건양대학교 웰다잉 융합연구팀은 '한국인의 사회적 삶의 질 향상을 위한 의료인문학기반 완성적 죽음교육프로그램 개발'이라는 주제로 한국연구재단의 학제간 융합연구지원사업을 수행 중이다. 최초 연구는 '의료인문학기반 죽음교육프로그램 개발'이었고 현재는 '죽음교육의 표준모델 제시를 통한 전국 단위 교육기반 구축 및 서구와 비서구의 웰다잉 인식과 정책의 상호 보완적 연구와 수용'으로 연구의 범위와 내용이 확대되었다. 세부 연구목적을 소개하면 다음과 같다.

세부 연구목적
- 죽음교육프로그램 운영과 자격증 개발을 위한 표준 교육과정 구축
- 전국규모 조사를 통한 웰다잉정책 수립목적의 기초자료 제공
- 서구와 비서구의 죽음 관련 정책 및 문화, 태도 상호 비교연구

위 세부 목적에서 제시되어 있듯이 첫째 기존에 개발된 죽음교육프로그램을 교육과정과 자격증 개발과정에 적용·활용하는 것이 융합연구팀의 우선 과제이다. 다음으로 한국인의 죽음에 대한 태도 및 인식, 즉 웰다잉에 대한 전반적인 인식을 파악하고자 전국규모의 설문조사를 진행하였다. 여기서 축적된 결과를 토대로 웰다잉과 관련된 정책 수립을 위한 기초자료를 제시하였다. 마지막으로 서구와 비서구의 죽음 관련 정책과 문화, 태도 등을 조사하고 상호 비교하는 연구를 진행 중이

다. 이러한 연구를 통해 글로벌시대에 동서양의 문화적 경계가 허물어지는 현실에서 오히려 각국의 죽음에 대한 전통적인 인식과 태도, 문화를 조사하고 그것을 인간본성의 이해라는 관점에서 수용하여 활용할 수 있는 방안을 모색해 보려 한다.

현재 6년 동안 진행되고 있는 연구과정의 소사(小史)를 소개하여 학제간 융합연구를 새로 시작하거나 도전하려는 연구자들에게 도움이 되기를 기대해 본다. 건양대학교 웰다잉 융합연구팀은 2013년 한국연구재단의 '학제간 융합연구지원사업'에 선정, 죽음 관련 연구를 수행하기 위해 구성되었다. 2013년 '의료인문학에 기반을 둔 죽음교육프로그램 개발,' 2014년부터 현재까지 '한국인의 사회적 삶의 질 향상을 위한 의료인문학기반 완성적 죽음교육프로그램 개발'을 주제로 웰다잉과 죽음 관련 연구를 하고 있다. 인문・사회와 보건・의료 영역의 연구자들이 주축이 되어 죽음 관련 교육, 인력양성, 교육체계 및 사회시스템 구축 등 국가 단위의 죽음교육프로그램 개발을 목표로 학술논문 발표, 전문서 발간, 세미나와 워크숍 개최 등 다양한 연구성과를 내고 있다.

연구의 시작은 2012년 건양대학교에 재직 중인, 평소 가깝게 지내던 각 학문 분야의 교수들이 우연한 기회에 죽음문제에 대해 진지한 토론을 하게 된 데서 비롯되었다. 연구자들은 죽음에 대한 학문적 연구의 필요성에 뜻을 모으고 기존 연구동향과 성과를 조사하였다. 이미 각 학문 영역에서 다양한 연구들이 진행되고 있었으나 인문학과 의료 영역이 융합되었을 때 죽음이라는 실체에 보다 깊이 있게 접근할 수 있다는 데 중지를 모으고, 학제간 융합연구계획을 세우게 되었다. 건양대학교 창의융합캠퍼스(논산)에 재직 중인 문학, 철학, 종교학 전공 교수와 메디컬캠퍼스(대전)의 의학, 간호학, 보건학, 경영학, 통계학 전공 교수들로 '웰다잉 연구팀'을 만들었다. 연구팀은 한국연구재단의 '2013년 학제간 융합연구지원사업 씨앗형' 사업에 '의료인문학에 기반을 둔 죽음교육프로그램 개발'이라는 주제로 선정되었다. 연구의 핵심목표는 삶의 마지막 단계인 죽음을 인문학적 측면, 사회과학적 측면, 보건・의료적 측면에서 이해하고 이를 융합하여 죽음의 사회적 수용을 위한 융합교육모델 개발 및 그와 관련된 인력양성을 통해 죽음과 관련된 사회적 비용의 절감과 행복한 죽음의 수용을 목표로 한 죽음교육프로그램을 개발하는 것이었다.

1년이라는 짧은 기간에 수행한 '씨앗형 연구'를 마무리하면서 연구팀은 우리 사회의 시급한 죽음문제에 보다 진지한 접근을 가능하게 할 학제간 융합연구지원사업의 '새싹형' 사업에 지원하였다. 2014년 선정된 '새싹형 연구'의 주제는 '한국인의 사회적 삶의 질 향상을 위한 의료인문학 기반 완성적 죽음교육프로그램 개발'이었다. '새싹형 연구'의 목적은 첫째, 인문·사회와 보건·의료 영역의 연구자들이 주축이 되어 죽음 관련 교육, 인력양성, 교육체계 및 사회시스템 구축 등 국가적 단위의 죽음교육프로그램을 개발하는 것이다. 둘째, 학제간 융합연구로 개발된 대상별 죽음교육프로그램을 기반으로 죽음교육 전문가양성을 위한 웰다잉 융합연구 교육센터를 설립하고 운영하는 것이다. 마지막으로 씨앗형 연구사업인 '의료인문학기반 완성적 죽음교육프로그램'을 발전시켜 사회 전 영역으로 확대시키고 특히 국가적 재난 이후에 나타나는 집단 트라우마 같은 현상에 대한 대처뿐 아니라 한국인의 사회적 삶의 질 향상을 궁극적 목표로 하였다.

웰다잉 연구팀은 죽음교육프로그램 개발을 위해 모여 연구결과를 나누면 나눌수록 '좋은 죽음'에 대한 이해와 깨달음을 사회에 전해야 한다는 사명감을 가지게 되었다. 웰다잉에 대한 사회적 관심은 물론 웰다잉법의 핵심인 사전의료의향서에 대한 일반의 관심이 커져가는 상황에서 죽음교육의 중요성을 알리고, 죽음교육전문가들을 양성하여 우리 사회 곳곳에 '좋은 죽음'과 관련된 교육이 전파되기를 바란다. 이를 통해 사회 구성원 모두가 '삶의 완성'으로서의 아름다운 마무리를 할 수 있기를 기대해 본다.

2 웰다잉 융합연구팀의 구성과 협력

융합연구에서 전공별·영역별 연구자의 구성과 협력은 연구의 성패를 결정할 수 있을 정도로 중요하다. 건양대학교 연구팀의 가장 큰 특징은 단일대학의 연구자들로 구성되어 있으며 인문학과 보건의료 영역의 융합을 토대로 하고 있다는 점이다. 일반적으로 2개 이상의 대학의 구성원으로 연구팀을 구성하였을 경우 각 분야의 전문인력을 수급할 수 있다는 장점이 있지만 연구회의는 물론 실제 협력과정에서 시간적·공간적 제약이 있을 수 있다. 건양대학교 연구팀은 단일대학으로 구성되었기 때문에 융합연구회와 공동 연구과정에서 상시 협력체제를 갖추고 연구를 진행할 수 있었다. 월 1회 이상의 전체 회의와 연구, 월 2회 이상의 분과별 회의 진행이 가능하였다. 주요 연구자 및 전공 영역과 역할을 소개하면 다음과 같다.

| 표 10-1 | 웰다잉 융합연구팀 역할분담

참여형태 구분		참여자	연구 역할분담내용
연구책임자		A	연구총괄(보건의료 전공자)
공동 연구원	일반 공동 연구원	B	동양철학 전공자: 철학 분야의 전문가로 철학 부문을 맡아 철학적 관점에서의 분석 실시
		C	의료경영 분야 담당: 의료경영전문가로 본 연구에 있어 의료경영 관련 부문의 연구
		D	인문학적 분야 담당: 문학 분야 전문가로 문학예술치료 분야 연구
		E	한국철학(죽음학) 전공자
		F	인지심리학 전공자, 설문 문항 개발 및 분석
		G	환자간호 분야 담당: 간호사이며, 지역사회보건을 전공하여 임상간호실무 및 보건의료 부문에서 연구
		H	사회적 비용 분야 담당: 사회학의 전문가로 죽음에 있어 사회적 비용 예측 부문의 연구 실시
		I	의료 분야 담당: 의사이며 예방의학전공자로서 본 연구에서는 의료관리 부분에서의 연구를 맡음
		J	통계 분야 담당: 통계학 전공자로 본 연구에서는 교육모형 및 사회적 비용 부분 모델링 구축
		K	보건교육학 분야 담당: 간호사이며, 보건교육학 및 보건학을 전공하여 본 연구에서 교육프로그램 개발 부문에서의 연구
	연구보조원	L	문학치료프로그램의 연구
		M	사업단 운영 및 행정 전반, 자료 분류 및 통계분석

융합연구팀의 주축을 인문학 전공자와 보건·의료 전공자로 편성한 것은 '죽음'이라는 현상을 죽음에 대한 인식과 태도를 포함한 정신의 관점에서 보는 인문학적 시각과 죽음을 몸과 생리적 현상으로 보는 의료적 시각을 융합시켜 보려는 생각에서 비롯되었다. 특히 건양대학교는 인문사회 전공이 중심이 된 창의융합캠퍼스와

보건의료 전공이 핵심인 메디컬캠퍼스로 구성되어 있기 때문에 양대 캠퍼스 인력의 결합을 통해 융합연구의 효과를 극대화시킬 수 있었다. 특히 대학병원을 통한 죽음 관련 통계자료의 확보와 현장 의료진과 환자에 대한 연구조사가 용이하다는 점을 최대한 활용할 수 있었다. 연구책임자는 융합연구의 전체 계획과 진행을 총괄하였고 내·외부 기관과의 협력을 주도하였다. 특히 '죽음교육프로그램의 개발과 교육'이 주요 연구의 내용과 방향인 본 연구팀의 특성을 고려하여 국내외 죽음 관련 언구기관, 지자체의 보건담당자, 병원 및 요양소, 언론사 등과의 간담회와 협약MOU를 통한 상시 협력체계를 구축하였다. 창의융합 캠퍼스가 주축이 된 인문 분야 연구팀은 죽음의 문제에 대한 인문학적 정의와 고찰부터 심리치유프로그램의 개발과 교육, 홍보사업에 치중하였다. 메디컬 캠퍼스가 중심이 된 보건의료 분야 연구자들은 의료기관의 죽음 관련 통계자료와 임상에서의 경험 등을 수집하고 분석하여 통계를 내는 작업을 맡았다.

연구팀 구성원들의 전공 분야가 상이하고 연구의 내용과 방법에 차이가 크기 때문에 각각의 연구방법을 조율하고 연구내용을 통합하는 작업이 필수였다. 1차적으로는 연구책임자가 중심이 되어 월 1회의 전체 융합연구회의에서 연구의 방향과 목표를 정했다. '웰다잉 지도사 양성을 위한 교재개발'의 예를 들자면 업무분장을 할 때는 임상에서의 경험과 자료수집, 호스피스 완화 의료에 관한 영역은 의사와 간호사 출신의 연구자가 업무를 맡았다. 죽음에 대한 태도와 인식, 치유프로그램, 장례에 관한 연구와 보고서의 작성은 인문학 전공자가 주축이 되어 실행하였고 출판과정까지 전담하였다. 통계학과 경영학 전공자들은 설문 문항의 개발과 조사, 분석에 집중하여 연구성과를 냈다.

다만 이와 같은 각각의 연구성과가 개별 연구로 머물지 않도록 월 1회 이상의 전체 융합연구과정에서 연구성과를 점검하고, 특히 인문학과 보건의료 전공자들이 두 축이 되어 연구결과를 상호 검토하고 문제점을 지적, 해결하는 과정을 거쳤다. 월 2회 이상 진행된 인문, 보건의료 연구팀의 개별 분과 회의에서는 오히려 융합연구의 틀을 벗어나 개별 연구에 대해 집중적인 시간을 할애하고 개인별 연구과제를 부여하여 연구의 전문성을 높일 수 있었다. '죽음교육프로그램의 개발 및 교육'은 전문 분야의 연구이면서도 대중적인 홍보와 교육이 결과로 나타나야 하기 때문에 연구성과에 대한 일반인들의 이해도 중요했다. 그런 이유에서 학부생인 학생 연구원들에게 연구성과를 일반인의 눈높이에서 파악하게 하고 이해의 정도를 확인하고 문제점을 보완하는 과정을 상시 거쳤다. 융합연구의 성패는 개별 연구의 충실성과 그에 못지않은 연구결과의 통합, 나아가 일반인에 대한 교육까지 목표로 하는 연구일 경우, 연구결과의 홍보와 이해의 수월성 등에 달린 만큼 어느 단계 하나 간과되어서는 안 될 것이다.

3 융합연구의 성과 확산을 위한 외부협력과정

건양대학교 웰다잉 융합연구팀은 '한국인의 사회적 삶의 질 향상을 위한 의료인문학기반 완성적 죽음교육프로그램 개발'이라는 큰 주제로 융합연구를 시작했지만 세부 과제로는 '죽음교육프로그램의 개발 및 교육'이 핵심내용인 만큼 대내외 홍보와 협력, 교육사업이 이론적 연구성과의 도출 못지않게 중요한 과제였다. 어떤 의미에서는 외부기관 및 교육대상자들과의 연구성과의 공유와 상호 협력과 교류가 융합의 최종 목표일 수 있었다. 그런 이유에서 연구팀은 유럽과 아시아의 대학 및 연구소와 죽음교육프로그램의 상호 연구와 교육을 위한 협력체계를 구축하였고 국

표 10-2 웰다잉 융합연구 연구성과(2017년)

구분	성과지표	실적(건)
연구 성과 발표내용	협의회, 성과발표회	11
	워크숍, 심포지엄	2
	학술대회 발표	7
연계	MOU 체결	10
인력양성	연구 관련 교차강의	5
특강	지식확산 성과	20
수상실적		3
언론홍보		16
보고서출판		2

내의 죽음교육기관 및 심리상담 치료센터와의 교류를 활성화했다. 지자체의 보건소, 도서관, 노인복지관의 교육체계 구축을 통해서는 연구성과인 죽음교육프로그램을 활용하는 실제 현장교육이 이루어질 수 있도록 했다.

앞의 성과표에서 확인할 수 있듯이 연구성과는 성과 발표회와 심포지엄과 같은 학술적인 공간을 중심으로 발표되었지만 외부기관과의 협력, 교차강의도 융합연구의 중요한 축을 이루고 있다. 특히 지식성과 확산 성과인 20차례의 특강은 2017년 한 해에 이루어진 결과로 기개발된 죽음교육프로그램과 강의자료, 저역서 등을 활용하였다. 다시 한 번 강조하자면 본 연구팀의 세부 연구주제인 '죽음교육프로그램의 개발과 교육'은 대중적 소통과 이해라는 성과가 도출될 때 이론적 연구결과의 성공도 담보할 수 있는 만큼 건양대학교 융합연구팀은 교육과 홍보, 교양서 등의 출판 영역에서도 역량을 집중했다.

4 DACUM기법을 활용한 연구결과

4.1 연구의 목적

죽음교육프로그램의 구성에 있어서 ① 죽음을 어떻게 인식시킬 것인가라는 기본적인 전제하에 ② 죽음을 수용하는 자세 및 태도를 변화시키는 것에 중점을 두었다. ③ 마지막으로 죽음의 실천적 측면에서 준비해야 할 것을 교육내용으로 구성하였다. ④ 이를 통해 사회적 삶의 질 향상을 도모하였다.

죽음교육프로그램 개발기준은 DACUM기법을 기반으로 세 가지 측면을 설정한 후, 각각의 Duty, Task, Task element를 개발하였다. 세 가지 측면의 교육 항목들이 서로 연관성을 가지며 교육프로그램을 개발하는 것을 목표로 하고 있다.

그림 10-1 ▌ 삶의 질 향상을 위한 죽음교육프로그램 구성

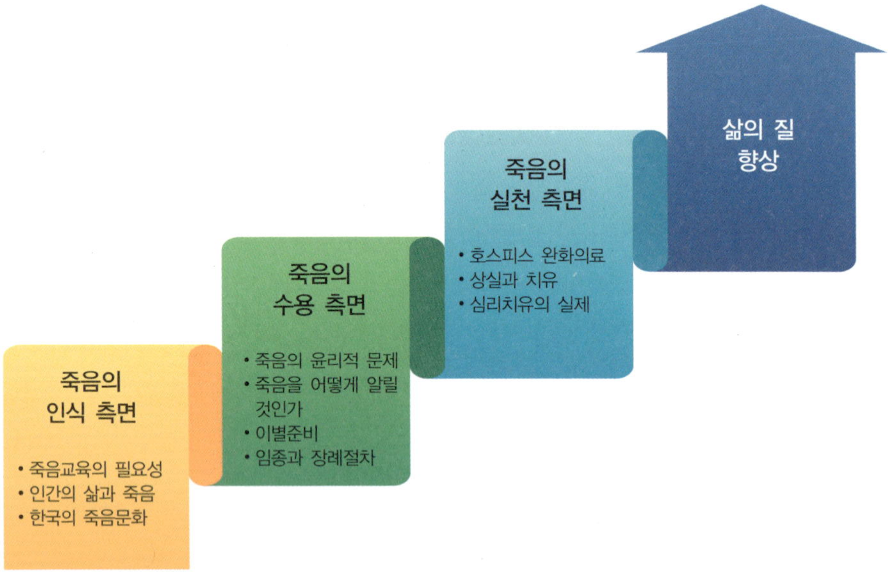

그림 10-2 ▌ 죽음교육프로그램 개발기준

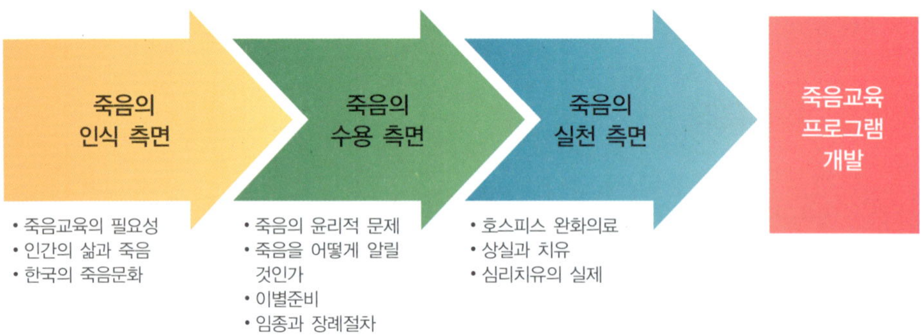

4.2 대상별 교육프로그램의 세분화

죽음교육프로그램의 개발을 위한 교육모델기법 선정에 있어 교육대상을 명확하게 정해야 한다. 교육대상자(환자, 환자의 가족, 의사 및 간호사, 사회복지사, 일반인 등)에 따라서 죽음교육프로그램의 내용이 달라져야만 한다.

대상별(일반인, 학생, 의료인, 사회복지사)로 DACUM 설문지를 통하여 실시했으며 DACUM 설문지에서 죽음교육프로그램 직무분석 항목으로는 임무(duty) 8개와 과업(task) 24개로 구성되어 수행빈도, 중요도, 난이도를 체크하도록 구성하였다. 각각 4점 척도로 점수가 높을수록 수행빈도, 중요도, 난이도가 높은 것을 의미한다. 특히, 사회복지사대상 죽음교육프로그램 구성에 있어서는 죽음을 직접 맞이하는 것보다 죽음을 겪은 사람들과 죽음을 앞둔 노인들을 많이 접하게 되는 사회복지사의 직업적 특성을 고려하여 세부 과업보다 임무에 초점을 맞추어 연구를 실시하였다.

4.3 죽음교육프로그램 개발과정

그림 10-3 | 죽음교육프로그램 개발과정

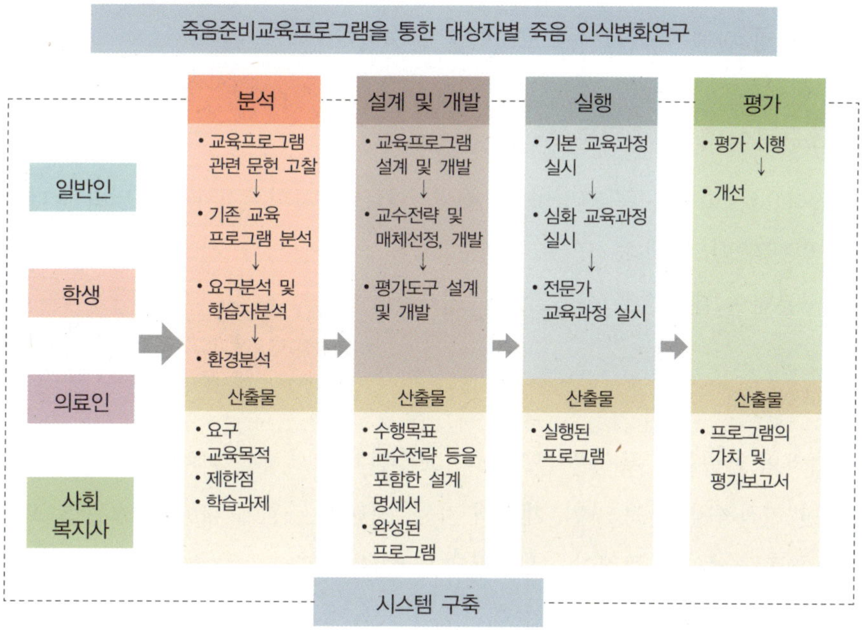

4.3.1 분석

분석	• 교육프로그램 관련 문헌 고찰 • 기존 교육프로그램분석 • 요구분석 및 학습자분석 • 환경분석	산출물 • 요구 • 교육목적 • 제한점 • 학습과제

(1) 교육프로그램 관련 문헌 고찰

국내외 죽음교육 관련 문헌 및 논문 요약정리 후 선행연구를 분석한다.

(2) 기존 교육프로그램분석

국립암센터, 충남대학교 호스피스 교육과정(석사과정), 그 외 죽음교육프로그램 운영센터 및 단체 등의 교육프로그램을 분석한다.

(3) 요구분석 및 학습자분석

개괄적으로 학습자 구분(일반인, 학생, 의료인, 사회복지사) 후 일반인(다문화가정, 일반가정), 학생(보건의료 계열, 그 외), 의료인(의사, 간호사), 사회복지사로 세부 구분하여 대상별로 설문조사를 실시한다.

(4) 환경분석

학습자의 학습환경 특성을 분석한다. 교수설계에 영향을 미치는 모든 제반 요소에 대한 인적자원, 물적 자원, 개념적 자원, 시간적 자원에 대한 분석(관련 교육·훈련, 하드웨어, 소프트웨어, 교육 분위기 등)을 한다.

- 일반인: 일반가정 및 각 다문화가정의 죽음에 대한 인식, 역사·문화분석
- 학생: 보건 계열 학생 및 그 외 계열 학생의 죽음에 대한 인식, 교육환경분석
- 의료인: 의사와 간호사의 근무환경, 죽음 관련 계열 업무의 유·무 차이 등 분석
- 사회복지사: 사회복지대상자에 대한 연령, 성별, 환경 등의 차이점분석

4.3.2 설계 및 개발

설계 및 개발		산출물
설계 및 개발	• 교육프로그램 설계 및 개발 • 교수전략 및 매체 선정, 개발 • 평가도구 설계 및 개발	• 수행목표 • 설계 명세서 • 완성된 프로그램

(1) 교육프로그램 설계 및 개발

- 각 학습자별 교육시간 분배: 일반인>학생(보건 계열 제외)>학생(보건 계열)>사회복지사>의료인(의사)>의료인(간호사)
- 온・오프라인 교육과정 구성: 온라인 교육과정 구성
  건립 예정인 죽음교육센터 외 타 기관의 전문죽음교육과정 이수 역시 동등하게 인정해 주어야 함(기본과정으로 인정): 오프라인 교육과정 구성 - 건립 예정인 죽음교육센터(기본과정 및 심화과정, 전문가과정), 대학교(기본과정 및 심화과정), 타 기관(기본과정)
- 죽음교육 관련 전문강사진 구성 및 프로그램 연계
- 각 학습자별 교육프로그램 개발: 기존 프로그램의 부족한 사항 보완
- 죽음교육프로그램을 운영하고 있는 타 기관과의 MOU 체결: 대학, 노인대학, 병원, 장례식장, 교육청(초・중・고) 등

(2) 교수전략 및 매체 선정, 개발

- 교수전략 선정: 강의식, 토론식, 시뮬레이션, 게임, 케이스 스터디, 액션러닝, PBL, GBS, e-learning, Blended learning 등 — 내용전문가(SME)와 교수설계자의 협동작업이 중요
- 교수매체 선정: 교수・학습 과정안, 학생 활동지, ppt 자료
- 학습자료 개발: 교육대상별 활동지 개발, 사전 학습내용 확인, 교육 핵심요소 파악, 학생용 포트폴리오 활동지 개발
- 교수자료 개발: 교수・학습 과정안 개발, 교육용 PPT 자료 개발, 단계별・대상별 자료 개발 → 학습자 지침서, 교수프로그램, 교사지침서, 검사지

- 평가도구 개발: 학습자용 · 전문가용 평가지 및 설문지 개발 — 지필검사, 관찰 및 실기검사, 역할연기

(3) 평가도구 설계 및 개발

- 학습자용 평가지 설계: 학습목표에 맞는 평가항목 결정
- 전문가용 평가지 설계

4.3.3 실행

실행	• 기본 교육과정 실시 • 심화 교육과정 실시 • 전문가 교육과정 실시	산출물 실행된 프로그램

(1) 기본 교육과정 실시

- 학습자별 시간, 학력, 직업, 문화 등을 고려해 차별화된 교육 실시
- 교육 장소: 온라인(국립암센터, 건립 예정 죽음교육센터 등), 오프라인(대학교, 건립 예정 죽음교육센터, 타 기관 등)

(2) 심화 교육과정 실시

- 교육대상자: 기본 교육과정을 수료한 학습자를 한정으로 실시
- 학습자별로 타 기관 및 온라인에서 기본 교육과정을 이수한 경우도 인정(국립암센터, 충남대학교 호스피스과정 등)

(3) 전문가 교육과정 실시

- 건립 예정 죽음교육센터에서 실시
- 전문가 교육과정을 수료할 경우 자격증을 취득할 수 있도록 해야 함
- MOU를 체결한 기관과의 연계 필요(전문가 교육과정 중 현장 실습 및 자격증 취득 후 취업 연계 등)

4.3.4 평가

평가	• 평가 시행 • 개선	산출물 프로그램의 가치 및 평가보고서

(1) 평가 시행

- 설문지를 통한 각 학습자별 교육프로그램 전후 인식변화 조사
- 교육프로그램을 통한 삶의 질 향상 여부 조사
- 교육프로그램의 장·단점 파악

(2) 개선

- 교육프로그램의 실시 전후 인식변화 차이를 고려한 재교육대상자 성별 및 실행
- 교육프로그램의 장·단점 파악에 따른 보완 및 개선

4.4 죽음교육프로그램 내용의 구성

죽음교육프로그램의 내용은 3개 측면과 10개 임무, 25개 과업, 69개 과업요소로 구성되어 있다.

▌표 10-3 ▌죽음교육프로그램 내용의 구성

임무(duty)		과업(task)		과업 요소(task element)		교육대상			
Ⅰ. 죽음의 인식 측면		7		17		의료인	학생	일반인	사회복지사
1	죽음교육의 필요성	1.1	현대사회와 죽음	1.1.1	현대사회와 죽음문제				
				1.1.2	전통사회와 죽음문화				
				1.1.3	삶의 질과 죽음교육의 관계				
		1.2	웰다잉이란	1.2.1	웰다잉의 의미				
				1.2.2	살아있는 장례식의 의미와 효과				
				1.2.3	죽음 맞이 방식				

2	인간의 삶과 죽음	2.1	죽음의 정의	2.1.1	죽음의 정의				
		2.2	죽음의 과정	2.2.1	죽음의 과정				
				2.2.2	죽음에 대한 역사적 이해				
		2.3	죽음에 대한 두려움	2.3.1	미지세계에 대한 두려움				
				2.3.2	통증에 대한 두려움				
				2.3.3	관계 단절에 대한 두려움				
3	한국의 죽음문화	3.1	장례문화	3.1.1	유교의 장례문화				
				3.1.2	불교의 장례문화				
				3.1.3	무속의 장례문화				
		3.2	추모문화	3.2.1	제례의 의미				
				3.2.2	제사절차				
II. 죽음의 수용 측면		9		28		의료인	학생	일반인	사회복지사
4	죽음의 윤리적 문제	4.1	의료윤리적 고찰	4.1.1	죽음과 관련된 의료윤리				
				4.1.2	의료윤리문제 접근				
		4.2	의료윤리문제의 사례	4.2.1	낙태				
				4.2.2	안락사				
				4.2.3	장기이식				
5	죽음을 어떻게 알릴 것인가	5.1	의료인	5.1.1	상대방의 감정 이해				
				5.1.2	공감과 감정이입				
				5.1.3	분노에 대한 대응				
				5.1.4	실수에 대한 사례연구				
				5.1.5	의사 자신의 감정 다스리기				
		5.2	가족	5.2.1	문화적 예법 이해				
				5.2.2	나쁜 소식을 전하는 방법				
				5.2.3	가족들과의 공감 만들기				
				5.2.4	가족관계의 파악				
				5.2.5	환자의 특징에 대한 정확한 파악				
		5.3	본인	5.3.1	자기 모니터링				
6	이별정리	6.1	용서와 화해	6.1.1	감사의 대상 찾아 생각 실천하기				
				6.1.2	버킷리스트, 엔딩노트 작성하기				
				6.1.3	사전의료의향서와 사전장례의향서 작성하기				
		6.2	죽음과 법률	6.2.1	유언제도				
				6.2.2	상속				
				6.2.3	사전의료의향서 작성				

7	임종과 장례절차	7.1	임종	7.1.1	임종				
		7.2	장례절차	7.2.1	장례절차 상담				
				7.2.2	장례 요일별 진행내용				
				7.2.3	장례행정안내				
				7.2.4	고인유품 정리하기				
				7.2.5	고인 추모하기				
Ⅲ. 죽음의 실천 측면		9		24		의료인	학생	일반인	사회 복지사
8	호스피스 완화의료	8.1	호스피스의 개요	8.1.1	정의				
				8.1.2	활용과 현황				
				8.1.3	대상자 선정과 절차				
		8.2	호스피스 완화의료 실제	8.2.1	자각증상				
				8.2.2	응급처치				
				8.2.3	약물요법				
				8.2.4	비약물요법				
				8.2.5	죽음에 직면한 사람의 증세와 대처방법				
9	상실과 치유	9.1	이론적 고찰	9.1.1	증상에 따른 상담기법 및 접근절차 및 예방방법				
				9.1.2	증상완화를 위한 전문가 의견 연계				
				9.1.3	계속적인 관리방안				
		9.2	죽음과 수용	9.2.1	사안별(죽음의 종류)				
10	심리치유의 실제	10.1	글쓰기 치유	10.1.1	질병서사체험				
				10.1.2	질병서사체험 실시				
		10.2	명상음악	10.2.1	음악요법의 기본개념				
				10.2.2	음악종류에 치료의 효과 및 방법				
				10.2.3	명상음악과 차를 통한 힐링				
		10.3	미술치료	10.3.1	미술치료의 종류 및 해석				
				10.3.2	미술치료의 적용방법				
		10.4	산림치료	10.4.1	산림치료의 정의 및 종류				
				10.4.2	산림치료의 효과				
		10.5	연극치료	10.5.1	연극치료의 정의 및 종류				
				10.5.2	연극치료의 적용방법				
				10.5.3	연극치료대상과 효과				

5 새로운 융합연구를 위하여: 웰다잉에서 웰에이징으로

지난 2013년 한국연구재단의 '학제간 융합연구지원사업'에 선정되어 '웰다잉'을 주제로 연구사업을 처음 시작했을 당시만 해도 융합연구를 진행하기 위한 방법론은 물론 연구팀의 연구주제인 '웰다잉'의 개념조차 학문적으로나 방법론적으로도 완전히 정립되지 않은 시기였다. 그 후 융합연구사업이 종료된 2019년까지 불과 10년이 안 되는 시간 동안 융합연구방법론과 웰다잉 운동 두 영역 모두에서 큰 발전이 있었다. 이는 후속 연구자들의 노력과 다양한 영역에서 이루어진 새로운 융합연구방법론의 성과 그리고 우리 사회에 불기 시작한 웰다잉 문화의 확산에 힘입은 바가 컸다.

건양대학교 웰다잉 연구팀은 7년 동안의 연구성과와 융합연구의 경험을 지속 발전시키기 위해 새로운 도전에 나선 결과 2020년에 '한국형 웰에이징(well-aging) 모델 개발 및 사회 확산을 위한 융합연구'를 한국연구재단의 지원으로 다시 시작하게 되었다. 우리 사회에서 이른바 웰에이징을 실현하기 위해 노년기는 물론 전 연령층에 걸쳐 시민들의 삶의 질을 향상시키고 건강한 사회 발전에 기여하는 것을 연구목표로 설정하였다. 우리에게 웰에이징은 삶의 어느 한 시기에만 중요한 것이 아니라 전 생애에 걸쳐 필요한 것이고 삶을 통합하는 인생 후반기에 갈수록 더 중요해진다는 믿음이 있었다. 그런 이유에서 이 연구는 생애주기에 따른 신체변화, 정서 및 인지변화에 따른 노화의 기초지식을 기반으로 하여 한국형 웰에이징 모델을 개발하고 확산하기 위한 플랫폼을 구축하겠다는 큰 목표로 이어졌다.

융합연구팀은 '웰다잉 융합연구소'의 연구성과를 활용하여 출생부터 죽음에 이르는 삶의 전 과정을 다루는 전문화된 웰다잉 교육의 토대 위에 웰에이징 연구를 통해 웰니스, 웰빙, 웰페어 등의 문제를 다룸으로써 한국인의 삶의 질 향상에 이바지하겠다는 목표를 세웠다. 또한 노화를 포함한 웰에이징의 문제를 보건, 의료, 간호는 물론 인문학, 사회복지학, 경영 등의 학제간 융합연구를 통해 다루고자 했다. 한국형 웰에이징 모델 정립을 위해 사회안전망의 구축과 사회·의료복지 차원의 접근, 노화와 관련된 삶과 죽음의 문제의 이해와 수용, 고독과 고립에 대응하는 사회관계망 구축 등의 노력을 동시에 이행하여 최적화된 웰에이징 프로그램을 개발하는 것을 최우선 목표로 삼았다.

본 연구의 핵심인 '한국형 웰에이징 모델 개발'은 사람의 신체적, 정신적, 영적 측면을 포함하고 있기 때문에 웰빙, 웰니스, 웰다잉, 웰페어에 대한 이해를 토대로 인문·사회 영역의 철학, 문학, 종교학, 경영학과 의료·보건 영역의 예방의학, 간호학 등 두 영역의 학제적, 분과 통합적 연구가 필수적이다. 한국형 웰에이징 연구는 인문과 자연, 의료와 경영, 의학과 철학 등 각각의 두 영역에서도 융합연구가 요구된다. 연구팀은 한국형 웰에이징 교육과 실습프로그램 개발 및 운영을 첫 번째 목표로 두었고 웰에이징 전문교육기관의 설립과 웰에이징 관련 교육 및 문화사업을 통한 일자리 창출을 최종 목표로 삼고 있다.

그림 10-4 ▌웰에이징 융합연구 연차별 연구계획

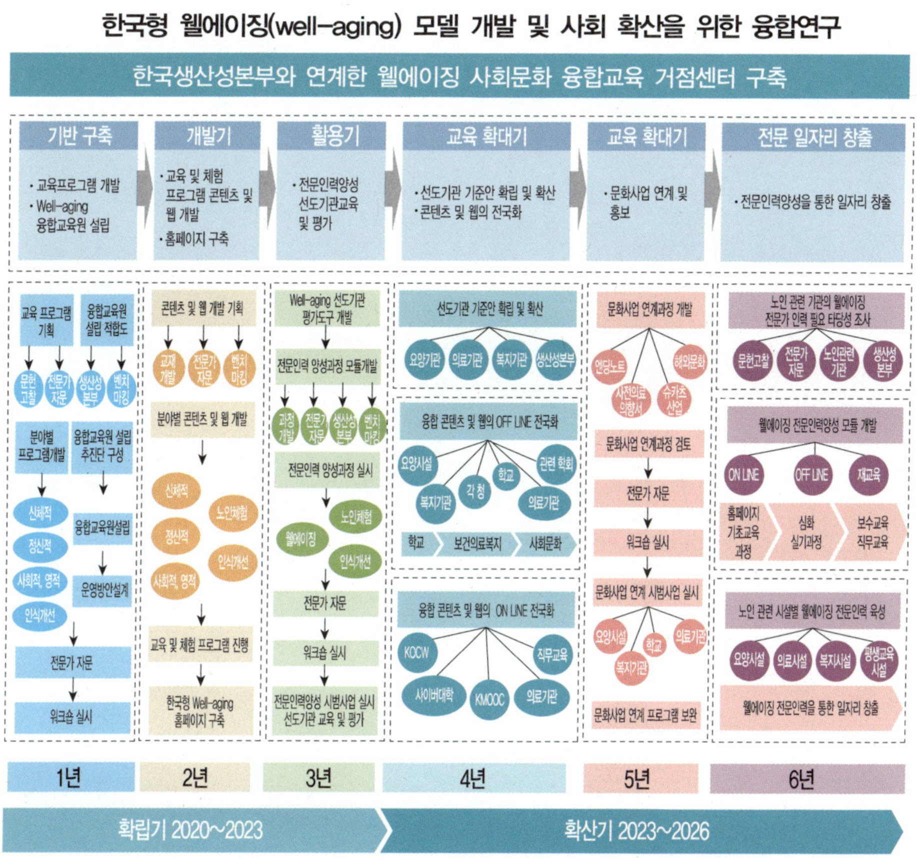

웰에이징 연구팀은 현재 2년차 사업을 마무리하고 '한국형 웰에이징 프로그램 개발'을 위한 기본토대를 구축한 단계이다. 앞으로 한국형 웰에이징 전문인력 양성을 위한 모듈과 인증평가도구의 개발에 이르기까지 가야 할 길은 아직 멀다. 남은 사업기간 동안 새롭게 정립되고 시도될 융합연구의 성과를 수용하고 융합연구 총괄센터를 중심으로 연구자 간 협력과 교류를 지속하여 본 연구주제인 웰에이징 융합연구가 소기의 성과를 낸다면 곧 초고령화사회에 진입할 한국사회의 사회복지와 보건·의료 영역에 대한 기여는 물론 웰에이징과 웰빙, 웰니스, 웰페어 분야에서 의료와 결합된 관련 산업의 활성화에도 이바지할 것으로 기대한다.

생각하고 나눠 보기

본 장에서는 학제간 융합연구의 실제로서 웰다잉 융합연구에 대해서 살펴보았습니다. 다음 토의문제에 대해 고민해 보고 함께 이야기해 봅시다.

01 죽음학 혹은 웰다잉연구에서 학제간 융합연구가 이루어질 때 가장 타당성 있는 학문 분야별 구성은 무엇인지 생각해 봅시다.

02 학제간 융합연구를 진행하면서 학문 분야별로 연구방법론과 용어의 선택, 이해의 방식이 서로 다를 때 의견 차이를 어떻게 좁히고 연구결과물을 결합시킬 수 있는지 생각해 봅시다.

03 학제간 융합연구의 결과로 대상별 '죽음교육프로그램'을 개발했습니다. 연구와 교육의 대상을 일반인, 학생, 의료인, 사회복지사 등으로 세분화했을 때 얻을 수 있는 장점과 단점에 대해 생각해 봅시다.

PART 5

융합연구 평가와 초학제성의 미래

11 Chapter 융합연구평가

송인한, 이은정, 유정원, 김지은

1 융합연구평가

1.1 평가의 중요성, 중요성의 평가

융합과 평가라는 두 가지의 중요한 단어는 학계에서 자주 연결된다. 융합이라는 단어가 일종의 거스를 수 없는 절대적 가치가 되어버린 시대에, 어떤 융합연구가 좋은 융합연구인가를 다루는 융합연구평가의 중요성이 부각되고 있다. 동시에 연구평가, 심지어 기존의 단학제적 연구의 평가에 있어서도 융합성(학문 간의 연계성뿐만 아니라 연구의 결과가 실제 사회에 연결되어 있는가의 차원)이 평가의 기준으로 포함되고 있다.

융합연구의 다양한 개념과 정의가 존재한다. 각 학제가 구분되어 연구적 협력을 이루는 다학제성(multi–disciplinarity), 학제간 물리적 상호작용과 결합의 특성을 가진 간학제성(inter–disciplinarity), 학제간 결합이 화학적으로 일어나 원래의 학제적 성향이 사라지고 새로운 영역이 출현하는 초학제성(trans–disciplinarity) 간의 개념적 차이가 있다(Leavy, 송인한 역, 2015). 그러나 학계에서 간학제성과 초학제성이 교차적으로 사용되고 있고(Lynch, 2006), 이러한 개념적 차원은 명백하게 구분되는 것이 아니라 스펙트럼의 연속성을 가지고 있어 분리하기가 어렵다. 이에 본 장에서는 융합연구의 평가를 논함에 있어 융합연구의 정의를 '단학제적 수단을 통해서는 성취가 어려운 인지적 혹은 실천적 발전을 얻기 위해 둘 이상의 학제 혹은 영역으로부터 지식과 사유방식을 통합시킨 연구의 형태'(Mansilla, Feller &

Gardner, 2006), 즉 둘 이상의 분야에 의한 지적 협력과정으로 정하고자 한다.

융합연구에서 평가는 단학제적 연구의 평가와 마찬가지로 중요한 이슈이나, 융합연구의 복잡성과 충분한 합의의 부족 등으로 더욱 어려운 문제이다. 무엇보다 연구공동체 내에서 평가에 대한 동의에 앞서 아직 융합연구에 대한 동의조차 확실히 확립되지 않았기에(Leavy, 2015 재인용), 융합연구평가를 함에 있어서 기존의 단학제적 연구평가체계를 그대로 적용하는 경우가 있다(Laudel & Origgi, 2006). 그렇다고 해서 융합연구에 대한 평가가 불가능한 것은 아니다. 융합연구에 대한 평가체계를 구축하기 위해 다양한 시도들이 있어왔다.

본 장에서는 기존의 융합연구평가연구들을 바탕으로 융합연구평가기준을 소개하고, 융합연구를 진행할 때 점검해야 할 사전, 중간, 사후평가기준의 목록을 제시하였다. 본 장의 평가기준들은 융합연구를 평가하는 데 실용적인 틀로 고려될 수 있을 것이다.

1.2 융합연구의 특성과 평가

융합연구는 난해한 문제(wicked problems)를 다룰 수 있게 하는 하나의 방향이자 접근법이다. 이러한 초학제적 연구의 설계 특성에 기반하여 초학제적 평가전략들을 살펴볼 수 있다. 융합연구평가의 기본은 우선 융합연구의 기본개념 및 원칙의 차원에서 살펴볼 필요가 있다. 융합연구의 핵심은 학제 혹은 다른 분야 사이의 협력으로 공통의 목적을 달성하는 데 있다. 이는 모든 설계상의 문제들이 다양한 관련 학제들의 시너지를 통해 연구문제에 접근하는 과정 속에서 결정되어야 한다는 뜻이다. 연구설계는 연구목적에 부합하게 이뤄져야 한다. 그러므로 융합연구는 크게 연구문제를 타당하게 다루는가, 융합연구로서 학제간 협력을 효과적으로 사용하는가의 차원에서 평가할 수 있다. 여기에 각각의 융합연구가 추구하는 개별적인 목적과 형태가 유연하게 적용되어야 한다.

Leavy(2015, 송인한 역)는 초학제적 연구의 특징으로 문제 중심적인 성격을 강조하고 다음의 연구주제 및 목적과 관련되어 평가될 필요가 있다고 설명한다. “연구문제를 효과적으로 다루는가,” “연구목적에 부합하는가,” “(관련 학제들의 전문성을 포함하는지 등) 해당 연구문제를 다루기 위해 적절한 방법을 사용하는가," 또한 유용성에 대한 평가로 "연구가 유용하게 쓰이는가" 측면에서 평가할 수 있다.

융합연구는 다음과 같은 설계적 특징을 갖는다(Wickson et al., 2006; Leavy, 2015 재인용). 첫째, 반응적 목표(목표를 정교화하고 변화시킨다), 둘째, 포괄적인 준비(여러 학제들로부터 이론과 문헌을 수집한다), 셋째, 진화적 방법론, 넷째, 중요한 결과('여러 의제들을 만족시키면서' 문제의 해결에 기여한다), 다섯째, 효과적인 의사소통, 여섯째, (개인적 성찰과 더불어) 공동의 성찰 등이다. 평가는 이러한 설계 요소들이 얼마나 잘 달성되었는가를 살펴볼 수 있다.

1.3 융합연구평가의 원칙

융합연구평가의 원칙은 다음의 다섯 가지가 핵심적이다(Leavy, 2015). 첫째, 반응성과 유연성, 둘째, 혁신과 창의성, 셋째, 1차 결과의 교차점검과 상호 주관성(intersubjectivity)의 구축, 넷째, 적절한 방법론적 원칙의 고수, 다섯째, 연구결과의 발표와 전달이다. 각 원칙의 세부 내용들은 [표 11-1]과 같다.

표 11-1 평가의 원칙과 목표 및 내용

원칙	평가목표	주요 내용
반응성과 유연성	연구문제에 중점을 두는 반응적·반복적 방법론	• 반응적·반복적 방법론을 따랐는가?: 연구문제가 연구 프로세스의 중심에 있었는가? • 프로세스가 진행되는 동안 연구자들이 유연성을 유지하고 열려 있었는가? • 연구자들이 새로운 통찰에 적응했는가?
혁신과 창의성	연구문제를 다루기 위해 다양한 학제적 자원들을 활용	• 연구문제를 여러 가지 관점에서 고려했는가? • 학제적 지식들을 새로운 방식으로 조합하여 연구문제에 도움이 되도록 했는가?: 새로운 개념적 프레임워크가 혁신적인가? 방법론적 접근법이 문제를 효과적으로 다룰 수 있을 정도로 창의적인가? • 연구자·연구 파트너들이 새로운 방법이나 전략을 시도해 보고자 하는가?: 연구자·연구 파트너들이 새로운 생각과 접근법들에 열려 있는가? • (해당 사항이 있는 경우) 연구문제를 다루기 위해 적절한 테크놀로지를 이용했는가?

상호 주관성	성찰적이고 협력적인 분석과정	• 다양한 관점들을 포괄하는 분석전략을 사용하였는가? • '분석 사이클'(Tenni, Smith & Boucher, 2003)과 같이 분석결과는 다른 파트너들에게 회람하여 의견을 구하고, 피드백 루프를 반복하는 과정을 거쳤는가? • 단학제 렌즈를 넘어 다양한 학제적 관점들로 충분히 점검하고 상호 합의를 구축하였는가?
방법론적 원칙들	채택한 방법론적 전략들의 원칙 준수	• 채택한 방법론이 프로젝트 특성에 부합하는가?(예: 지역사회기반 연구–협력, 권한의 공유, 역할분담, 지역사회 구성원의 참여, 성공적인 참가자 확보전략 사용, 문화적 민감한 정의와 개념의 구축 등) • 방법론적 원칙들을 엄격히 준수하였는가?(예: 양적 설문–타당성 획득을 위한 도구 개발과 관련한 표준, 신뢰성 시험을 위한 사전 시험, 윤리적인 방식으로 응답을 최대화하기 위한 도구의 집행 등)
발표와 전달	대중·관련 당사자들에게 연구결과를 전달, 창의적인 양식과 전달 통로를 이용하여 다양한 이해관계자집단에서 연구결과의 전달성, 이해성, 유용성을 높임	• 기여하고자 하는 다양한 청중·집단들에게 다가가기 위한 진지한 노력을 기울였는가? • 프로젝트와 대상집단 성격에 따라 적절한 전략들을 사용하였는가?(예: 연극, 기고문, 신문, 라디오, 길거리 축제 정보, 국제적 웹사이트 구축 등 다양한 양식) • 다양한 집단·학제에 연구결과가 적절히 전달되었는가?(예: 연구보고서나 논문의 경우, 다양한 학제적 출판물에 맞게 연구결과를 다양한 버전으로 출판하여 학계의 여러 분야에 전달 등)

출처: Leavy, P. (2015). 융합연구방법론. (송인한 역). 서울: 박영스토리.

1.4 융합연구평가의 핵심질문

기존의 융합연구계획서 또는 융합연구 결과가 단학제적 연구들과 동일한 기준으로 평가됨에 따라 융합연구의 가치가 과소평가되는 한계가 지적되어 왔다. 지금까지 좋은 융합연구를 위한 보편적이고 과학적인 평가기준(criteria set)이 부족하였으며, 초학제성에 대한 이해가 공유되지 못해 모든 연구단계에서 초학제적 통합을 위한 실질적인 절차(a practical routines)가 미진하였다. 이러한 문제의식에 따라 독일 사회생태연구소(Institute for Social Ecological Research: ISOE)에서는 '융합연구평가 네트워크(Evaluation Network of Transdisciplinary Research: Evalunet)'를 구성하였다. 이를 통해 전문가들의 융합연구 수행경험을 바탕으로 융합연구의 목적과 특성을 반영하여 평가기준 및 절차(criteria and procedures)를 고안하였으며,

여러 융합연구들에 적용하여 그 효과성을 검증하였다. 이러한 결과로, Bergman과 동료들(2005)은 초학제적 융합연구에서 단계별로 적용할 수 있는 기본기준과 핵심 질문을 다음과 같이 설명하였다.

1.4.1 연구참여자와 역량

- 연구팀의 학제적 구성이나 역량이 해당 문제나 연구의 본질적인 측면을 다루기에 적절한가?
- 현장 파트너의 역량이 일상적 문제와 해결에 적합한가(관련 지식, 프로젝트에서의 역할, 결과의 실행 가능성)?

1.4.2 연구문제 설정, 포커스, 목표, 성공의 기준

- 이 프로젝트는 일상적 문제를 다루고 있으며, 그 문제는 연구할 만한 것인가?
- 일상적 문제가 학문적 질문으로 적절하게 표현되어 있는가? 현재의 지식 수준이 고려되었으며, 그러한 지식 수준에서 볼 때 (이 프로젝트의) 연구질문이 혁신적이라고 간주할 만한가?
- 연구팀 전체를 아우르는 공동의 연구목표가 설정되었는가? 그리고 연구목표가 지식 통합을 위한 기초로서 연구과정에 잘 녹아들어 있는가?
- 연구팀은 프로젝트 성공 여부를 판단할 타당한 기준을 마련해 두었는가?
- 학문적인 목표와 실천적인 목표가 구분되어 있는가? 연구의 초점에 대한 이유들이 제시되어 있는가?
- 연구의 규범적인 목표를 최소화함으로써 프로젝트가 융통성 있게 추진될 수 있도록 하였는가(특정 결과를 기대하지 않는, 현실세계에 기반을 둔 바람직한 목표 추진 환경)?
- 구상한 방법론과 초학제적 협업의 접점, 통합의 실질적 형태, 그리고 프로젝트 결과 및 성과물의 형태가 연구목적을 달성하기 위한 해결전략과 잘 맞아 떨어지는가?
- 이 프로젝트의 구조는 연구과정에서 지식의 창출과 통합이 합리적으로 진행될

수 있게 하는가?

- 초학제적 연구를 조정, 통합, 조직화할 구체적인 업무방법과 기회들이 잘 계획되어 있는가?

1.4.3 작업계획과 프로젝트관리

- 연구팀은 서로 협력하여 연구계획을 세웠는가?
- 프로젝트의 관리 유형과 의사결정구조가 기술되어 있는가? 그리고 이 프로젝트의 여건상 그것이 성공에 중요하게 여겨지는가?
- 학문적 영역과 실천현장으로부터 얻은 지식을 결합시키기 위해 적절한 방법이 사용되거나 개발되었는가?
- 지식 통합을 위한 연구팀 내 협력과 수행계획에 대해 정기적인 성찰을 하였는가? 그렇다면 그러한 성찰로부터 결론을 이끄는가?
- 자기성찰과 질적 검증절차가 계획한 대로 진행되었는가? 그리고 해당 사항이 있을 경우 (절차나 구조, 성과에 대한) 수정이 이루어졌는가?

1.4.4 결과

- 과학적(학문적) 목표가 달성되었는가? 과학적 혁신(방법론적 · 개념적)이 이루어졌는가?
- 연구결과는 일상적(현실적) 문제를 해결하는 데 기여하였는가?
- 연구팀 스스로 세웠던 성공의 기준이 달성되었는가?
- 출판물과 기타 산출물들(예를 들어 프로젝트 참여자들의 전략, 조직 개혁, 사회연결망구조, 지침, 배치, 인공물 등에 있어서의 변화)이 프로젝트의 성과를 적절히 잘 드러내고 있는가?
- 초학제적 지식 통합 및 협업의 방법과 절차가 제시되어 있는가? 그리고 그 성공과 문제점이 성찰되었는가?
- 출판물 및 산출물들이 표적 집단의 욕구에 맞게 정리되어 적극적으로 그들에게 전달되었는가?

- 특정 맥락을 갖고 있거나 모범 사례를 토대로 수행된 연구결과들이 어떻게 일반화될 수 있는지 설명되어 있는가?
- 다른 연구접근방식들과 비교할 때, 이러한 초학제적인 접근방식의 연구결과가 부수적으로 활용될 수 있는 부분은 무엇인가?

2 융합연구평가의 실제 사례

2.1 미국 국립암연구소의 융합연구과정 평가모델(TTURC모델)

초학제적 연구팀으로 구성된 연구가 진화해 감에 따라 융합연구에 있어 학제간 협력과정을 평가하는 것에 대한 중요성이 부각되었다(Mâsse et al., 2008). Mâsse와 동료들은 미국 국립암연구소(National Cancer Institute)의 초학제적 흡연연구소(Transdisciplinary Tabacco Use Research Centers: TTURC)의 융합연구에 참여한 연구자를 대상으로 연구과정의 경험에 대한 서베이를 실시하고 확인적 요인분석방법을 사용하여 융합연구에서의 협력과정과 초학제적 통합의 심리측정적(psychometric) 특성을 분석하였다.

이 연구의 기본이 되는 논리적 모델은 융합연구과정의 평가를 위한 다섯 가지의 영역으로 구성되어 있다. 평가 영역은 ① 협력(collaboration), ② 의사소통(communication), ③ 전문적 타당화(professional validation), ④ 과학적 통합(scientific integration), ⑤ 건강에의 영향(health impacts)이다. 이 다섯 가지 영역은 단기 지표, 중간 지표, 장기 성과로 이어진다. 단기 지표로는 융합연구를 위한 훈련과 협력, 초학제적 통합이 포함된다. 이 요인들은 중간 지표인 연구방법론과 모델 설정(과학적 통합 영역)을 통해 연구결과 출판과 임상적 개입방법의 발전에 영향을 미치며, 연구의 결과들이 학문적 인정(의사소통 영역)과 초학제적 연구의 제도화(전문적 타당화)에 영향을 미친다. 이러한 요인들은 장기 성과로서 실제 건강에 영향을 미치는데, 정책의 함의와 임상적 적용이 이루어져 궁극적으로 실제 사회의 건강을 향상시킨다는 논리구조를 보여준다([그림 11-1] 참조).

▶ 그림 11-1 ▌TTURC 평가 로직모델

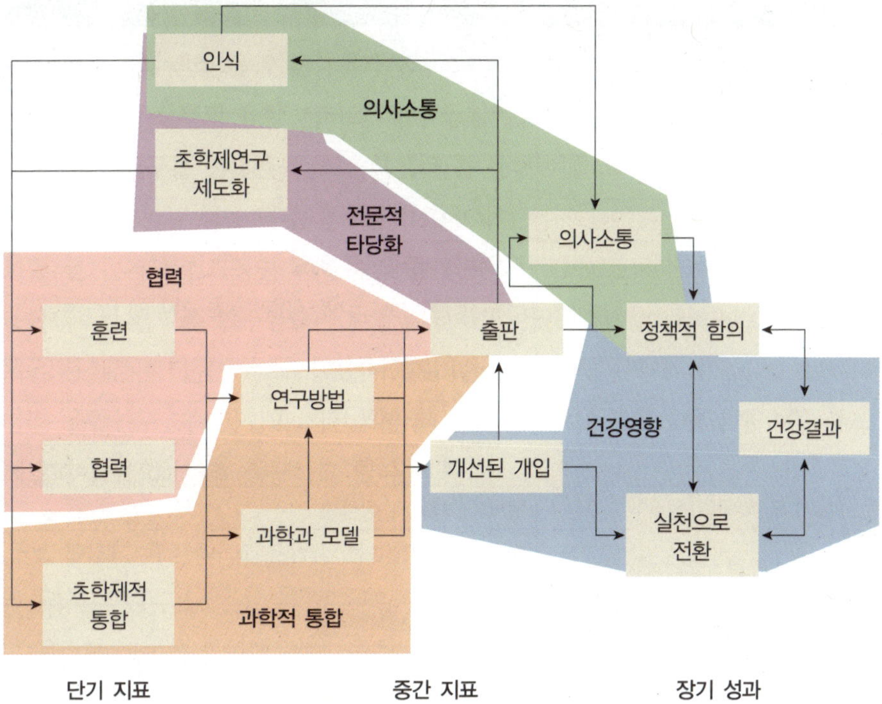

출처: Mâsse et al. (2008). "Measuring Collaboration and Transdisciplinary Integration in Science." *American Journal of Preventive Medicine, 35*(2S), p. S152.

Mâsse와 동료들(2008)은 이 논리구조에 근거한 설문내용을 확인적 요인분석하여 과학분야 간 융합연구 협력과정을 측정할 수 있는 네 가지 영역의 측정도구를 추출해 내었다. 연구결과에 의하면 융합연구 협력과정을 측정하는 영역은 크게 '협력'과 '초학제적 통합'으로 구분된다. 협력은 세 가지 영역, 즉 융합연구 협력에 대한 만족, 협력의 영향, 신뢰와 존중으로 구분되며, 초학제적 통합은 한 가지 영역으로 측정된다([표 11-2] 참조).

▌표 11-2▌융합연구의 협력과 초학제적 통합의 측정기준

영역	항목	내용
협력[a]	협력에 대한 만족도	
	1. 아이디어의 수용	새로운 아이디어에 대한 수용
	2. 커뮤니케이션	협력자들 간의 의사소통
	3. 강점	다른 연구자들의 강점을 활용하는 능력(역량)
	4. 조직	조직(기관)이나 협력적 팀의 구조
	5. 갈등해결	협력자들 간 갈등의 해결
	6. 작업(일하는)방식	협력자들의 서로 다른 작업방식을 받아들이는 능력(역량)
	7. 외부 참여	센터 밖 협력자의 참여
	8. 분야 참여	다양한 분야 협력자의 참여
	협력의 영향	
	9. 회의의 생산성	협력적 회의의 생산성
	10. 결과물의 생산성	새로운 결과물(논문, 제안서, 교과과정 등) 개발에 있어서의 생산성
	11. 전반적 생산성	협력의 전반적 생산성
	12. 연구생산성	전반적으로 협력으로 나의 연구생산성이 향상되었다.
	13. 연구의 질	전반적으로 협력으로 나의 연구의 질이 향상되었다.
	14. 시간적 부담*	협력은 나의 연구에 상당한 시간적 부담을 주었다.
	신뢰와 존중	
	15. 한계 보이기(표현)	나는 협력하는 사람에게 나의 지식의 한계나 차이를 보이는 것이 편안하다.
	16. 동료에 대한 신뢰	나는 전반적으로 협력하는 동료를 신뢰할 수 있다고 느낀다.
	17. 비판에 대한 개방	나는 전반적으로 협력자들이 비판에 열려있다고 본다.
	18. 존중	나는 전반적으로 나의 협력자들을 존중한다.
통합[b]	1. 협력의 가치	나는 나 스스로 초학제적 협력을 매우 가치 있게 생각하는 사람이라고 생각한다.
	2. 지식의 간섭*	초학제적 연구는 나의 주된 분야 지식을 유지하는 나의 능력에 방해가 된다.
	3. 낮은 생산성*	나는 초학제적 연구팀의 구성원으로 일하는 것보다 나 자신의 연구를 하는 것이 더 생산적이다.
	4. 출판의 감소*	초학제적 연구그룹에서는 연구논문을 발표하는 데 더 많은 시간이 걸린다.

5. 사고의 자극	초학제적 연구는 나의 사고(생각)를 변화시키는 자극이 된다.
6. 연구 아이디어의 변화	나는 초학제적 연구에 참여하며 내가 추구하던 연구 아이디어의 방식을 바꾸었다.
7. 연구의 향상	초학제적 연구는 내가 연구를 수행하는 방법을 향상시켰다.
8. 가치 있는 과학	나는 초학제적 연구가 이러한 협력 없이는 만들 수 없는 가치 있는 과학적 결과로 이어질 것이라고 낙관한다.
9. 개선된 개입(intervention)	초학제적 팀 참여로 개입을 향상시킨다.
10. 학문 분야에의 기여	나는 초학제적 연구에 참여를 통해 내 분야가 다른 사람에게 어떠한 것을 가져다주는지(어떠한 기여를 하는지) 더 많이 이해한다.
11. 지속적 협력	나의 초학제적 협력은 장기간적으로 지속 가능하다.
12. 불편의 극복	일반적으로 나는 초학제적 과학적 연구의 이득이 그에 따른 불편감과 비용을 넘어선다고 믿는다.
13. 편안한 환경	나는 초학제적 환경에서 일하는 것이 편안하다.
14. 참여를 위한 노력	전반적으로 나는 내가 초학제적 연구에 참여하기 위해 노력한 것에 만족한다.
15. 개방적 시각	구성원들은 자신의 분야보다 다른 연구 분야의 관점을 고려하는 것에 대해 개방적이다.

a : 1~11번은 응답자들에게 자신의 센터 내 협력을 평가하도록 하였다. 협력이 ① 부적절한지, ② 부족한지(poor), ③ 만족스러운지, ④ 양호한지, ⑤ 훌륭한지를 표기하도록 하였다. 12~18번은 응답자들에게 자신의 센터 관련 연구와 관련하여 협력에 대한 견해를 평가하도록 하였다. 제시문에 대해 응답자가 ① 매우 동의하지 않는지, ② 다소 동의하지 않는지, ③ 확실하지 않은지(not sure), ④ 다소 동의하는지, ⑤ 매우 동의하는지를 표기하도록 하였다.

b : 응답자들에게 초학제적 연구에 대한 태도를 평가하도록 하였다. 제시문에 대해 응답자들이 ① 매우 동의하지 않는지, ② 다소 동의하지 않는지, ③ 확실하지 않은지, ④ 다소 동의하는지, ⑤ 매우 동의하는지를 표기하도록 하였다.

* 역문항(역자 주)

출처: Mâsse 등(2008)의 "Measuring Collaboration and Transdisciplinary Integration in Team Science," p. S160의 Appendix A, B를 일부 수정하여 재구성함.

2.2 스위스 베른대 생태융합연구소의 융합연구과정별 평가모델

일반적으로 연구평가는 연구결과에 대한 수행성과평가인 경우가 많다. 그러나 연구과정이 어떻게 진행되는지, 각 단계별 목적이 어떻게 성취되는지, 각 과정별 결과에 대한 조치를 어떻게 취하는지의 과정평가는 평가방법으로서의 의미를 넘어 연구의 질(quality)을 관리하고 연구를 발전시키는 기회를 제공할 수 있다. 스위스 베른대 일반생태 융합연구센터가 만든 '간학제 및 초학제 연구평가기준(Evaluation Criteria for Inter and Transdisciplinary Research; Defila & Di Giulio, 1999)'은 융합연구의 각 단계별 과정평가에 대한 유용한 정보를 제공한다.

이 평가기준은 융합연구과정에 따라 사전평가, 중간평가, 사후평가, 영향평가로 구성되어 있다([표 11-3] 참조). 첫 번째, 사전평가는 프로젝트 선정을 위한 핵심사항으로 연구계획의 기본요소, 연구내용과 목표의 우수성, 연구계획 요소 간의 통합·일치성, 연구의 과학적 수준, 연구자의 역량 등을 평가한다. 두 번째, 중간평가는 계약의 중단 혹은 지속을 결정하는 데 영향을 미치게 되는데, 이 과정에서는 프로젝트의 진행 상황, 생산성, 기대산출물을 평가하며, 만들어진 지식과 기술이 교육이나 대중에게 실제로 전달되었는지, 실천적 함의가 분명한지를 평가한다. 세 번째, 사후평가는 프로젝트의 성공·목표 달성 여부를 평가하는 단계로 연구산출물,

▌표 11-3 ▌융합연구의 평가과정

<table>
<tr><th>구분</th><th>사전평가</th><th colspan="3">중간평가</th><th>사후평가</th><th>영향평가</th></tr>
<tr><td>목적</td><td>프로젝트의 선정</td><td>프로젝트의 진행 상황 평가</td><td>프로젝트의 생산성평가</td><td>프로젝트의 기대산출물 평가</td><td>프로젝트의 성공 및 목표 달성 여부 평가</td><td>프로젝트의 기대효과 달성 여부 평가</td></tr>
<tr><td rowspan="7">평가 핵심 사항</td><td>기본요건</td><td></td><td></td><td></td><td></td><td rowspan="7">학문적·사회적(인구집단·경제·정치 등) 영향</td></tr>
<tr><td>내용·목표</td><td></td><td>내용·목표</td><td>결과·산출물</td><td>결과·산출물</td></tr>
<tr><td>통합성</td><td>통합성</td><td></td><td></td><td></td></tr>
<tr><td>과학적 질 (quality)</td><td></td><td>과학적 질 (quality)</td><td></td><td></td></tr>
<tr><td>지식 및 기술의 이전</td><td></td><td>지식 및 기술의 이전</td><td>지식 및 기술의 이전</td><td>지식 및 기술의 이전</td></tr>
<tr><td>프로젝트 조직 및 관리</td><td>내·외부 조직관리</td><td></td><td></td><td></td></tr>
<tr><td>역량</td><td></td><td></td><td></td><td>자격·능력</td></tr>
<tr><td>평가 결과 반영 사례</td><td>거절 혹은 수정 요구</td><td>계약의 지속</td><td>계약의 중단 혹은 지속</td><td>종결계약 또는 향후 프로젝트의 전제조건</td><td>향후 프로젝트의 전제조건</td><td>연구촉진 계획에 대한 조치</td></tr>
</table>

지식・기술의 전달 여부, 연구진 역량 개발 여부를 평가한다. 마지막으로 영향평가는 프로젝트의 기대효과가 달성되었는지를 확인하는 과정으로, 학문적 영향뿐만 아니라 일반대중과 경제계, 정치계 등에 미친 영향에 대해 평가한다.

2.3 융합연구의 단계별 평가전략

앞에서 소개한 몇 가지 융합연구과정 평가모델 및 국내외 융합연구 평가기준을 바탕으로 현장에서의 적용 가능성과 현재 융합연구의 현실성을 고려하여 재구성한 단계별 융합연구평가기준은 다음과 같다. 융합연구의 단계별 평가전략은 융합연구 단계에 따라 사전평가, 중간평가, 결과평가로 세분화하여 제시하였다.

2.3.1 계획단계: 사전평가

연구계획단계에서는 융합연구에 대한 계획이 제대로 세워졌는지에 대한 사전평가를 실시한다. 이때는 주로 연구계획에 대한 평가를 실시하게 되는데 크게 융합연구팀 구성, 연구설계, 융합적 팀운영, 연구계획 및 프로젝트관리, 결과 및 기대효과를 다룬다.

(1) 융합연구팀 구성

- 다양한 학제의 연구자가 연구팀에 참여하고 있는가?: 학제간 연구팀의 구성을 통하여 융합연구의 본질적 기반을 마련하고 있는가의 여부
- 연구팀의 구성이 연구목적을 달성하기에 적절한가?: 연구목적 및 목표와 관련하여, 연구팀의 학제간 구성이 적절한가의 여부

(2) 연구의 설계

① 연구의 타당성

- 연구가 현실적인 필요성을 적절하게 제시하고 있는가?: 융합연구가 현실적인 (사회적인) 필요에 대응하기 위한 것인지의 여부

- 연구질문이 연구목표와 관련하여 적절하게 구성되어 있는가?: 연구에서 구체적으로 설정한 연구질문이 연구목표를 달성하기에 적합하게 구성되어 있는가 여부

② 연구의 독창성

- 연구의 독창성이 어떠한가(주제 및 연구방법)?: 연구가 주제 및 연구방법의 측면에서 독창성을 지니고 있는가 여부

③ 이론적 배경

- 연구가 어느 정도 최신의 지식을 바탕으로 하고 있는가?: 연구가 최신의 지식을 바탕으로 설계되어 있는가의 여부
- 연구가 어느 정도 다학제적 지식을 바탕으로 하고 있는가?: 연구가 다학제적 측면에서의 이론적 기반으로 바탕으로 하고 있는가의 여부

④ 연구목표의 설정

- 연구의 목표는 적절하게 설정되었는가(성취 가능성과 측정 가능성)?: 연구의 목표가 성취 가능하고 측정 가능하게 설정되어 있는가의 여부

⑤ 연구방법

- 연구의 방법은 적절하게 설계되어 있는가(연구주제 및 연구목표)?: 연구방법이 연구주제 및 연구목표에 비추어서 적절하게 설계되어 있는가의 여부

(3) 융합적 팀운영

- 학제간 융합을 이루어낼 수 있는 구체적인 계획을 수립하였는가?: 연구팀이 학제간 융합을 이루어낼 수 있는 구체적인 계획을 가지고 있는가의 여부

(4) 연구계획 및 프로젝트관리

① 연구업무의 분배

• 학제간 과업과 기능이 적절하게 분배되어 있는가?: 연구팀 내에서 학제간에 연구수행에 필요한 과업과 기능을 적절히 분배하고 이를 명시하고 있는가의 여부

② 관리 및 의사결정구조

• 프로젝트관리 및 의사결정구조가 명확하게 제시되어 있는가?: 연구프로젝트의 원활한 운영을 위한 리더십 및 의사결정구조가 명시되어 있는가의 여부

③ 모니터링 및 피드백구조

• 연구진행을 위한 정기적인 모니터링 및 피드백구조가 명확하게 제시되어 있는가?: 연구프로젝트의 원활한 진행을 위해 정기적으로 모니터링하고 피드백을 줄 수 있는 구조를 지니고 이를 명시하고 있는가의 여부

(5) 결과 및 기대효과

① 연구결과물의 형태

• 연구결과물의 형태는 무엇인가?: 연구의 결과는 어떠한 형태로 제시할 것인지를 기술

② 결과의 파급

• 연구결과를 파급시키기 위한 계획은 무엇인가?: 연구의 결과를 파급하기 위한 계획이 어떠한지를 기술

③ 기대효과

• 본 연구에서 기대하는 효과는 무엇인가?: 연구를 통해 궁극적으로 기대하고 있는 장기적 효과는 무엇인지를 기술

표 11-4 사전평가: 평가항목 및 평가지표

평가부문	평가항목	평가지표			
I. 연구팀 구성	학제간 연구팀의 구성	다양한 학제의 연구자가 연구팀에 참여하고 있는가?	예	아니오	
		연구팀의 구성이 연구목적을 달성하기에 적절한가?	예	아니오	
II. 연구설계	연구의 타당성	연구가 현실적인 필요성을 적절하게 제시하고 있는가?	우수	보통	미흡
		연구질문이 연구목표와 관련하여 적절하게 구성되어 있는가?	우수	보통	미흡
	독창성	연구의 독창성이 어떠한가?(주제 및 연구방법)	우수	보통	미흡
	이론적 배경	연구가 최신의 지식을 바탕으로 하고 있는가?	우수	보통	미흡
		연구가 다학제적 지식을 바탕으로 하고 있는가?	우수	보통	미흡
	연구목표의 설정	연구의 목표는 적절하게 설정되었는가?(성취 가능성과 측정 가능성)	우수	보통	미흡
	연구방법	연구방법은 적절하게 설계되어 있는가?(연구주제 및 연구목표)	우수	보통	미흡
III. 융합적 팀운영	융합적 팀운영	학제간 융합을 이루어낼 수 있는 구체적인 계획을 수립하였는가?	우수	보통	미흡
IV. 연구계획 및 프로젝트 매니지먼트	연구업무의 분배	학제 간 과업과 기능이 적절하게 분배되어 있는가?	우수	보통	미흡
	관리 및 의사결정구조	프로젝트관리 및 의사결정구조가 명확하게 제시되어 있는가?	우수	보통	미흡
	모니터링 및 피드백구조	연구진행을 위한 정기적인 모니터링 및 피드백구조가 명확하게 제시되어 있는가?	우수	보통	미흡
V. 결과 및 기대효과	연구결과물의 형태	본 연구의 연구결과물의 형태는 무엇인가?	-		
	결과의 파급	연구결과를 파급시키기 위한 계획은 무엇인가?	-		
	기대효과	본 연구에서 기대하는 효과는 무엇인가?	-		

2.3.2 수행단계: 중간평가

연구의 수행단계에서는 융합연구가 제대로 이루어지고 있는지에 대해 중간평가를 실시한다. 이때는 융합적인 팀운영, 연구프로젝트의 실행 및 운영, 중간성과가 어떠한지를 다룬다.

(1) 융합적 팀운영

- 연구설계 시 계획한 학제간 융합적 팀운영 계획이 제대로 수행되고 있는가의 여부

(2) 프로젝트의 실행 및 운영

- 연구설계 시 계획한 프로젝트의 실행구조가 계획대로 운영되고 있는가의 여부
- 연구일정이 계획대로 이루어지고 있는지 혹은 연구일정의 조정 필요성이 있는 경우 적절하게 이에 대응하였는가의 여부

(3) 중간성과

- 중간결과물이 최종결과물을 도출하는 데 적절한가 및 과학적인 측면에서 높은 품질을 지니고 있는가의 여부

| 표 11-5 | 중간평가: 평가항목 및 평가지표

평가부문	평가항목	평가지표			
Ⅰ. 융합적 팀운영	융합적 팀운영	학제간 융합적 팀운영이 계획대로 이루어지고 있는가?	우수	보통	미흡
Ⅱ. 프로젝트의 실행 및 운영	실행구조의 운영	계획된 프로젝트의 실행구조(의사결정구조, 모니터링 및 피드백)가 어느 정도 이행되고 있는가?	우수	보통	미흡
	일정의 준수	연구일정이 계획대로 준수되고 있는가? (만약 조정할 필요가 발생한 경우 적절하게 이에 대처하고 있는가?)	우수	보통	미흡
Ⅲ. 중간성과	중간결과물의 품질	중간결과물의 품질이 어떠한가? (최종결과물의 달성 가능성과 과학적인 측면의 고려)	우수	보통	미흡

2.3.3 마무리단계: 결과평가

연구의 마무리단계에서는 연구의 성과를 중심으로 결과평가를 실시한다. 이때는 융합연구의 성과, 연구목표의 달성, 초학제적 노력의 이행, 연구결과의 파급, 기대효과 및 사회적 기여 등을 다룬다.

(1) 융합연구의 성과

- 연구자가 생각하는 전반적인 연구의 성과 제시

(2) 연구목표의 달성

- 연구설계 시 계획한 연구의 목표가 어느 정도 달성되었는가의 여부

(3) 초학제적 노력의 이행

- 연구의 전 과정에서 연구의 목표를 달성하기 위해 계획한 초학제적 노력의 이행 정도

표 11-6 결과평가: 평가항목 및 평가지표

평가부문	평가항목	평가지표			
Ⅰ. 전반적 성과	전반적인 연구의 성과	연구의 성과는 무엇인가?	우수	보통	미흡
Ⅱ. 연구목표의 달성	연구목표의 달성 정도	당초 계획한 연구의 목표의 달성 정도는 어떠한가?	우수	보통	미흡
Ⅲ. 초학제적 노력의 이행	초학제적 노력의 이행	연구목표를 달성하기 위한 초학제적 노력은 어느 정도 이행되었는가?	우수	보통	미흡
Ⅳ. 연구결과의 파급	연구결과의 파급노력	연구결과를 파급시키기 위한 계획은 어느 정도 이행되었는가?	우수	보통	미흡
Ⅴ. 기대효과 및 사회적 기여	기대효과	연구결과는 당초 연구가 이루고자 하는 기대효과를 어느 정도 이룰 수 있을 것인가?	우수	보통	미흡
	사회적 기여	연구결과가 현실적인 문제해결에 어느 정도 기여할 것인가?	우수	보통	미흡

(4) 연구결과의 파급

- 연구결과를 파급시키기 위해 계획된 노력이 어느 정도 이행되었는가의 여부

(5) 기대효과 및 사회적 기여

- 연구설계 시 제시한 기대효과를 연구결과에 비추어 볼 때 어느 정도 달성할 수 있는가의 여부
- 연구결과물이 실제 사회적인 필요 및 문제해결에 기여할 수 있는가의 여부

3 융합연구평가를 위한 제언

융합연구에 대한 논의가 충분히 이루어지지 않은 상태에서 융합연구평가에 대한 합의를 끌어내는 것은 쉽지 않은 일이다(Laudel & Origgi, 2006). 융합연구를 평가함에 있어 기존의 단학제적 연구평가기준을 적용하는 것은 적절치 않으며, 융합연구의 핵심적인 원칙을 반영한 융합연구평가가 이루어져야 할 것이다. 특히 최근 융합연구의 중요성이 강조되는 추세 속에서, '융합을 위한 융합,' 즉 기계적인 융합연구에 대한 우려가 있다는 점에서(송인한 외, 2017) 융합연구평가를 위한 기준이 확립되고 적용되어야 할 것이다.

그러나 융합연구평가에 대한 여러 기준이 존재하나, 평가의 주체가 기존 단학제적 연구에 익숙한 연구자가 맡는 경우가 있으며, 평가자 간의 개념적 합의가 이뤄지지 않은 상태에서 평가가 이루어지기도 하여 평가자의 역량 강화 또한 필요하다.

현행 융합연구평가체계에 대한 문제점을 이광호 등(2015)은 다음의 세 가지로 꼽고 있다. 첫 번째는 평가위원의 전문성 부재, 두 번째는 평가지표가 융합연구에 맞지 않음, 세 번째는 전통적 학문을 기반으로 한 집단 이기주의로 인해 융합연구자들은 적절한 평가를 받고 있지 않다는 것이다.

송인한 등(2017)이 행한 융합연구자의 경험에 대한 질적 연구에서도 현재 융합

연구를 진행하는 연구자가 경험하는 어려움은 '기존 학제 중심의 환경'이라는 응답이 발견되었으며, 그중 하나로 '기존 학제 중심의 평가제도'가 보고되기도 하였다.

융합연구평가전략의 발전을 위해 다음과 같은 보완을 제언한다. 첫째, 융합연구에 특화된 평가기준이 확립되고 이에 대한 연구공동체의 합의를 끌어낼 필요가 있다. 기존의 단학제적 연구의 틀을 그대로 둔 채 융합적인 요소를 가미하여 평가를 실시하는 것만으로는 충분하지 않다. 둘째, 융합연구평가자의 풀이 확대되어야 하며 평가자의 융합연구에 대한 전문성이 향상될 필요가 있다. 다양한 분야의 관련 연구자가 평가진에 포함되어야 하며, 융합성에 대한 교육이 제공될 필요가 있다. 셋째, 대학, 연구소를 비롯한 연구조직과 연구비 지원기관에서 융합연구 및 평가에 대한 인식을 적절하게 가질 필요가 있다. 특히 융합연구의 특성상 시간과 비용이 더 많이 소요되는 경향이 있다는 점에서 조급한 평가가 아닌 긴 호흡의 연구를 장려할 수 있는 문화가 필요하다.

평가는 이미 진행된 연구에 대한 과거를 다루는 것이지만, 동시에 평가지표를 통해 미래의 방향성을 제시하고 바람직한 방향으로 향할 수 있도록 견인하는 역할을 한다. 융합연구의 앞날을 위해 평가체계의 역할이 중요하다.

생각하고 나눠 보기

본 장에서는 융합연구평가의 중요성을 설명하고 원칙과 기준을 소개하였으며, 융합연구의 미래와 방향에 대해 논하였습니다. 다음의 토의문제에 대해 각자의 의견을 생각하여 토론해 봅시다.

01 기존 단학제 중심의 연구평가를 융합연구평가에 적용했을 때 발생하는 제한점 혹은 문제에 대해 토의해 봅시다.

02 본인이 수행 혹은 계획하는 융합연구를 적절하게 평가하기 위해 추가로 고려되어야 할 평가기준은 무엇일지 생각해 봅시다.

03 효과적인 융합연구팀 구성과 운영을 위한 방안을 구체적으로 생각해 봅시다.

12 Chapter 초학제성의 미래

송인한, 김병만

1 초학제적 융합연구의 시대적 역할과 필요성

융합이 21세기에 새롭게 등장한 사조인 듯 강조되는 측면도 있지만, 융합은 역사적으로 지성사에 계속 등장해 왔다. 이미 1930년대 존 듀이, 마가렛 미드 등 일단의 시카고학파 사회과학자들이 학제를 뛰어넘는 상호작용을 주장한 바 있었다. 아울러 뿌리 깊이 확고하게 지속되어 온 듯 보이는 대학의 학과 중심 단학제적 전문성도 불과 200년 정도의 역사를 지닌다는 점에 주목할 필요가 있다. 베를린 홈볼트 대학이 1810년 개교한 이후 오늘날의 표현으로 하자면 연구 중심 대학을 표방하며 분야의 전문성을 강조한 것이 오늘날 전 세계 대학에 강력한 영향을 미친 바 있다. 시대를 좀 더 거슬러 올라가면 르네상스시대의 지식인은 다양한 분야의 학문에 관심을 가지는 것이 시대적 유행이기도 했다. 르네상스맨이라 불리는 레오나르도 다빈치는 미술, 발명, 음악, 수학, 설계 등 다방면에 천재성을 보인 것처럼, 당대의 지식인은 융합적 다양성을 추구하는 것이 일종의 지적 풍조였던 것이다. 시대를 더 거슬러 올라가 근대적 유형의 최고(最古) 대학으로 알려진 이탈리아 볼로냐 대학은 처음 민법과 교회법의 2개 전공으로 시작되었으며 오늘날 박사학위가 Ph.D.(철학박사)로 불리는 역사적 연원도 당시 전공은 법학, 신학, 의학 이외의 모든 분야는 철학의 범주에 들어갔던 데서 찾을 수 있다.

학문은 통합과 분화를 반복해 왔다. 지식이 통합되면 다시 전문성이 요구되어 분화되고, 분화되어 각각의 골이 깊어지면 다시 통합되는 순환의 사이클이 반복되어 왔다. 즉 직선적 변화로 융합의 시기에 도달한 것이 아니라 학문의 사이클이 변화하며 오늘날 우리가 현재 융합과 통합의 시대를 통과하고 있는 것이기에 언젠가 지금의 융합의 필요성의 시대는 또 다시 지나가고 다시 분화를 통한 전문성의 깊이를 강조하는 때가 다시 올 것이다.

우리 시대 융합의 부각은 시대적 필요성을 반영한 것이기도 하다. 우리 인류가 현재 직면하고 있는 전 세계적 문제들은 그 어느 때보다도 복잡하고 다양한 양상을 띠고 있어 기존의 단절되어 있는 단학제적 접근으로는 해결하기 어려워 학제를 넘는 융합적 접근을 요구한다. 그리고 지난 시기 동안 공고해진 1세계 선진국 위주의 학계에 대한 비판적 도전의 출현과 함께, 세계화를 통해 범지구적 연구협력이 강화되었으며, 과거 연구와 괴리되어 있던 대중의 인식이 높아지는 흐름 속에서 현재의 융합연구가 등장하게 된 것이다.

역설적으로 들리지만, 사실상 가급적 융합연구를 안 할 수 있다면 단학제적인 접근만으로 해결하는 것이 경제적일 것이다. 융합연구에는 현실적 어려움이 따르고 더 큰 노력이 필요하기 때문이다. 융합연구자 간의 협력체계를 구축하는 과정은 융합연구에서 중요한 부분이며(송인한 · 김혜진, 2019) 이를 위해 시간과 비용 그리고 여러 연구자의 에너지 투입도 크다. 다른 학문의 용어와 개념, 방법론을 익히는 데도 노력이 필요하고, 다른 분야의 사람들이 모이다 보니 학문적 정체성의 오해와 전공 간 관점 차이의 갈등이 벌어질 가능성도 커진다(송인한 외, 2017). 게다가 연구과정에서는 협력적이었다 할지라도 연구결과를 어느 영역에서 발표할지를 두고는 의견의 차이가 생길 수도 있다. 융합연구로 훈련받고 논문을 작성한 학생이 어느 전공 영역에서 지도를 받고 졸업 후 (아직은 기존 학제가 강한 학계에서) 어느 분야에 취업할지도 문제다. 시대적 필요성에 의하여 융합연구가 활성화되고 있는 실정이나 여전히 신규 융합연구자들은 선배 연구자들이 경험했던 시행착오를 반복하고 있고, 이로 인한 불필요한 사회적 비용 역시 발생하고 있는 실정이다(김형진 · 김은정 · 이승연, 2018).

이런 융합연구의 현실적 어려움에도 불구하고, 우리 시대에 산적해 있는 난해한 문제를 해결하기 위해서는 융합적 시각은 반드시 필요하다. 기존의 학문이 해결하지 못한 난제를 해결하고, 학문과 산업이 협력하고, 로컬과 글로벌한 사회문제를 해결하는 데 있어, 문제의 복잡성은 더욱 그 양상이 심화되리라 예상된다(송인한 외, 2017). 기존 단학제의 경계와 울타리는 우리가 당면한 많은 문제해결에 필요한 혁신과 협력을 제한하곤 한다. 우리 시대는 수많은 심각한 문제들에 직면해 있다. 이 시대의 연구는 전문성과 자원들을 총체적으로 이용하여 문제를 해결해야 한다. 기존의 학제를 넘어 초학제성을 추구해야 하는 것은 학자들의 도덕적, 윤리적 의무이기도 하다(Leavy, 2015).

2 초학제적 융합연구의 과제와 미래

초학제적 융합연구는 과학기술의 발전과 함께 가는 세계적인 추세이다. 특히 기초과학 분야의 발전이 뒤처진 우리나라는 융합연구를 차세대 성장을 위한 주요 연구 분야로 선정하였고, 넉넉하지는 않지만 지원을 시작하고 있다. 하지만 융합연구에 국가 예산을 지원하고 조직을 개편하기 전에 융합연구를 통한 어려움과 기대감 등에 대한 진지한 숙고가 필요하다.

융합연구의 과제와 미래라는 주제로 연구를 수행한 백연정(2016)은 융합연구의 어려움과 기대감을 다음과 같이 보고하였다. 우선 융합연구의 어려움으로 첫째, 융합연구는 서로 다른 학제에서 오랜 시간 전문성을 갖춘 전문가들이 상호의 지식과 문제해결방안을 협의하는 장이므로 문제해결을 바라보는 시선과 방법론, 결정방식 등에 차이가 크고, 신뢰관계를 형성하는 데 어려움이 있다. 둘째, 융합연구는 자신의 전공 분야에 대해 인식하는 연구자로서의 정체성이 있기에 타 분야에 적대적인 태도를 보이거나 편견을 가질 수 있다. 즉 다른 분야의 연구자들과의 합심에 어려움이 있다. 셋째, 단일학제 연구에 기초하여 구축된 인사 및 평가제도가 융합연구의 특수상황을 반영하지 못하여 생기는 실무적 미비점이 있다. 단일학제 연구에 준하여 구축된 연구성과평가 및 보상체계가 융합연구의 다양한 특수성을 적절하게 반영하지 못하기에 융합연구에 참여하는 연구자들이 상대적으로 불이익을 받게 된다는 부분이다.

이에 반해 융합연구의 기대감으로 첫째, 새롭게 접하는 연구 분야의 기본지식을 이해하고, 열린 마음을 가질 수 있는 교육프로그램을 제공해야 함을 주장하였다.

이는 연구자들의 인지와 이해의 차이로 인한 의사소통의 어려움을 해소하고, 연구자들 간 상호 이해도를 높임과 동시에 자유로운 토론으로 안착될 수 있을 것이다. 둘째, 연구의 장기성과 연구결과의 불확실성, 상대적으로 연구 참여자가 많은 융합연구의 특수성을 고려한 새로운 연구성과평가 및 보상제도가 구축되어야 할 필요성이 있음을 강조하였다. 셋째, 책임연구원의 참여적 리더십, 목표제시 행동, 해당 융합연구의 다양한 분야에 대한 폭넓은 식견과 혜안 역시 팀원들 간의 인지와 이해의 차이로 인한 악영향 감소에 도움을 제공할 것이다. 특히 변혁적 리더십을 갖춘 책임연구원이 인지적·정체성 차이로 인한 불화의 위험이 있는 융합연구팀에 필수적으로 필요함이 보고되었다.

3 융합연구를 위한 지식의 여행자

현재 융합연구자들은 기존의 단학제 중심 연구풍토가 아직 강하게 남아있는 연구환경에서 융합연구를 수행하며 어려움에 직면하기도 한다(송인한 외, 2017). 융합연구자들은 동료 융합연구자들과는 기존의 단학제적 학술 용어와 다른 연구방법론과 인식론의 차이로 인해 생기는 어려움을 경험하고, 외부적으로는 기존 단학제 중심의 연구행정과 평가제도, 연구기금 관련 제도로 인해 어려움을 겪기도 한다.

융합연구가 요구되는 변화와 기존의 학제적 환경이 상충되는 현재, 융합연구의 발전을 위해 다음의 제도적 변화가 요청된다. 첫째, 연구자들이 융합연구에 대한 장기적인 조망을 가지고 긴 호흡의 연구를 수행할 수 있도록 지속 가능성을 가지는 제도적 지원이 필요하다. 둘째, 학제간 용어나 방법론과 인식론의 차이를 극복할 수 있는 교육시스템이 제공되어야 한다. 셋째, 융합연구 행정을 지원하는 조직이 제공되어야 한다. 넷째, 융합연구자의 활발한 연구활동을 촉진할 수 있도록 화상통화 장치 등의 물리적 인프라와 융합연구를 위한 중립적 공간이 제공되어야 한다. 다섯째, 융합연구를 구체적으로 진행할 수 있는 연구방법론과 평가제도가 수립되어야 한다. 여섯째, 융합연구자들이 분야를 넘는 파트너십을 가질 수 있는 장을 제공해야 한다. 마지막으로, 장기간에 걸친 연구개발투자를 통해 융합연구를 위한 연구문화가 조성되어야 한다.

융합연구자들 스스로의 노력이 또한 필요하다. 첫째, 융합연구자들은 연구팀 내 상호 간 교류와 이해를 높이기 위한 노력을 지속해야 한다. 원활한 의사소통과 협력, 상호작용을 위해서는 연구팀 내에서 서로 존중하고 동등함을 가지는 태도가 필요하다. 특히 연구책임자의 리더십과 중재적 역할이 매우 중요하다. 둘째, 서로 다른 학문을 접하는 데서 생기는 학문적 관점 차이, 이론과 전공용어의 이질성 등을 극복하기 위해 타 학문에 대하여 개방적 태도를 가지는 것이 필요하다. 셋째, 융합연구를 활성화시킬 수 있는 연구문화의 확산도 필요하다. 연구결과물로서 기존의 학술지 투고나 저서 발간뿐만 아니라 융합강의 개설, 대중 상대의 강연, 미디어 등을 통해 융합연구과정이나 결과를 보급하는 것도 대중의 지적 인식이 높아진 이 시대에 필요하다.

융합연구의 필요성이 모든 시대에 모든 분야에서 영원하지는 않을 것이다. 언젠가 다시 여러 분야를 아우르는 융합적 접근의 비용효과성이 한계에 부딪히며 특정 분야의 단학제적 전문성이 더욱 요구된다면 융합연구의 대세는 전성기의 필요성을 잃게 될지도 모른다. 그리고 아카데미아의 역사를 돌아보건대 그러한 사이클의 반복은 명확하다. 그러나 분명한 것은 지금 이 시간 인류가 직면하고 있는 학문적, 사회적, 산업적 난제를 해결해야 하는 앞으로의 한동안의 시간에는 융합연구를 통한 인류의 지적 협력이 필요할 것이라는 점이다. 그러한 학제를 넘어서는 융합연구에서 혁신적인 창의력으로 기존 학제의 경계를 자유롭게 넘나들며 지적 협력을 하는 지식의 여행자가 이 시대에 필요하다. 융합의 시대를 살아가고 있는 연구자가 융합연구를 위한 체계적인 준비를 해야 할 때다.

생각하고 나눠 보기

본 장에서는 융합연구의 미래와 방향에 대해 살펴보았습니다. 다음의 토의문제에 대해 각자의 의견을 생각하여 이야기해 봅시다.

01 인류가 다가오는 미래에 직면할 학문적·사회적 문제를 해결하기 위한 융합연구의 역할에 대해 논의해 봅시다.

02 융합연구가 미래에 향해 갈 방향에 대해 논의해 봅시다.

참고문헌

제1장 융합연구와 학제간 융합연구의 이해

강신익. (2012). 사회생물학 달리 보기: 새로운 사회생물학 또는 생명사회학을 찾아서. 대동철학회지, 59, 23-60.

경정운, 김영우, 한승환. (2011). 융합연구의 새로운 발전방향 모색 - NSF의 환경 속의 생명복합성과 NRF의 학제간 융합연구지원사업 비교. 한국정책과학학회보, 15(1), 151-177.

고인석. (2010). 기술의 융합, 학문의 통합. 철학과현실, 84, 68-80.

고재성, 박정기. (2017). 초학제적 디자인융합교육에 관한 연구. 한국디자인문화학회지, 23(3), 27-34.

국립국어원. (2018). 표준국어대사전. 서울: 국립국어원.

김대환. (2015). 사회과학분야 학제간 공동연구의 활성화 방안 연구: SSK(Social Sciences Korea)사업을 중심으로. 한남대학교 대학원 박사학위논문.

김석현. (2012). 네트워크론의 이론지형과 실천적 함의. 동향과 전망, 85, 89-130.

김형진, 김은정, 이승연. (2018). 학제간 융합연구자의 시행착오 극복을 위한 성공적 융합연구 방법 제안. 문화와융합, 40(1), 183-214.

몸문화연구소. (2022). 신유물론. 서울: 필로소픽.

박승억. (2008). 통섭(Consilience): 포기할 수 없는 환원주의자의 꿈. 철학과 현상학 연구, 36, 197-218.

백연정(2016). 융합연구팀의 과제와 미래 조직행위론적 접근. 대한경영학회지, 29(2), 237-264.

서영식. (2012). 융복합 교육을 위한 철학적 고찰. 철학논총, 67, 145-163.

설성수, 이종현. (1999). 학제연구의 패턴과 지원정책에 대한 기대분석. 기술혁신학회지, 2(1). 28-43.

송충한. (1999). 개인연구의 학제적 특성에 관한 연구. 기술혁신학회지, 2(1), 16-27.

신동주, 김영우, 한승환, 경정운. (2011). 학문 간 융합연구의 활성화 방안 - 주요 선진국의 복합성 기반 융합연구 프로그램을 중심으로. 정책개발연구, 11(1), 163-190.

양미경. (2009). 학제연구의 목적과 방법에 대한 비판적 검토. 열린교육연구, 17(3), 51-72.

오현석, 김희정, 배형준, 서동인, 김한솔. (2012). 융합학문 어떻게 탄생하는가?. 교육문제연구, 43, 51-82.

유창조. (2010). 마케팅과 Ethnography: 학제간 연구를 위한 제언. 마케팅연구, 11(4), 121-129.

이남인. (2009). 인문학과 자연과학은 어떻게 만날 수 있는가?: 통섭 개념에 대한 비판을 토대로 삼아. 철학연구, 87, 259-311.

이상욱. (2007). 다양한 목소리를 묶어내려는 통섭의 시도: 지식의 통섭: 학문의 경계를 넘다. 서평문화, 66, 49-54.

이정모. (2010). '체화된 인지(Embodied cognition)' 접근과 학문간 융합: 인지과학 새 패러다임과 철학의 연결이 주는 시사. 철학사상, 38, 27-66.

이태종. (2014). 학제간 융합연구의 정책적 지원 방향. 한국비교정부학보, 18(3), 101-122.

임홍탁, 송위진. (2017). 사회문제해결을 지향하는 초(超)학제적 연구의 특성. 동향과 이슈, 39, 1-18.

채경석. (1998). 공동연구개발체제의 제도화와 정부의 역할. 한국정책학회보, 7(2), 311-336.

최현철. (2015). 융합의 개념적 분석. 문화와융합, 37(2), 11-30.

한승환, 경정운. (2011). 학제간 공동연구의 촉진을 위한 실증분석. 한국정책학회보, 20(1), 151-178.

Aboelela, S. W., Larson, E., Bakken, S., Carrasquillo, O., Formicola, A., Glied, S. A., Haas, J., & Gebbie, K. M. (2007). Defining interdisciplinary research: Conclusions from a critical review of the literature. *Health services research, 42*(1), 329-346.

Apostel, L., Berger, G., Briggs, A., & Michahaud, G. (1972). *Interdisciplinarity problems of teaching and research in universities*. Paris: OECD.

Austin, W., Park, C., & Goble, E. (2008). From Interdiciplinary to Transdiciplinary Research: A Case Study. *Qualitative Health Research, 18*(4), 557-564.

Brewer, G. A., J. W. Douglas., R. L. Facer., & L. J. O'toole Jr. (1999). Determinants of graduate research productivity in doctoral programs of public administration. *Public Administration Review, 59*(5), 373-382.

Brockhoff, K. (1992). R&D cooperation between firms—A perceived transaction cost perspective. *Management Science, 38*(4), 514-524.

Campbell, L. M. (2004). Diversity: Overcoming Obstacles to Interdisciplinary Research. *Conservation Biology, 19*(2), 574-577.

Carnap, R. (1967). *The logical structure of the world.* Univ of California Press.

Colwell, R. R. (1998), Balancing the Biocomplexity of the Planet's Living Systems: A Twenty-First Century Task for Science, *BioScience, 48*(10), 786-787.

Derrida, J. (1997). *Deconstruction in a Nutshell: A Conversation with Jacques Derrida/Edited with a Commentary,* by John D. Caputo. New York: Fordham University Press.

Klein, J. T. (1990). *Interdisciplinary: History, theory and practice Wayn state university press.* Detroit, MI: Wayne State University Press.

Lang, D. J., Wiek, A., Bergmann, M., Stauffacher, M., Martens, P., Moll, P., Swilling, M., & Thomas, C. J. (2012), Transdisciplinary research in sustainability science: practice, principles, and challenges. *Sustainability Science, 7*(1), 25-43.

Lattuca, L. R. (2001). *Creating interdisciplinarity: Interdisciplinary research and teaching among college and university faculty.* Nashville, TN: Vanderbilt university press.

Leavy, P. (2015). 융합연구방법론: 문제중심형 초학제적 접근방법. (송인한 역). 서울: 박영스토리. (원서출판 2011)

National Academy of Science. (2005). *Facilitating interdisciplinary research.* Washington, DC: National Academies Press.

Pohl, C. & Hadorn, G. H. (2007). *Principles for Designing Transdiciplinary Research, 37,* 1159-1178.

Repko, A. F. (2008). *Interdisciplinary research: Process and theory.* Los Angeles, CA: SAGE.

Schummer, J. (2004). Multidisciplinarity, interdisciplinarity, and patterns of research collaboration in nanoscience and nanotechnology. *Scientometrics, 59*(3), 425-465.

Thompson, J. (2007), *Interdisciplinary Research Team Dynamics: A systems approach to understanding communication and collaboration in complex teams.* Saarbrucken: VDM Verla.

Whewell, W. (1840). *The philosophy of the inductive sciences (1967 edition).* London: Frank Cass & Co. Ltd.

Wilson, E. (1992). 사회생물학Ⅰ: 사회적 진화와 메커니즘. (이병훈, 박시룡 역). 서울:

민음사. (원서출판 1975)

Wilson, E. (1998). 통섭: 지식의 대통합. (최재천, 장대익 역). 서울: 사이언스북스. (원서출판 2005)

제2장 융합연구의 노하우 및 고려사항

고명철. (2017). 다의적 융합 개념의 이해를 통한 과학기술과 인문사회 간 융합연구 촉진방안. Asia-pacific Journal of Multimedia Services Convergent with Art, Humanities, and Sociology, 7(1), 959-968.

교육부. 2011. 2011년, 교육부 「학제간 융합연구지원사업」산학협력형 시범사업 시행계획 및 신청 중점 추진방향. https://www.nrf.re.kr/biz/info/info/view?biz_no=231

김은정, 이승연. (2018). 학제간 융합연구지원사업 연구팀의 경험 및 만족도에 관한 연구(The Experiences and Satisfaction of Researchers supported by the Interdisciplinary Research Projects). Asia-pacific Journal of Multimedia Services Convergent with Art, Humanities, and Sociology, 8(1), 33-50.

노영희, 이광희, 정대근. (2018). 인문사회기반 융합연구 성과 영향요인 연구. 한국콘텐츠학회논문지, 18(6), pp. 667-678.

조성겸, 이광희. (2018). 학제 간 융합연구 활성화 방안 연구(Facilitating Interdisciplinary Research: An Analysis of Grant Proposal Acceptance Rates in South Korea). 한국콘텐츠학회논문지 18(5), 539-544.

한국연구재단. '학술연구분야분류표.'

Beck, S. J., Meinecke, A. L., Matsuyama Y., and Chi-Chun Lee, C-C. (2017). Initiating and Maintaining Collaborations and Facilitating Understanding in Interdisciplinary Group Research. *Small Group Research, 48*(5), 532-543.

Campbell, L. M. (2003). Challenges for interdisciplinary sea turtle research: perspectives of a social scientist. *Marine Turtle Newsletter 100*, 28-32.

Campbell, L. M. (2004). Diversity: Overcoming Obstacles to Interdisciplinary Research. *Conservation Biology, 19*(2), 574-577.

Campbell, L. M. (2005). Overcoming Obstacles to Interdisciplinary Research. *Conservation Biology, 19*(2), 574-577.

Cooper, S., Khatib, F., Treuille, A., Barbero, J., Lee, J., Beenen1, M., Leaver-Fay, A., Baker, D., Popovic, Z., & Foldit players. (2010). Predicting protein structures with a multiplayer online game. *Nature, 466*, 756-760. doi:10.1038/nature09304

Cronin, B. (2001). Hyperauthorship: A postmodern perversion or evidence of a structural shift in scholarly communication practices?. *Journal of the American Society for Information Science and Technology, 52*(7), 558–569.

Daily, G. C., and P. R. Ehrlich. (1999). Managing earth's ecosystems: an inter-disciplinary challenge. *Ecosystems, 2,* 277–280.

Pickett, S. T. A., W. R. Burch Jr., and J. M. Grove. (1999). Interdisciplinary re-search: maintaining the constructive impulse in a culture of criticism. *Ecosystems, 2,* 302–307.

Uddin, S., Hossain, L., Rasmussen, K. (2013). Network Effects on Scientific Collaborations. *PLoS ONE, 8*(2), e57546. doi:10.1371/journal.pone.0057546

제3장 융합연구자의 이해

강남준. (2008). 과학기술과 인문과학의 융합연구 활성화 방안. 서울대학교 차세대융합연구원.

고대승. (2008). 융합을 통한 가치의 창출. 과학문화연구소(2008년 6월 23일), 한국과학문화재단.

권만우. (2011). 인문사회를 기반으로 한 학제 간 융합 연구의 심사평가 방법론에 관한 연구. 한국연구재단.

이준기. (2013). 인문사회기반 학제간 융합연구지원사업 후속사업 확대방안 연구. 한국연구재단.

조일선. (2017). 개인단위 학제간 연구의 활성화·심사평가 효율화 방안. 한국연구재단.

최현철. (2012). 융합 연구활성화를 위한 신규과제 발굴, 전문가 DB 구축 및 과제평가 시스템 수립을 위한 기획연구. 한국연구재단.

제4장 융합연구의 종류

기초학문자료센터 홈페이지. https://www.krm.or.kr/index.jsp

한국연구재단(2022), 인문사회분야 연구성과물 플랫폼 실태조사 및 개선방안연구. 성균관대학교(심원석).

한국연구재단(2022). 인문사회기반 융합연구의 현재와 미래.

제5장 인문학기반 융합연구방법

과학기술정책연구원. (2011). 사회문제 해결을 위한 과학기술–인문사회 융합방안.

기술에 인문학이 필요한 이유. https://brunch.co.kr/@worknlife/26

김광환 외. (2019). 융합연구 방법론(차이가 만드는 기적). 서울: 박영스토리.
오현석, 배형준, 김도연. (2012). 과학기술분야 융합연구자의 융합연구 입문과 과정에 관한 연구. 아시아교육연구, 13(4), 297-335.
이진우. (2013). 테크노인문학. 서울: 책세상.
이화섭. (2020). 융합 인재가 세상을 이끈다. 서울: 좋은땅.
인문학을 자주 접해야 하는 이유. https://brunch.co.kr/@sterdam/1150
컬튠스토리. (2015). 경계를 넘는 새로운 패러다임, 통섭과 융합. 서울: ㈜태믹스.
한지우. (2021). AI는 인문학을 먹고 산다. 서울: 미디어숲.
AI융합학부 특강 '인간 중심 AI 기술을 위한 과제' 현장 스케치. https://blog.naver.com/the_ewha/222739805213

제6장 융합연구정책

경정운, 김영우, 한승환. (2011). 융합연구의 새로운 발전방향 모색: NSF의 환경 속의 생명복합성과 NRF의 학제간 융합연구지원사업 비교. 한국정책과학학회보, 15(1), 151-177.
고명철. (2017). 다의적 융합 개념의 이해를 통한 과학기술과 인문사회 간 융합연구 촉진방안. 예술인문사회융합멀티미디어논문지, 7, 959-968.
관계부처 합동. (2014). 창조경제 실현을 위한 융합기술 발전전략(안).
국가과학기술위원회 운영위원회. (2008). 국가융합기술 발전 기본계획('09~'13).
권민지. (2018). 국가 R&D 과제 논문 및 특허 성과 네트워크, 융합연구정책센터, 134, 1-10.
김홍영, 박소희. (2015). 융합 R&D 추진현황 분석 및 활성화 방안. 한국과학기술정책평가연구원.
류성한. (2015). 융합연구의 진화 과정에 대한 고찰. 융합연구리뷰, 1(5), 4-25.
박성주, 반영환. (2018). 제품/서비스의 사용자 경험 디자인을 위한 유용성 기반 디자인 프레임워크 제안. Journal of Integrated Design Research, 17(1), 9-19.
보건복지부. (2017). 사회서비스 공급수요 실태조사·연구: 정성조사보고서.
소아영. (2017). 2017년도 범부처 융합기술 R&D 사업 투자분석. 융합연구정책센터, Vol. 67.
안연식. (2010). 국가기술전략 관점에서의 기초 융합 연구개발(R&D) 기획 선진화 방안 연구: EU, 일본, 미국사례 분석 기반. 유라시아연구, 7(1), 25-45.
윌리엄, G., 홉킨스. (2012). 식물생리학 제4판 (홍영남 역).
이광호, 김승현, 최종화, 서지영, 강지훈, 이아정. (2013). 융합연구사업의 실태조사와 연구개발 특성분석. 정책연구, 1-393.

이남우. (2017). 4차 산업혁명기 융합 R&D 전략. 융합연구정책센터.

이상욱. (2018). 융합연구의 성공조건. KISTEP Inside and Insight, Vol. 15.

이은석. (2021). 인문사회기반 융합연구지원사업 종합성과 분석연구, 한국연구재단 문화융복합단, 정책연구-2020-33.

이인식. (2014). 융합하면 미래가 보인다: 세상을 움직이는 과학의 모든 것. 서울 : 21세기북스.

이창준, 우준성, 김찬수, 오정수, 이광렬. (2017). 융합연구리뷰 8월호.

이태종. (2014). 학제간 융합연구의 정책적 지원 방향. 한국비교정부학보, 18(3), 101-122.

정보통신기술진흥센터. (2017). 해외 주요국의 사회문제 해결형 R&D 동향, 12호.

정부부처합동. (2017). 2017년도 융합기술발전전략 시행계획.

조용래, 유상욱, 김명순. (2017). 정부 연구성과 실증사업의 유형과 추진전략. STEPI Insight, 210, 1-46.

최웅환. (2016). 국어문법 대중성의 의의와 준거 탐색. 문화와융합, 38(1), 205-224.

최종화, 이광호, 손수정, 반승현. (2015). 인문·기술 융합에 기반한 기업혁신 사례분석 및 활성화 방안. 과학기술정책연구원 정책연구보고서.

최종화, 진성만, 양승우, 박정호. (2020). 융합연구개발 활성화를 위한 관련 법제 정비 방안, STEPI Insight, Vol. 250.

한국무역협회 동경지부. (http://tk.kita.net)

한국문화예술위원회 아트앤테크 플랫폼 홈페이지. https://www.arko.or.kr/artntech/info/trend/view/37

한국환경산업기술원. (2010). 2009년도 예비타당성조사 보고서-환경정책기반공공기술개발사업.

Alfred, Nordmann & Rapporteur. (2004). *Converging Technologies: Shaping the Future of European Societies*. EU report.

Horizon 2020 홈페이지. https://ec.europa.eu/programmes/horizon2020/.

Mihail, C., Roco & Wiliam, S. Bainbridge. (2002). *Converging Technologies for Improving Human Performance: Nanotechnology, Biotechnology, Information Technology and Cognitive Science*. NSF/DOC report.

제7장 융합연구 계획단계의 실제

김용찬. (2020). 논문, 쓰다: 대화하는 논문. 서울: 컬처룩.

레이 커즈와일. (2016). 특이점이 온다: 기술이 인간을 초월하는 순간(The Singularity

Is Near: When Humans Transcend Biology) (장시형, 김명남 역). 서울: 김영사. (원서출판 2005).

마르쿠스 가브리엘. (2018). 나는 뇌가 아니다: 칸트, 다윈, 프로이트, 신경과학을 횡단하는 21세기를 위한 정신 철학 (I am not a brain: Philosophy of Mind for the 21st Century). 서울: 열린책들. (원서출판 2015).

유발 하라리. (2015). 사피엔스: 유인원에서 사이보그까지, 인간 역사의 대담하고 위대한 질문 (조현욱 역). 서울: 김영사. (원서출판 2015).

유발 하라리. (2017). 호모 데우스 (김명주 역). 서울: 김영사. (원서출판 2015).

이현진. (2020). 융합을 위한 장님 삼년, 벙어리 삼년, 귀머거리 삼년. 한국문화예술위원회아트앤테크플랫폼. (https://www.arko.or.kr/artntech/info/trend/view/37)

이황. (2012). 성학십도 (이광호 역). 서울: 홍익출판사.

황진태. (2018). 인간너머 지리학의 탐색과 전망(The Prospects on More-than-human Geographies in South Korea), 공간과 사회, 28(1), 5-15. http://dx.doi.org/10.19097/kaser.2018.28.1.5

Babin, D. (2004). *PH1. Manuel d'usage et d'entretien du post-humain*. Paris: Flammarion.

Ceballos, G., Ehrlich, P. R., Dirzo, R. (2017). Biological annihilation via the ongoing sixth mass extinction signaled by vertebrate population losses and declines. *PNAS*(National Academy of Sciences), July 10, 2017. https://doi.org/10.1073/pnas.1704949114

Graham Harman. (2016). *Immaterialism: Objects and Social Theory*. Oxford: Polity.

Graham Harman. (2018). *Object-Oriented Ontology: A New Theory of Everything*. London: Penguin UK.

Grey, A., Rae, M. (2008). *Ending Aging: The Rejuvenation Breakthroughs That Could Reverse Human Aging in Our Lifetime*. New York: St. Martin's Griffin.

Haraway, D. (2016). *Staying with the Trouble: Making Kin in the Chthulucene*. Durham, North Carolina: Duke University Press Books

Haraway, D. (2003). *The companion species manifesto: Dogs, People, and Significant Otherness*. Begelke, M. (ed.), Chicago, Illinois: Prickly Paradigm Press.

Lister, B. C., Garcia, A. (2018). Climate-driven declines in arthropod abundance restructure a rainforest food web, *PNAS,* October 30, 2018, 115(44) E10397-E10406; https://doi.org/10.1073/pnas.1722477115

Koene, R. A. (2014). Feasible Mind Uploading. In *Intelligence Unbound: The Future*

of Uploaded and Machine Minds. Eds. Blackford, R. and Broderick, D. Oxford, UK: Wiley-Blackwell.
Moravec, H. (2000). *Robot: Mere Machine to Transcendent Mind*. Oxford, UK: Oxford University Press.
Morton, T. (2013). *Hyperobjects: Philosophy and Ecology after the End of the World*. Minneapolis, Minnesota: Univ Of Minnesota Press.
"그 많던 '플라스틱 쓰레기' 어디로 갔을까?," 김희윤 기자, 아시아경제, 2018.10.18. http://www.asiae.co.kr/news/view.htm?idxno=2018101720530556401.
"남극 빙하에 거대 균열… '서울 면적 절반' 빙산 표류 우려," 서울신문 나우뉴스, 윤태희 기자, 2018.10.18. https://news.v.daum.net/v/20181018170603233.
"'대학=기업'… 스탠퍼드大 교수 2000명이 CEO," 안정락 특파원, 한국경제, 2018.10.17. http://news.hankyung.com/article/2018101613301?fbclid=IwAR0Umc3WiVgD5qc2YO-GnmDX53H7UeLPyafpe2gLGKdmbrLpMHg4Pll-iJI.
"벌레가 사라진다, 기후변화의 새 재앙인가," 조홍섭 기자, 한겨레신문, 2018.10.18. http://www.hani.co.kr/arti/animalpeople/human_animal/866356.html.
"MIT, 10억弗 들여 AI대학 신설," 이현일 기자, 한경닷컴, 2018.10.17. http://news.hankyung.com/article/2018101612861?fbclid=IwAR2OHXb4EYqICqpNS_diGvMykAKvHudswSz0_OaPaqTEEzcu8tVsT70rLiM.

제8장 융합연구 진행단계의 실제/
제9장 융합연구 결과도출 및 완료단계의 실제

강남준. (2008). 과학기술과 인문사회과학의 융합연구 활성화 방안. 서울: 교육부.
고명철. (2017). 다의적 융합 개념의 이해를 통한 과학기술과 인문사회 간 융합연구 촉진방안. 예술인문사회 융합 멀티미디어 논문지, 7(1), 959-968.
김은정, 이승연. (2018). 한국연구재단의 학제간 융합연구지원사업에 대한 연구자들의 지원 · 선정 현황 및 융합연구자를 위한 시사점. 예술인문사회 융합 멀티미디어 논문지, 8(3), 499-510.
노영희, 김진희. (2022). IPA 기법을 활용한 인문사회기반 융합연구자들의 HubCon 컨퍼런스 및 성과발표회 중요도-만족도 분석 - 2021 HubCon 컨퍼런스 및 성과발표회를 중심으로 -. 문화와융합, 44(1), 211-230.
노영희 · 박민수. (2020). 융합연구의 활성화를 위한 융합연구 진흥법의 필요성과 방향에 관한 연구. 문화와융합, 42(5), 167-203.
백연정. (2016). 융합연구팀의 과제와 미래: 조직행위론적 접근. 대한경영학회, 29(2),

237-264.

오헌석, 배형준, 김도연. (2012). 과학기술분야 융합연구자의 융합연구 입문과 과정에 관한 연구. 아시아교육연구, 13(4), 297-335.

융합연구정책센터. (2014). 융합연구 모범사례집. 서울: 한국과학기술연구원 융합연구정책센터.

정근하, 노영희. (2019). 인문사회기반 융합연구자들의 연구 시작 계기와 연구 지속 원동력 요인 분석. 한국콘텐츠학회 논문지, 19(11), 619-631.

정근하·노영희. (2019). 인문사회기반 융합연구자들의 HubCon 컨퍼런스 참여와 의미 분석 - HubCon 컨퍼런스를 중심으로 -. 문화와융합, 41(3), 1-34.

한국사회과학협의회. (2015). 융합연구. 서울: 법문사.

한승환, 경정운 (2011). 학제간 공동연구의 촉진을 위한 실증분석. 한국정책학회보, 20(1), 151-178.

한승환, 경정운. (2010). 학제간 융합연구의 장애요인 극복방안: 학문 분야간 인식도 차이를 중심으로. 한국정책학회 추계학술발표논문집, 2010, 87-111.

Hesse-Biber, S. N. & Leavy, P. (2006). *Emergent Methods in Social Research. Thousand Oaks*, CA: Sage.

Klein, J. T. (2008). Integration, Evaluation, and Disciplinarity. In Somerville, M. A. & Rapport, D. J. (Eds.) *Transdisciplinarity: ReCreating Integrated Knowledge*, 49-59. Oxford, UK: EOLSS Publishers Co. Ltd.

Leavy, P. (2009). *Method Meets Arts: Arts-Based Research Practices*. New York: Guilford.

Leavy, P. (2015). 융합연구방법론: 문제중심형 초학제적 접근방법. (송인한 역). 서울: 박영스토리. (원서출판 2011)

Nicolescu, B. (2002). *Manifesto of Transdisciplinarity*. Voss, K. (Trans.). New York: State University of New York Press.

Pohl, C. & Hadorn, G. H. (2007). *Principles for Designing Trandsdisplinary Research*. Zimmermann, A. B. (Trans.). Munich, Germany: Oekom Gesell F. Oekolog.

Van Manen, M. (2001). Transdisciplinarity and the New Production of Knowledge. *Qualitative Health Research, 11*(6), 850-852.

[융합연구지원사업 & 일반공동연구지원사업 융복합연구 참여 팀별 사례]

'기독교 문해력'에 기초한 기독교 교양: 컨텐츠 개발과 플랫폼 구축(2021~2024) 연구팀

노인 암환자의 삶의 질 향상을 위한 학제간 융합종단연구(2011) 연구팀
동해와 환동해지역의 자원과 환경에 대한 학제간 융합연구(2011) 연구팀
'빅데이터' 분석 기반 한국사 권력 메커니즘(2015~2020) 연구팀
시민정치 교육·연구·실천 프로젝트: 지역기반학습과 실천지향연구(2018~2021) 연구팀
심신치유의 프로토콜 구축을 위한 불교와 사상의학(四象醫學)의 융합연구(2011) 연구팀
아동 말 데이터베이스 구축 및 딥러닝 자동음성인식 기반 말소리 평가 시스템 개발 (2021~2024) 연구팀
ICT에 기반한 노년 활력지수와 노년 활력 증진프로그램의 개발(2017~2022) 연구팀
의료인문학연구: 전통 및 근현대 의학에 대한 인문학적 성찰과 소통(2010) 연구팀
초·중등학생을 위한 리빙랩(Living Lab) 기반 과학기술중심 사회문제해결 교수·학습 모델 구축(2019~2021) 연구팀
한국인의 사회적 삶의 질 향상을 위한 의료인문학 기반 완성적 죽음교육프로그램 개발 (2017~2019) 연구팀
한국형 이주민 건강의료시스템 구축(2016~2019) 연구팀
환자중심형 SMASH Care Movement 플랫폼 개발: 프로그램, 공간, 도구를 중심으로 (2016~2021) 연구팀

제10장 융합연구 실제 – 웰다잉 융합연구

알폰스 데켄. (2002). 죽음을 어떻게 맞이할 것인가. 궁리.
엘리자베스 퀴블러 로스. (2009). 사후생 (최준식 역), 대화문화아카데미.
오진탁. (2004). 죽음 삶이 존재하는 방식. 청림출판.
이윤주, 조계화, 이현지. (2006). 죽음 교육 모형 탐색. 아시아교육, 7(3), 121-140.
조계화 외. (2006). 죽음학 서설, 학지사.
Hwang, H. J., Kim, K. H., Ahn, S. Y., Lee, C. H., Lee, M. S., Kim, M. J., Park, A., Shim, M. S., Song, H. D. (2014). Well Dying Education Model Development for the Medical Personnel. *Journal of academia-industrial technology, 15*(10), 6234-6241.
Hwang, H. J., Kim, K. H., Lee, M. S., Shim, M. S. (2015). Job Analysis by DACUM Method in the Field of Well Dying Education Model Development : focusing on the Social Worker. *Journal of the Korea Academia-Industrial cooperation Society*, 16(8), 5501-5507.
Jeong, J. G. (2007). A Study on Death Education Program for Old People. *Journal of East Asian Social Thoughts(The Korean Academy of East Asian Social*

Thoughts), 16, 197-236.

Kang, K. A. (2010). Comparison of Meaning in Life and Death Attitude between Participants and Non-participants in Well-dying Education. *Journal of The Korean oncology nursing society, 10*(2), 156-162.

Kim, S. H., Byeon, S. W. (2014). Analysis of the trends of research education on death. *Journal of The Society of Digital Policy & Management, 12*(12), 469-475.

Kim, Y. H., Ahn, S. Y., Lee, C. H., Lee, M. S., Kim, M. J., Park, A., Hwang, H. J., Song, H. D., Shim, M. S., Kim, K. H. (2016). Development of a death education curriculum model for the general public using DACUM method. *Technology and Health Care, 24*, 439-446.

Kim, Y. J. (2014). The Effect of the Youth perceived importance of Entrepreneurship Education on the self-leadership strategy. *The Journal of Digital Convergence, 12*(12), 77-85.

Song, H. D., Kim, K. H. (2015). A Study on the Development of the Prioritization Items for Student-Intended Well-Dying Education Program using DACUM Technique. *Indian Journal of Science and Technology, 8*(25), 1-7.

제11장 융합연구평가

송인한, 김혜진. (2019). 융합연구자 학제 간 연결성에 관한 네트워크 분석: 대학 내 융합연구그룹의 사례. 한국융합학회논문지, 10(4), 153-163.

송인한, 유정원, 이은정, 김지은. (2017). 융합연구에서의 도전과 성장: 연구자의 경험과 인식에 대한 근거이론 질적 분석. 한국융합학회논문지, 8(8), 267-281.

송인한, 유정원, 이은정, 신수민, 김지은, 전소담, 김혜연, 김혜진. (2016). 연세대학교 내 융합연구 현황 및 발전방안. 서울: 연세대학교 미래융합연구원.

이광호, 최종화, 정장훈, 양승우, 이지혜, 최고야, 정윤정. (2015). 융합 연구개발사업 평가체계 개선방안. 세종: 과학정책연구원.

Bergmann M., Brohmann B., Hoffmann E., Loibl M. C., Rehaag R., Schramm E., & Voβ J-P. (2005). *Quality criteria of transdisciplinary research: A guide for the formative evaluation of research projects.* ISOE-Studientexte, *13*, Frankfurt am Main, Germany.

Defila, Rico & Di Giulio, Antonietta. (1999). Evaluating transdisciplinary research: Evaluation criteria for inter and transdisciplinary research. *Panorama. Special*

Issue, 1, 4–27.

Laudel, G. & Origgi, G. (2006). Introduction to a special issue on the assessment of interdisciplinary research. *Research Evaluation, 15*(1), 2–4.

Leavy, P. (2015). 융합연구방법론. (송인한 역). 서울: 박영스토리.

Lynch, J. (2006). Its not easy being interdisciplinary. *International Journal of Episdemiology, 35*, 1119–1122.

Mansilla, V. B., Feller, I. & Gardner, H. (2006). Quality assessment in interdisciplinary Research and Education, *Research Evaluation, 15*(1), 69–74.

Mâsse, L. C., Moser, R. P., Stokols, D., Taylor, B. K., Marcus, S. E., Morgan, G. D., Hall, K. L., Croyle, R. T., Trochim, W. M. (2008). Measuring Collaboration and Transdisciplinary Integration in Team Science. *American Journal of Preventive Medicine, 35*(2S), S151–S160.

Tenni, C., Smith, A. & Boucher, C. (2003). The researcher as autobiographer: Analysing data written about oneself. *The Qualitative Report, 8*(1), 1–12.

Wickson, F., Carew, A. L., & Russell, A. W. (2006). Validity in Qualitative Research: Characterisrics, Quandaries and Quality. *Futures, 38,* 1046–1059.

제12장 초학제성의 미래

김형진, 김은정, 이승연. (2018). 학제간 융합연구자의 시행착오 극복을 위한 성공적 융합연구 방법 제안. 문화와융합, 40(1), 183–214.

백연정(2016). 융합연구팀의 과제와 미래 조직행위론적 접근. 대한경영학회지, 29(2), 237–264.

송인한, 김혜진. (2019). 융합연구자 학제 간 연결성에 관한 네트워크 분석: 대학 내 융합연구그룹의 사례. 한국융합학회논문지, 10(4), 153–163.

송인한, 유정원, 이은정, 김지은. (2017). 융합연구에서의 도전과 성장: 연구자의 경험과 인식에 대한 근거이론 질적 분석. 한국융합학회논문지, 8(8), 267–281.

Leavy, P. (2015). 융합연구방법론. (송인한 역). 서울: 박영스토리.

찾아보기

| 저자소개 |

노영희

융합연구총괄센터장으로서 2017년부터 현재까지 활동하면서, 융합연구학회를 창설하고(융합연구 초대학회장 역임), JTS(The Journal of Transdisciplinary Studies) 학회지를 창간하여 한국연구재단 등재지화에 기여하였다. 한국 융합연구의 발전을 위해 융합연구의 발전전략, 융합연구 학술분류체계의 제안, 융합인재 양성 교육과정제안 등 융합연구 및 융합교육과 관련된 연구를 다양한 각도에서 진행하고 있다.

연세대학교 문헌정보학과에서 박사학위를 받고, 2004년부터 건국대학교 문헌정보학과에 재직 중이며, 문화체육관광부 우수도서로 선정된 3권을 포함하여 50여 권의 책을 출판하였으며, 300여 편 이상의 SSCI급 및 KCI급 논문을 등재하였다. 현재, 한국문헌정보학회 편집위원장, 한국산학협력정책학회 학회장, 지식콘텐츠연구소 소장으로 활동 중이다.

김광환

계명대학교 공중보건학과에서 환자이탈군 특성요인과 이탈환자 예측모형에 관한 연구로 보건학 박사학위를 받았다. 건양대학교 병원경영학과에 재직하면서 의무기록 강의를 하고 있다. 대한보건정보관리학회 학회장을 맡았고, 현재 한국연구재단 융합연구총괄센터 융합연구학회 부회장으로 재임하고 있으며, 한국산학기술학회, 한국융합학회 의과학분과 논문지 편집위원장을 맡고 있다. 저서로는 〈지혜로운 삶을 위한 웰다잉〉(구름서재), 〈내 인생 저만치에 죽음이〉(북랩) 등 웰다잉 관련 도서 4편을 공동저자로서 저술하였다. 논문으로 "A Study on the Characteristics of Patients Deceased at Convalescent Hospitals"(*Indian Journal of Science and Technology*) 등 100여 편의 논문이 있다. 현재 건양대학교 웰다잉 융합연구회의 책임연구원으로 죽음교육에 관한 연구를 진행하고 있다.

김병만

현재 경남대학교 유아교육과 교수로 재직 중이며, 부산대학교에서 '유아교육정책 평가준거 개발' 연구로 교육학 박사학위를 받았다. 주요 연구 분야는 유아교육 정책 및 평가, 긍정심리학에 기반한 행복교육, 창의·인성교육 등이며, SCI급 등재 10여 편, KCI 등재 50여 편의 논문 실적과 〈아동권리와 복지〉(정민사), 〈인성교육의 이론과 실제〉(공동체), 〈유아교사를 위한 창의·인성교육의 이론과 실제〉(학지사) 등을 포함한 다수의 저서가 있다. 한국연구재단에서 지원하고 있는 학제간 융합 새싹형 연구 '디지털 큐레이션 시스템을 활용한 영상기반 창의·인성 증진 교육 콘텐츠 개발연구'를 수행하고 있으며, 인문학, 교육학, 공학, 디자인학 등의 전공영역 전문가들과 융합하고 협업하여 창의·인성 교육콘텐츠, 디지털 큐레이션 시스템, 창의·인성 검사도구 개발 등에 관한 연구를 진행하고 있다.

김지연

현재 가천대학교 운동재활학과 교수이며, 운동생리학, 스포츠영양학, 운동재활 분야를 전공하고 있다. 한국연구재단 인문사회기반 학제간 융합연구의 새싹형, 씨앗형 연구의 전임연구인력으로 연구에 참여하고 일반공동연구 융복합과제의 과제책임자 등 오랜 기간 동안 인문사회기반 건강관리와 신체활동을 중심으로 한 학제간 융합연구에 대한 다년간의 연구경험을 가지고 있다. 현재는 경도인지장애 위험 노인의 당독소 저감화연구(한국연구재단 이공과학학제간연구), 시니어건강관리[Re:]솔루션을 주제로(인문사회연구소지원과제 미래공유형) 건강실천을 위한 실증적 융합연구에 많은 노력을 하고 있다. https://www.instagram.com/ex_column/

김지은
현재 전남대학교 생활복지학과 교수(보건의료 및 정신건강사회복지)로 재직 중이다. 연세대학교 사회복지대학원에서 송인한 교수의 지도로 자살생존자의 정신건강을 주제로 박사학위를 받았으며, 미국 사우스캐롤라이나대학교 객원교수로 보건의료영역에서 학제간 교육, 여성에 관한 폭력 등을 연구하였다. 연세대학교 미래융합연구원 연구원 및 사회복지연구소 전문연구원으로 융합연구평가, 자살예방정책, 성폭력, 유데모니아 등 실천현장기반 융합연구에 다수 참여하였으며, 정신건강 및 건강영역에서 융합연구를 진행하고 있다.

박아르마
서울대학교 대학원 불문학과에서 미셸 투르니에 연구로 불문학 박사학위를 받았다. 건양대학교에 재직하면서 글쓰기와 문학 강의를 하고 있다. 저서로는 〈글쓰기란 무엇인가〉(여름언덕)가 있고, 논문으로 "An Analysis of Death Education-related work duty on medical care providers using the dacum method"(*International Journal of Applied Engineering Research*)와 번역한 책으로 루소 〈인간불평등 기원론〉(세창)과 루소 〈고백〉(책세상) 등이 있다. 현재 건양대학교 웰다잉 융합연구소의 공동연구원으로 웰에이징에 관한 연구를 진행하고 있다.

반영운
현재 충북대학교 도시공학과 교수이며 한국산업생태학회 회장이다. 연세대학교에서 건축공학과를 졸업한 후 동 대학원에서 도시 및 지역계획학 석사학위를 받았다. 이후 University of Pennsylvania에서 환경정의를 주제로 도시 및 지역계획학 박사학위를 받았다. 충북 EIP(생태산업단지) 사업단장, 한국도시행정학회 및 한국지역학회 학회지 편집위원장 등을 역임하였다. 지속가능발전의 바탕위에서 다양한 학문 분야의 융합을 통해 특정 연구목적에 다각도로 접근, 분석하고자 하는 융합연구에 관심이 있다. 주된 연구 분야는 지속가능한 도시계획 및 도시재생, 스마트 도시 공간 정보분석, 환경정의, 생태산업개발 등이 있다. 2016년 한국연구재단에서 주관하는 2016 학제간 인문사회 융복합연구지원사업 새싹연구에 '지속가능한 도시 메타볼리즘을 활용한 도시의 안전성 평가모델 개발 및 적용'을 주제로 선정되었다. 이외에도 근린 재생형 도시재생사업 운영매뉴얼(2016), LID기반 도시계획 평가 및 수립지원 체계 개발(2016), 지속가능한 환경도시 계획을 위한 Space Syntax분석 확장모델 개발(2014)에 참여하는 등 다양한 학문 분야의 융합연구를 실천해 나가고 있다.

송인한
현재 연세대학교 사회복지대학원 교수(정신보건 · 보건의료복지 · 지속가능발전 전공), 학생복지처장, 반기문국제협력센터장으로 재직 중이며 미래융합연구원 융합아카데미 소장을 맡고 있다. 미국 시카고대학교에서 사회복지학자이자 인류학자인 Sarah Gehlert와 생물심리학자인 Martha McClintock 교수의 지도하에 여성의 생물학적 요인과 사회적 요인이 정신건강에 미치는 영향에 대한 융합연구로 박사학위를 받았으며, 시카고대 학제간 건강불평등연구소(CIHIDR) 연구원 및 연계교수, 삼성종합기술원 미래기술연구회 멤버이자 "기술사회와 인간의 미래" 워킹그룹 리더로 융합연구 활동을 했으며, 건강과 정신건강, 자살, 지속가능발전목표를 비롯해 학제간 융합적 접근이 필요한 다양한 주제를 다루고 있다. 저역서로 〈융합연구방법론〉(2015, 박영사) 등이 있고 중앙일보 칼럼니스트로 활동하고 있다.

유정원

현재 숙명여대 및 숭실사이버대학교 외래강사로 출강하고 있으며, 근로자 그리고 아동 및 가족의 건강과 삶의 질에 대해 연구하고 있다. 연세대학교 사회복지대학원에서 고용의 질과 근로자의 건강 수준 간의 관계에 대한 비교연구를 주제로 박사학위를 받았으며, 연세사회복지연구소 전문연구원으로 융합연구평가, 자살예방정책 평가, 소아청소년 암 생존자 및 가족의 삶의 질 관련 연구 등에 참여하였다.

이은석

한국체육대학교 사회체육학과를 졸업하고(1993) 동 대학교 대학원에서 이종영 교수의 지도로 스포츠사회학 분야로 체육학 석사(1997)와 이학 박사(2003)를 받았다. 현재 가천대학교 운동재활복지학 정교수로서 주로 운동재활철학과 운동재활심리학, 운동재활연구방법론을 강의하고 있으며, 운동재활과 건강을 중심으로 병원환자와 노인 그리고 장애인대상 IT, VR, AI, 생체신호, 서비스디자인기술을 융합한 연구에 깊은 관심을 가지고 다수의 국책사업과 연구를 진행해 오고 있다. 주요 활동학회로는 한국운동재활학회 학술연구위원장 및 부회장과 한국스포츠사회학회 부회장 그리고 한국융합연구회 총무이사로 활동 중이다.

이은정

현재 연세대학교 사회복지학과 및 사회복지대학원과 숭실사이버대학교에서 강의하고 있다. 연세대학교 사회복지대학원에서 송인한 교수의 지도로 다문화청소년의 이중문화 수용태도와 우울에 관한 연구를 주제로 박사학위를 받았으며, 현재 자살실태조사 연구에 참여하고 있다. 융합연구평가, 자살예방정책, 국제의료사업 발전방안, 시청각중복장애인 지원계획 수립 등 다수의 연구에 참여하였다.

이현진

연세대학교 커뮤니케이션대학원 영상예술학 분야, 미디어아트 전공 교수이다. 미술대학 서양화과에서 페인팅과 비디오 설치 등을 공부한 후, 인문학과 공학이 연결된 디지털 미디어 분야에서 박사학위를 받았다. 현재 미디어아트 작가 및 현대미술과 미디어 예술/디자인 연구자로 활동 중이며, 2017년부터 동양철학과 미디어아트, 컴퓨터공학 분야가 함께하는 학제간 융합연구, '성학십도 VR'(http://www.visionguider.com) 프로젝트를 연구책임자로 진행하고 있다.

전상완

경기대학교에서 한국 예비노인의 건강증진행위 결정요인 탐색과 성공적 노화행동에 관한 연구로 체육학 박사학위를 받았다. 현재 가천대학교 운동재활학과 연구교수 및 운동재활융합연구소 부소장으로 재직 중이며, 스포츠사회학을 기반으로 사회적 취약계층 및 건강소외자들을 위한 건강, 운동재활, 윤리 등의 주제로 융합연구를 수행하면서 강의를 하고 있다. 주요 활동학회로는 융합연구학회 총무이사로 재임하고 있으며, 한국스포츠사회학회, 한국체육정책학회, 한국스포츠학회 등에서 이사로 활동 중이다. 저서로는 〈노인의 건강관리〉, 〈시니어 운동재활〉, 〈시니어복지론〉 등 운동재활 관련 도서 3편을 공동저자로서 저술하였다. 논문으로 SCI급 논문 등재 13편, KCI 등재 65여 편의 논문이 있다. 현재는 한국연구재단이 지원하고 있는 일반공동연구자지원사업(융복합)에서 스포츠 인권 및 윤리에 대한 가상현실기반의 교육콘텐츠 개발 연구를 스포츠사회학, 스포츠철학, 문학, 공학 등의 전공영역 전문가들과 융합하여 연구를 진행하고 있다.

*** 총괄기획: 노영희, 곽우정(건국대), 김인영(건국대)**

차이가 만드는 기적 융합연구방법론(제2판)

2019년 4월 15일 1판 1쇄 발행
2023년 3월 25일 2판 1쇄 발행

저 자 | 노영희 · 김광환 · 김병만 · 김지연 · 김지은 · 박아르마 · 반영운 · 송인한 · 유정원 · 이은석 · 이은정 · 이현진 · 전상완
발행인 | 이수영
발행처 | 도서출판 청람
서울시 마포구 독막로 288(대흥동, 세양상가 109호)
전 화 | 02)3272-2601~2
팩 스 | 02)3272-2603
이메일 | crbooks@daum.net
홈페이지 | http://www.crbooks.co.kr
등 록 | 2000년 8월 26일 제6-0509호

ISBN 978-89-5972-953-1 93320 [정가 25,000원]